怒海争锋

决定历史走向的
10场经典海战

包 宇 / 赵承辉 著

中国文史出版社

图书在版编目（CIP）数据

怒海争锋 / 包宇, 赵承辉著. -- 北京 : 中国文史
出版社, 2021.10

ISBN 978-7-5205-3262-4

Ⅰ.①怒… Ⅱ.①包… ②赵… Ⅲ.①海战—战例—
分析—世界 Ⅳ.①E19②E843

中国版本图书馆CIP数据核字(2021)第204538号

责任编辑：卜伟欣

出版发行：中国文史出版社

社　　址：北京市海淀区西八里庄69号院　　邮编：100142

电　　话：010—81136606　81136602　81136603（发行部）

传　　真：010—81136655

印　　装：廊坊市海涛印刷有限公司

经　　销：全国新华书店

开　　本：710mm×1000mm　1/16

印　　张：19.5

字　　数：321千

版　　次：2022年3月北京第1版

印　　次：2022年3月第1次印刷

定　　价：68.00元

序言

欲知大道，必先为史。以史为鉴，知史明智。

回眸人类战史长河，灿若星辰的名将、精彩绝伦的战例、独具匠心的战法犹如华彩乐章中激荡的旋律与音符，凝聚着无数英雄的心血与智慧，闪耀着穿透历史时空的思想之光。只有站在历史的坐标系上，用辩证唯物主义和历史唯物主义的视角来审视战争，才能从广阔的思维空间去认识和考察军事领域里的一切事物，从而不断提高驾驭未来战争的本领。

战例是流血的经验。读兵书，不学战例，等于读死书。为什么这样讲？这是历史的认知特点所决定的。

第一，客观性：战例是客观存在的，是今天的人们无法改变的。

第二，个别性和偶然性：战例是由有思维活动的军人完成的，不能重演，也不能人为地复制。

第三，可知性：战例是可以认识的，并且可通过对历史资料的分析、归纳和演绎实现认识上的飞跃。

正因为如此，古往今来战争艺术大师们毫不吝啬、不遗余力地给予了"盛赞"——"史例可以说明一切问题，在经验科学中，他们最有说服力，尤其在军事艺术中更是这样"（克劳塞维茨《战争论》），"在所有兵法的理论中，唯一合理的理论，就是以研究战史为基础的理论"（若米尼《战争艺术概论》）。身为党和军队主要缔造者的毛泽东同志更是倡导要"从战争中学习战争"，并要求把"详举战例"作为提高战术思想水平和指挥艺术的重要途径。他自己就十分注重收集了解历史上的军事斗争经验，并善于进行分析研究，这也是他之所以能够成为伟大的战略家和统帅的重要原因之一。长期领导我军军事训练和院校教育工作的叶剑英元帅也曾指出："学战史、学战例是学习战役、战术的最好的方法。"

当今世界，国际形势风起云涌，政治力量分化重组、大国竞争日趋激烈，影响我国的传统和非传统安全威胁相互交织，来自海上方向的安全威胁与日俱增。在这种情况下，对昔日战争经验的再研究，对古今中外经典海战战例的再剖析，对大洋决战胜负成败缘由的再思考，就成为提高我军新一代指挥员和参谋人员能力素质的重要渠道之一。

近年来，作为长期工作在军事教育战线，担负军事历史教学任务的一名老兵，我欣喜地发现：在部队训练和院校教育中，对战史战例的研究关注度持续提高，尤其是那些年轻指挥员、参谋人员和院校教员深耕细研，教学相长，成果斐然。小包是我的学生，经历过基层、机关和院校等多个岗位的锻炼，在工作之余学而不厌，思而不辍，笔耕不止，从他的身上我看到了年轻人特有的朝气、活力与激情。这一次，他结合自己近年来的学习感悟和工作实际，从世界近现代海战史中选出 10 个经典战例，汇集成这本《怒海争锋》。读罢此书，我感到有这样几个鲜明的特点：

一是涉猎广泛，突出典型性。此书所选海战战例虽然不多，但却具有强烈的舰队决战特点属性，对战争和历史的进程构成深远影响。

二是史料丰富，突出客观性。作者坚持用马克思主义立场、观点、方法研究史料，从历史的视角审视战争，运用中外最新研究成果，以辩证的眼光剖析战例、复盘原貌。

三是评析深入，突出启发性。书中的战例评析由浅入深，力求揭示影响海战成败的关键因素，对交战双方的战略战术，以及战役指挥员谋划、决策、指挥等方面的优劣进行了深入探讨，这也是本书的亮点。

四是图文并茂，突出易读性。书中收入的图片大都经过精挑细选，真实反映了战争的原貌。语言个性突出，虽然对战事经过描述简练，篇幅不长，但对于决定战争胜负的关键环节、重要细节和人物刻画则不惜笔墨、生动形象。

历史悠悠，大道常行。当今时代，以人工智能与信息技术为核心的军事变革不断深入推进，战争形态、作战样式和战斗力生成模式发生着深刻变化，建设世界一流军队的宏伟目标更是对新一代指挥员、参谋人员的军事素养和指挥谋划水平都提出了更高的要求。今借《怒海争锋》一书出版之机，衷心希望新一代年轻军官，面向过去和未来延伸目光，加大学习研究战史战例的力度，结合军事斗争准备的新形势新任务，持续提高驾驭新型战争的技能本领，不断激发出军事创新的智慧光芒。

是为序。

2021 年 5 月 27 日

马骏，中国人民解放军国防大学教授，中国第二次世界大战史研究会副会长。

前　言

在将这本小书的修改意见发给编辑老师后，我不仅没有如释重负般地轻松与畅快，相反还陷入了一种莫名的凝重与沉思。扪心自问是什么样的初衷促使沉寂许久的自己犹如匆匆赶路的行者一般，在两年多的时间里徜徉于战史战例的长河，整日沉浸在文字、影像、图表，甚至是故纸堆当中。在阅读与摘录，考证与比对，感慨与叹息，顿悟与迷茫间，朝霞与夕阳周而复始，冬秋春夏四季轮回，已步入不惑之年的自己仿佛听见了职业生涯时钟倒计时指针的嘀嗒声。

10年前，那还是我第一次到国防大学学习的时候，一次偶然的机会遇到了张胜首长（原总参战役局局长，《从战争中走来——两代军人的对话》一书的作者），那时我刚刚读过他的书，在聆听教诲的同时，萌生了像他那样写一本"职业军人写给职业军人看的书"的想法，这样一个念头很快就被忙碌、繁杂的事务工作所冲淡，但却总是不时萦绕于我的脑海，挥之不去、时隐时现，终于有一天，从工作中被闲暇下来的我能够沉下心来，去将多年来自己的阅读、自己的思考，自己的耳濡目染，自己的心所向往跃然纸上、付诸笔端，最终凝结为这本成为自己职业生涯注脚的小书。

军人家庭的出身与父辈的职业传承，使自己从少年时代开始，就对战争、军队、武器、装备产生了浓厚兴趣，而战史战例战将又是这一个个要素的鲜活载体，聚沙成塔、点石成金，也成为我手不释卷，始终如一关注的焦点。怀着对英雄史诗的无比向往，对英雄足迹的不懈追寻，18岁的我向这个目标出发了，从院校到部队，从基层到机关，在激情与感悟、探究与沉思之间，这条路一走就是26年。在这1/4世纪的时光里，对战争、对海洋的持续关注和思考成为自己工作、学习、生活的主题主线，常常沉浸于古今中外战史长河，仿佛看到在碧海蓝天之间、血与火交织的钢铁碰撞中，艨艟巨舰悄然陨落，钢翼战鹰横扫长空，深海蛟龙制敌于无形，在决定了海战胜负和海权归属的同时，也决定了国家和军队命运的历史走向。也许这就是冥冥之中，促使我将所见所闻、所思所想、所感所悟文字化、抽象化、逻辑化的内在动力源泉。

2010 年 10 月，在红山口的课堂上，我的老师马骏教授掰着手指头如数家珍地对我们这些年轻的军官说道：西方主要国家职业军官要求熟悉掌握的经典战例数量是 150 个，美军要求的则是 200 个。我至今仍清晰地记得那一刻自己的感受——"自叹不如，惭愧汗颜"，也正是从那时开始，对古今中外经典战例的关注学习，对战史战例的思考专研就成为自己"知耻后勇"的主题主线。在长时间的阅读与思考，比较与碰撞，以及辗转反侧与自我否定的交织中，自己始终感觉与老师当年的要求相距甚远，感觉自己不够勤勉、不够严谨、不够专业，直到有一天小心翼翼地将《怒海争锋》一稿送到老师的面前，默默地呈上自己的作业。望着老师那赞许、鼓励的目光，我忐忑的心稍有平缓，但猛然间意识到，距离那个西山枫叶正红的季节已经整整过去了 10 年！

如果把自己对战争、军队和职业军人的追求比作是一个梦想的话，那么这个梦想的结局其实并不圆满，但就我个人而言，却又是非常满足的。因为虽然这个梦想并未最终实现，但没有实现的梦最美，在那里我能找到真正的自己！几年来，不论是书桌前手不释卷、抚案沉思、浮想联翩，还是讲台上引经据典、将心比心、真情实感，我都在努力践行自己曾许下"努力干事，干正事，干好事"的人生誓言。这真是一种享受。

虽然我有时写着、讲着就会流泪，我甚至都不想把书稿写完把课讲完，我的每一天都有意义。

2021 年 5 月 18 日于杭州萧山

目 录

180 度的 U 形转弯 ·· 001
　　——对马海战

　　一、等待 ·· 002

　　二、训练 ·· 004

　　三、对手 ·· 006

　　四、抉择 ·· 008

　　五、天佑 ·· 010

　　六、U 形转弯 ·· 012

　　七、"七段战法" ·· 015

　　八、"利器" ·· 017

"以少胜多"的海空揭幕战 ······························ 022
　　——奇袭塔兰托之战

　　一、战役背景 ·· 024

　　二、双方企图 ·· 026

　　三、战役经过 ·· 029

　　四、结局和影响 ·· 041

"巡洋作战"的最后挽歌 ········· 047
——"俾斯麦"号的覆灭

一、风云激荡的世界与欧洲 ········· 049

二、一波三折的作战计划 ········· 052

三、"怪兽"出笼 ········· 057

四、杀出血路 ········· 062

五、夺路狂奔 ········· 069

六、致命的电波 ········· 073

七、十万分之一的概率 ········· 076

八、"怪兽"的终结 ········· 081

九、结局和影响 ········· 086

超越海平面的攻击 ········· 096
——偷袭珍珠港之战

一、战役背景 ········· 098

二、核心团队 ········· 102

三、突袭的灵感 ········· 106

四、赌徒的决断 ········· 108

五、"攀登新高山 1208" ········· 110

六、"虎！虎！虎！" ········· 112

七、"为什么不再来一次" ········· 115

扼住帝国咽喉的"群狼" ······················· 118
—— 大西洋战役中的"狼群"

一、战俘的反思 ······························ 119

二、"狼群"的獠牙 ·························· 120

三、崭露头角 ······························ 122

四、初露锋芒 ······························ 126

五、王牌的陨落 ···························· 130

六、南征北战 ······························ 133

七、欢乐时光 ······························ 136

八、最后的疯狂 ···························· 140

九、后继乏力 ······························ 143

十、垂死挣扎 ······························ 145

十一、最后的"彩虹" ······················ 148

"阴差阳错"的遭遇战 ······················· 152
——珊瑚海海战

一、战役背景 ······························ 153

二、双方企图 ······························ 155

三、战役经过 ······························ 158

四、结局和影响 ···························· 173

掣电海空挽狂澜 ···················· 179
　　——中途岛海战

　　一、战役由来 ···················· 180

　　二、侦察与决策 ·················· 182

　　三、战役经过 ···················· 186

　　四、未解之谜 ···················· 199

"机动部队"的最后惨胜 ············ 211
　　——圣克鲁斯海战

　　一、晦暗不明的前景 ·············· 212

　　二、"旗鼓相当"的力量 ·········· 214

　　三、双方企图 ···················· 218

　　四、血与火的考验 ················ 219

　　五、结局和影响 ·················· 236

"雄鹰变火鸡"的垂死挣扎 ········ 244
　　——马里亚纳海战

　　一、战役背景 ···················· 245

　　二、双方企图 ···················· 247

　　三、战役经过 ···················· 249

　　四、结局和影响 ·················· 262

最后的终结 ·························· 269
　　——莱特湾大海战评析

　　一、战役背景 ···················· 270

　　二、决策部署 ···················· 272

　　三、战役经过 ···················· 275

　　四、结局和影响 ·················· 288

　　五、历史的旋涡 ·················· 290

180 度的 U 形转弯

——对马海战

图 1-1　描绘对马海战开始前"三笠"号舰桥上场景的油画（居中者为东乡平八郎）

"接到发现敌舰队警报，联合舰队立即出动击灭，今日天气晴朗波浪高。"

　　1905 年 5 月 27 日 5 时 5 分，日本联合舰队司令官东乡平八郎从朝鲜镇海湾向大本营发出了这封海战史上著名的电报。这份电报由联合舰队先任参谋秋山真之起草，很多人认为秋山真之颇有几分"文青范儿"，实际上这份电报的内容，基本上就是当天大本营转发的东京气象台天气预报的翻版。秋山真之告诉大本营：看来今天诸事顺利。

那么，5 月 27 日这一天真的会诸事顺利吗？罗杰斯特文斯基和俄国舰队真的会乖乖送上门来吗？东乡平八郎全歼俄国舰队的宏伟目标真的会实现吗？

就这样，在一片焦虑与等待中，自特拉法尔加海战以来战争史上最大规模的舰队决战终于到来了。

一、等待

等待，日本联合舰队在朝鲜半岛南部的镇海湾临时基地经历着漫长的等待，其实这种等待从 1904 年 10 月 15 日俄国第二太平洋舰队出航时就已经开始了。那时候的等待更加焦虑，因为旅顺口还没有攻占，俄国舰队的主力舰艇的威胁还没有解除，在日本海出没的"浦盐舰队"（"浦盐"是日本人给符拉迪沃斯托克起的汉字名称，用以指代担负海上破袭任务的俄海军舰艇）还没有消灭，真的是"度日如年"。日本陆海军在付出了巨大代价后，终于在 1905 年 1 月 1 日攻克了旅顺口，彻底消灭了俄国在远东地区的海上力量，但是日本联合舰队也损失严重，主力战舰损毁超过了总数的三分之一。

等待，是一个必须经历的过程，但并不意味着白白浪费时间。在等待中，日本政府将伐谋、伐交运用到了极致，先是发动自己最大盟友——大英帝国，在世界范围内向俄国施加压力，通过"多戈沙洲事件"（俄国舰队高度紧张，误击北海多戈浅滩附近的英国渔船）向俄国施压进行威慑，甚至还派出地中海舰队"押送"俄国舰队通过英吉利海峡；在西班牙，在非洲，甚至在越南，俄国舰队在燃料问题上始终提心吊胆，因为迫于英国的外交压力，沿途各国不敢提供燃煤，最后在德皇威廉二世的亲自干预下，才勉强加上了劣质燃煤，航行时黑烟滚滚的俄国舰队也被称为"浮动的熨斗"；长期在热带海域航行，附着在舰艇船体底部的海藻、贝类疯长，舰艇航速降低，操纵性受限，但是沿途没有一个国家敢于为其提供维修保养，俄国舰队只能带着机械故障、带着"额外负荷"奔向远东，走向最终的归宿。正如一个水兵在日记中写的那样："在辉煌的太阳下，展现在我们面前的是美丽的波光粼粼的大海——这是一条壮丽的路，我们正循着它步向死亡。"

等待，是一个思维的过程，意味着理解和判断。从 1905 年 2 月 21 日正式集结兵力开始，东乡平八郎和联合舰队就一直在等待，虽然关于敌人的情报源源不断，但是涉及俄国舰队"最后起航时刻"最有价值的信息却迟迟不来，直到 5 月

图 1-2　秋山真之　　　图 1-3　铃木贯太郎

20 日东乡才获悉敌舰队 14 日从越南芽富湾起航。联合舰队先任参谋秋山真之根据获得的情报信息分析，认为俄国舰队的巡航速度约为 10 节，按照这个航速敌人 24 日清晨就将抵达对马海峡，但是直到 24 日深夜，黑烟滚滚的"疯狗舰队"（"多戈沙洲事件"后西方对俄国舰队的蔑称）依旧迟迟没有出现，就连双眼微闭、一言不发的东乡都坐不住了。还是铃木贯太郎在饭桌上一句不经意的话——"以俄国舰队的那种构成情况，况且还需要进行海上加煤，平均航速能达到 7 节就已经是奇迹了"点醒了秋山真之这个"梦中人"。按照 7 节速度推算，俄国舰队将于 5 月 27 日中午前后抵达对马海峡。这一判断成为东乡平八郎和联合舰队上下的共识。

　　等待，是一个考验的过程，意味着包容和信任。在围攻旅顺口俄国远东舰队的作战初期，两艘战列舰触雷沉没，这个损失占了联合舰队战舰总数的三分之一，但是不管是山本权兵卫还是天皇都没有对东乡大加斥责；在俄远东舰队旅顺口突围时，东乡的海上指挥出现了严重的失误，要不是因为敌人旗舰被毁、指挥中断，逃回旅顺的话，差点放跑了俄国舰队，大本营也并没有责怪东乡指挥不力；当"浦盐舰队"在日本海"神出鬼没"，不仅劫掠商船，甚至突进东京湾袭扰破坏，在国内空前高涨的国民舆论压力之下，日本最高决策层仍然没有对东乡的作战指挥横加干预；在判断

图 1-4　铃木贯太郎

俄国第二太平洋舰队的可能路径时，大本营众说纷纭，海相山本权兵卫甚至下达命令：禁止任何人和联合舰队就此展开争论，给予东乡以充分的信任。现在，整个日本的国运就赌在联合舰队，准确地说是赌在了东乡平八郎的身上。

等待，还有焦虑，从战争诞生的第一天起，就是令指挥官们无比厌恶，但又必须耐心正视的对象。谁熬得住，谁等得起，谁忍得住性子，谁耐得住煎熬，谁就能看到最后的胜利。现在，联合舰队上下什么也做不了，只有等待，焦急的等待……等待着即将到来的庞大舰队。他们从波罗的海出发，经过了大西洋、印度洋、太平洋，绕过了好望角和马达加斯加，通过了马六甲海峡，已经来到了近在咫尺的越南，再下一站就是对马。而这里，将是他们 18000 海里漫长旅途的终结。

二、训练

联合舰队司令官东乡平八郎有句名言："一门百发百中的大炮胜过一百门百发一中的大炮。"针对这句话有很多争议，按照东乡的逻辑，为了使所有的大炮都成为这种百发百中的大炮，就只有训练了。实际上，在之前日本联合舰队与俄国远东舰队的黄海海战中，尽管联合舰队取得了胜利，但是那是一场惨胜，甚至可以说如果不是俄国舰队在关键时刻"没有快刀斩乱麻"，为了挽救一艘巡洋舰而贻误战机的话，那么联合舰队就会因为放虎归山，而彻底失败。联合舰队针对黄海海战暴露出来的问题，自镇海湾集结开始，就在"月月火水木金"这样变态原则的指导下，开始了一场白热化的"临战大练兵"运动。

图 1-5 佐藤铁太郎

在 1904 年 8 月 10 日进行的黄海海战中，根据第二舰队参谋长佐藤铁太郎的统计，俄国舰队击中日舰的次数要明显多过联合舰队击中对手的次数。在敌人的炮弹面前，联合舰队终于对自己的斤两有了清醒的认识。在战舰总数短时间内无法改变的前提下，为了战胜大口径火炮数量占据优势的敌人，联合舰队只能在舰炮射击训练上玩命下功夫了。

战前，对日本海军主力舰的炮术水平提高

制约最大的就是炮弹的数量，"三笠"号战列舰（联合舰队旗舰）的 12 英寸主炮一枚炮弹的价值，就超过了 100 个日本家庭每月生活费的总和，受财力和国力的限制，平时炮术训练主要是以模拟的方式进行的。面对着第二太平洋舰队这团从西边滚滚而来的乌云，面对着这个号称比旅顺口的敌人更加强大的对手，东乡和联合舰队终于意识到，必须豁出去痛下血本了。为此，第一战队、第二战队进行了异常严格和刻苦的训练，每天的炮术操演往往持续 4—5 个小时。除了采取大量模拟方式训练操炮步骤，缩短发射时间之外，还在短时间内安排了 8 次舰炮实

图 1-6 "三笠"号战列舰双联装 305 毫米主炮使用的炮弹

弹射击训练。在这段时间里，联合舰队仅仅 10 天内的弹药消耗量就相当于平时日本海军一年的使用量。算上先前战争中的消耗，开战以来 12 英寸大口径炮弹的消耗已经超过了日本国内炮弹储备总量的半数以上。

在提高单门火炮射击精度的基础上，联合舰队还在提高群炮射击效率上作了很大改善。其中，最重要的一个改变就是：炮术长的位置上升到了舰桥。炮术长在舰桥上指示射击目标和诸元，以保证本舰几十门主副炮的炮弹按照炮术长的统一指令飞向同一个目标，大大提高了命中概率。这一射击方法是由当时"三笠"号上的炮术长加藤宽治（后来的日本海军军令部长）受伤后在病床上冥思苦想得出的，并由接任的炮术长安保清种（后来的海军大臣）实践成功后向东乡推荐的。这种标准化的射击火控方法，也成为对马海战中联合舰队战胜对手的一柄利器。

图 1-7 安保清种

临战训练干到了这个程度，东乡还觉得心里没底，因为巨舰大炮的数量不足啊，还得再添把火，这把火就是鱼雷艇和驱逐舰。

在黄海海战中，鱼雷艇和驱逐舰发射了 40 枚鱼雷，仅命中了可怜的 1 枚，而这些小型舰艇却又在秋山真之"七段战法"中扮演着重要的夜战角色。因此，

在临战训练中日复一日地训练着突击和发射鱼雷的技巧，并向官兵极力灌输"不惜生命，报效皇恩"的所谓"明治武士道精神"。在日本文化中独特耻辱观和极端化忠君爱国思想的熏陶之下，这支近乎疯狂的雷击部队已经磨刀霍霍。

炮弹打得差不多了，雷击训练也完成了，万事俱备，只欠东风，就等着对手上门了。可是，即将上门的对手究竟是什么样子的呢？

图 1-8 在夜战中发挥巨大威力的日海军鱼雷艇

三、对手

此时，即将送上门来的对手已经步履蹒跚地航行了 18000 海里，俄国人的这一壮举甚至被西方世界称为"第八大奇迹"。在 20 世纪初期，在没有完善的全球化基地群保障的情况下，组织 40 艘战舰的舰队进行跨越欧、亚、非三大洲的远征，也只有发了疯的沙皇和精力充沛、不知疲倦的俄国人才能做到。

实际上，第二太平洋舰队的诞生是一个极为荒谬的过程，最初海军部在 1904 年 6 月 2 日发布的作战纲要中明确：以俄国位于波罗的海区域的军舰为主体组建舰队，绕道非洲开赴远东，支援被困在旅顺的远东舰队。但是在最初的一段时间里，增援远东的战略计划仅仅代表着一种计划而已。随着 4 月 12 日马卡洛夫将军的阵亡和 8 月 10 日远东

图 1-9 航行中的第二太平洋舰队

舰队黄海突围失败，从军事角度来说，再派遣舰队驰援旅顺已经毫无意义，因为扭转海上战局的可能性已不复存在。但是迫于战争财政的压力和沙皇本人对日本的极度痛恨，俄国又必须摆出一副不惜决一死战的架势，来实现国际金融市场的

融资和满足沙皇本人的民族
荣誉感（后者可能更重要）。
就这样，在众口一致的反对
之下，沙皇尼古拉二世来了
一个乾纲独断，不仅力排众
议派遣第二太平洋舰队横跨
三大洋去消灭那些东方的
"黄皮猴子"，还指定他的
爱将——罗杰斯特文斯基为

图 1-10　德皇威廉二世（右）和沙皇尼古拉二世（左）检阅舰队
后的合影（二人互换了两国军装，并相互授予对方海军元帅军衔）

舰队司令官。就这样，被改名为第二太平洋舰队的波罗的海舰队，踏上了遥远的
征程，走上了总航程为 18000 海里的不归路。

　　罗杰斯特文斯基，曾经参加过 1877—1878 年间对土耳其战争并立下了战功，
但此后一直在俄国海军司令部内行走，并没有多少海上作战的实际经验，甚至没
有实际指挥任何大舰队出海的经历。但是因为出身高贵——担任过沙皇侍从武
官，再加之高度熟悉海军中枢衙门的官僚体制，尤其是在 1902 年成功组织实施
了沙皇与德皇威廉二世会面时的俄国海军观舰式，而得到了沙皇的高度器重，在
1903 年成为俄国海军参谋长。就是这样一个沙皇的宠臣、一个管理型的官僚和
军事文盲，从舰队 10 月 8 日启航开始，就陷入了一种恐惧强迫综合症当中。除
了处理多戈沙洲误击事件和为燃煤来源发愁外，罗杰斯特文斯基整日的经常性工
作就是扮演一个宪兵司令的角色，在旗舰上整日巡逻检查卫生，纠察军容风纪，
在办公室搜寻所有公文报告中的拼写错误，然后命令手下，甚至亲自动手惩罚那
些犯错误的可怜虫，把整个舰队从被日本驱逐舰袭击的恐惧中带到了被长官鞭打
的恐怖中。他似乎什么都想到了，但是就是没想明白如何战备，可是话说回来，
如果 18000 海里都走不下来，战备工作做得再充分也没用，同时没有零件、没有
给养，甚至没有数量充足用于训练的炮弹。就这样，曾经是俄国海军翘楚的波罗
的海舰队载着满船的燃煤，冒着滚滚黑烟，步履蹒跚地向着远东开来。

　　凭心而论，第二太平洋舰队的纸面实力还是相当可观的，7 艘主力舰中有 4
艘服役不久"博罗金诺"级新式战列舰，镍钢装甲、光学测距仪等装备的技术水
准堪称世界一流。但是，海军作为当时技术水平最高的军种，并不是光有最先进
的军舰就能打胜仗的。在经历了五年前的"洗劫"之后（五年前组建远东舰队时

已经抽调了大量的优秀水兵），
波罗的海舰队已经派不出优秀的
水兵来驾驭这些先进的战舰了，
同时所有人都使出浑身解数来逃
避这场 18000 海里的放逐，各种
兵油子、有前科的问题人物、新
手菜鸟，甚至是有参与革命活动
的嫌疑人纷纷拿着被粉饰一新的
履历，前往新舰队报到了。

图 1-11 "博罗金诺"级战列舰

　　同时，主力战舰"鹰"号（"博罗金诺"级 3 号舰）直到启航之际还没有竣
工，系统调试和海上试航等必要程序更是无从谈起，甚至有几百吨舾装品未安装
到位；当时科学技术的最新成果——无线电通信设备已经安装上舰，但是德国技
术人员拒绝随同舰队出航，同时俄国电讯人员又大多未经过专门培训，就使这些
"宝贝疙瘩"成了一堆废铁，这甚至直接影响到最后对马决战的结局。

图 1-12 正在进行炮术训练的俄国水兵（低落的士气和有
限的炮弹一直是制约他们水平提高的最大门槛）

　　与纸面数据虚幻的表象不
同，士气高昂的水兵和状态良好
的武器装备，才是一支舰队真正
的灵魂。而此时的第二太平洋舰
队已经是失魂落魄，甚至是无家
可归了。就这样，这支"像整个
俄罗斯帝国那样庞大，那样笨重、
荒唐、无力、怪诞的舰队"（列
宁的原话）义无反顾地一头扎进
了万劫不复的深渊。

四、抉择

　　在旅顺口已被攻陷的情况下，俄国舰队只能按照沙皇的命令，前往远东舰队
的驻泊地符拉迪沃斯托克（海参崴）。而日本列岛的地理分布决定了俄国舰队的
航线只能有三条：对马海峡、津轻海峡、宗谷海峡。联合舰队先任参谋秋山真之

认为：津轻海峡和宗谷海峡均水道狭窄、海流湍急、暗礁密布、终年多雾，对于劳师远征人生地不熟的罗杰斯特文斯基来说，指挥如此庞大的舰队走这条路，将徒然增加航行的危险，很可能有半数舰艇葬身于此。反之，走朝鲜海峡东水道（即对马海峡），不仅是前往符拉迪沃斯托克的捷径，而且航道也很宽阔，便于大舰队机动，从航海的角度来看，也是最佳选择。

对马！一定是对马！！

秋山真之还有一句话没说，对马海峡也是联合舰队最希望俄国人走的路。俄国人如果走这条路，联合舰队不仅可以在镇海湾以逸待劳，而且预先设计的"七段战法"也只有在狭长的日本海里才能实现，如果俄国人走津轻海峡或宗谷海峡的话，那里到符拉迪沃斯托克的距离只有 400 海里，联合舰队的"七段战法"只能打两段，根本不可能全歼敌人。"敌人走对马"也成了东乡平八郎的最终判断。

图 1-13　秋山真之

从 4 月 8 日抵达新加坡开始，俄国第二太平洋舰队的一举一动都置于日本的盟国——英国海军的监视之下，日本获悉，俄国舰队将在金兰湾与前来增援的第三太平洋舰队会合并获得燃煤补给。在得到了涅博加托夫率领的第三太平洋舰队补充后，5 月 14 日，罗杰斯特文斯基下令起航，可是这时日本人的情报人员却掉链子了。直到 20 日，俄国舰队出航的情报才被东乡平八郎获悉，至于俄国舰队走哪条航线，什么时候到等问题更是一头雾水。接下来就是难以忍受的煎熬与等待……

图 1-14　涅博加托夫

这种煎熬一直持续到 5 月 25 日，就连日本海军的首席战术专家、马汉的高徒秋山真之都等不下去了。因为按照他的推断，敌人 22 日就该到了。"10 节？不可能！带了那么多老爷船，路上要出机械故障，要加煤，罗杰斯特文斯基舰队的速度有 7 节就了不起了。"还是铃木贯太郎"一言惊醒"了秋山真之，也进一步坚定了东乡在对马决战的决心。

图 1-15 日海军通信舰"信浓丸"号

图 1-16 "信浓丸"号发现
俄国舰队电文原稿

5 月 27 日凌晨，收到伪装巡洋舰"信浓丸"号的电报："于四五六地点发现敌舰队"，结束了这场漫长的等待。几分钟后，"04：45 发现敌舰队，北纬 32 度 20 分，东经 128 度 30 分，敌舰队航向对马海峡"的电报接踵而至。随后，联合舰队的主力舰一艘艘出港，这场决定皇国兴废命运的海上决战已经蓄势待发。

五、天佑

在决定战争胜败的天平上，仅拥有正确的战略判断、严酷的实战训练还有"短板"突出的对手这些砝码是不够的，有时候还需要那么一丝运气。

在这场海战中，从一开始日本海军就拥有了让对手煞是羡慕的好运气。这种好运气首先来自对手，罗杰斯特文斯基不仅没有尽早遣散弹药运输船、修理工作船等非战斗舰艇，还专门派宝贵的巡洋舰为其护航，大幅削弱了舰队的机动性和战斗力；未及时明确战时指挥关系和代理人，以至于他受伤之后，俄国舰队群龙无首，不攻自乱；俄国战舰在战前换上了新装，将巨大的烟囱

图 1-17 俄海军巡洋舰"钻石"号

刷上了与蓝色海水对比度极为明显的土黄色油漆，也为联合舰队提供了最为醒目的舰炮射击识别标志。除此之外，5 月 25 日在长江口以东海域，6 艘随编队航行的运煤船根据命令脱离编队驶往上海，运煤船进港伊始，日本三井物产上海支店就立即向大本营进行了报告，根据这一情报和俄国舰队本身的可能载煤量判断，罗杰斯特文斯基可能的选择只有对马海峡。随着俄国舰队一系列漏洞百出的昏招儿，在不经意间，将伴随自己绕过了半个地球的好运气，拱手让给了联合舰队。

在凌晨的浓雾中，伪装巡洋舰"信浓丸"号发现了"奥里约"号医院船，在查证过程中又发现了俄国舰队主力，而此时罗杰斯特文斯基一心只顾着赶路，怕耽误时间，根本没有心思对付一艘小巡洋舰，不仅没有下令开火击沉"信

图 1-18　俄海军医院船"奥里约"号

浓丸"号，还拒绝辅助巡洋舰"乌拉尔"号舰长使用同频信号干扰日舰发送无线电报的宝贵建议。就这样，"信浓丸"号和后来接替他的"和泉"号毫无阻碍地对俄国舰队进行了抵近侦察，详细报告了对手的力量编成、队形结构和运动要素，最后甚至报告了"舰身浅黑、烟囱颜色为黄色"这样对舰炮射击效果极为重要的识别特征信息。在情报侦察这一环节，东乡和联合舰队运气好得不能再好。

在起草电报时，秋山真之那句"天气晴朗波浪高"，似乎表明顺风顺水，"神风"常在，好运气常在。其实并不然，这句话一方面说明海上能见度良好，便于观察舰炮射击命中情况，便于发挥联合舰队

图 1-19　日本海军驱逐舰等小型舰艇的适航性非常有限

舰炮射击训练水平，另一方面还说明海况恶劣，根据水文站报告，对马海峡浪高2.5—3.0 米，驱逐舰和鱼雷艇等小型舰艇的作战使用将受到很大限制，45 艘鱼雷艇因风浪无法出海。但是由于 5 月 27 日白天交战的战果比较理想，成功地将对手拖入夜战当中，近 60 艘驱逐舰和鱼雷艇在夜暗时分大显身手，对残存受伤的

俄舰展开了狼群般的撕咬。在这恐怖的"鱼雷之夜"中，"苏沃洛夫公爵""博罗金诺""亚历山大三世"号等受损战列舰先后被击沉，俄国第二太平洋舰队主力舰艇折损大半。

在与"像章鱼群似的挤成一团的俄国舰队"（"三笠"号炮术长安保清种语）发生目视接触后，13 时 55 分东乡平八郎下令在旗舰"三笠"号上升起了"Z"字旗，旗语是"皇国兴废在此一战，望诸君努力应战"。东乡的"Z"字旗与之前大英帝国海军统帅纳尔逊在特拉法尔加悬挂的"Z"字旗，有着根本的不同。纳尔逊的"Z"字旗

图 1-20 "Z"字旗

意思是英格兰期待着每个男人都恪尽职守，话说得很振奋人心；而东乡则不然，他、联合舰队甚至于整个日本都已经没有退路，"Z"是 26 个英文字母的最后一个了，也就是说这个信号如果失败，那么这个"皇国"就将真的被"废掉"了。东乡通过置于死地而后生的手段，激发起刚刚具有现代国民意识的联合舰队官兵们高昂的士气和斗志。

六、U 形转弯

在联合舰队与俄国舰队相互发现对方时，日舰在北航向西北，俄舰在南航向东北，最远距离 10000—12000 米（超出了当时的舰炮有效射程）。交战双方由于在作战企图与目的理解方面存在很大差异，对这一初始态势产生了截然不同的理解。罗杰斯特文斯基坚持"跑"字诀，他认为只要摆脱联合舰队的纠缠，只要跑到符拉迪沃斯托克就是胜利，哪怕整支舰队的船就剩下 4 艘战列舰，他都能在日本海搅个天翻地覆。而东乡平八郎坚持"灭"字诀，必须"干净完全彻底歼灭之"，在他看来哪怕俄国人有一艘战舰到达符拉迪沃斯托克，都将对战局产生十分不利的影响，对于联合舰队来说都将意味着失败。在交战双方的不同认识和理解之下，东乡平八郎和罗杰斯特文斯基各自下达了截然不同的命令，对整场海战的进程和双方舰队的命运产生了决定性的影响。

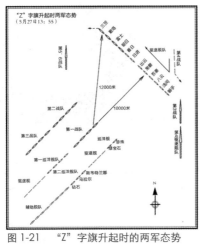

图 1-21 "Z"字旗升起时的两军态势　　图 1-22 "苏沃洛夫公爵"号战列
舰开炮时的态势

　　此时，东乡为缠住敌人，发挥己方中口径舷侧速射炮优势（"甲午海战"时
也是如此），于 14 时 2 分命令向左转向，这也就是海战史上著名的 U 形转弯！
此时他的旗舰"三笠"号与俄旗舰"苏沃洛夫公爵"号的距离是 8000 米，也就
是说在转弯完毕前十几分钟时间里，每一艘在此点转向的日舰都将暴露在俄国舰
队的炮口之下。东乡的"U 形转弯"大大出乎罗杰斯特文斯基意料，无心恋战、
一心跑路的他直到 14 时 8 分才缓过神来下令开炮，在这几分钟的时间里，东乡
的旗舰"三笠"号几乎独自承受了俄国舰队的全部炮火，超过 300 多发炮弹向其
射来，中弹超过 40 发。其中一发炮弹命中司令塔，联合舰队指挥中枢多人阵亡，
东乡本人也被弹片击中腿部。此时，东乡实际上已经做好了"三笠"号被击沉的
思想准备，他认为，只要这个 U 形转弯成功完成，联合舰队能够压制住对方，
哪怕旗舰被击沉，整个海战就成功了一半。事实上也是如此，在整个转向过程中，
后续舰艇相继被俄舰炮火击中，甚至个别巡洋舰因受损严重退出战斗序列。但是
俄舰的低命中率、炮弹的低破坏力以及罗杰斯特文斯基反应迟缓耽误的几分钟宝
贵战机，使东乡和联合舰队坚持过来了，这几分钟，一艘舰艇都没有被击沉。转
向完毕的联合舰队，在熬过了"像两个世纪一样的煎熬"之后（"三笠"号炮术
长安保清种语），随着加藤友三郎（联合舰队参谋长）"打！盯着（敌）旗舰打"
的明令下，联合舰队在 6000 米的距离上开始了"令俄舰感到恐怖"的反击。

　　"奥斯利亚维亚"号起火！"亚历山大三世"号起火！"苏沃洛夫公爵"

号起火！仰仗着"下濑火药"和"伊集院信管"的强大威力，在联合舰队12 英寸火炮的准确射击之下，俄主力舰一艘接一艘冒起了黑烟，一发炮弹命中"苏沃洛夫公爵"号指挥塔，罗杰斯特文斯基身负重伤，一时间俄国舰队群龙无首（战前罗杰斯特文斯基并未指定自己的代理人），紧接着"苏沃洛夫公爵"号的舵机被炮弹击中，操纵失控开始向右划圈。就在 15 时00 分，东乡平八郎下达了在此次海战中饱受最大争议的命令——一起向左转！这样一来，联合舰队在北、航向北偏西，俄国舰队在南、航向西偏南，在 4 分钟之内，双方舰队背道而驰拉开了 4 海里。如果按照这个态势发展下去的话，不等联合舰队转回来追上，俄国舰队早已趁着夜幕逃之夭夭了。

和前一年 8 月 7 日的黄海海战"如出一辙"，命运之神确实给了俄国人一丝希望，但是这个希望很快就破灭了，打破这个希望的就是联合舰队第二战队的参谋长佐藤铁太郎，他作出了"'苏沃洛夫公爵'号转向只能是舵机故障所致"的正确判断，并得到了战队司令官村上彦之丞的支持，村上果断地作出了"抗命"的决定，没有跟着东乡的旗舰"三笠"号一起转弯，而是直接按照原航向，挡在了俄国舰队的前面。村上和第二战队的这一"抗

图 1-23　俄国舰队遭到日舰猛烈炮击

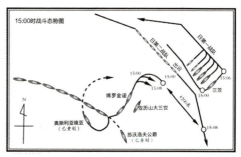

图 1-24　东乡平八郎判断失误，第二舰队的"抗命"才挽救了联合舰队

图 1-25　5 月 27 日日落前双方舰队的最后航迹图

命"之举彻底缠住了俄国舰队，不仅为联合舰队牢牢抓住了宝贵的战机，还成功地将俄国舰队拖入了夜战当中。

随着"苏沃洛夫公爵"号、"亚历山大三世"号和"博罗金诺"号战列舰的沉没，19 时 10 分，东乡果断挂出了"停止战斗"的信号旗，将俄国残余舰艇交给了在一旁虎视眈眈的驱逐舰和鱼雷艇，恐怖的"鱼雷之夜"开始了。

图 1-26　反映"博罗金诺"号沉没景象的绘画作品

七、"七段战法"

对马海战前，东乡平八郎曾向天皇保证：不放一艘俄舰进入符拉迪沃斯托克。为了实现全歼俄国舰队的目标，秋山真之在俄国舰队可能航经的近 600 海里海域进行了区段划分，计划用 4 天时间不分昼夜地对其实施攻击。其中 4 个白昼以主力舰进行攻击，3 个夜晚用驱逐舰和鱼雷艇进行攻击，史称"七段战法"。后由于发现俄国舰队时间较晚，"七段"中的"第一段"和"第二段"未能实施，直接从"第三段"开打，但是联合舰队"第三段"取得的战果大大超出了最初的想象，"30 分钟就决定了大局"（秋山真之语）。但是决定了大局不等于完成了大局，虽然俄国舰队 4 艘最现代化战列舰中的 3 艘已被击沉，但是俄国舰队残余舰只正在试图逃离战场，不放一艘俄舰进入符拉迪沃斯托克的目标还没有最终实现。

图 1-27 日本海军"隼"号鱼雷艇

图 1-28　描绘夜间俄国舰队发现自己掉进陷阱后恐慌场面的画作

27 日昼间因天气晴朗波浪高而无用武之地的驱逐舰和鱼雷艇，终于获得了一显身手的时机。在漆黑一片的对马海峡终端，成群结队的"饿狼"对残存的受损俄舰进行了"无情的撕咬"，"纳瓦里诺"号被击沉，"伟大的西索亚""纳西莫夫海军上将""弗拉基米尔莫诺马赫"号先后被重创，并于次日天亮后沉没。尽管继任舰队司令官涅博加托夫采取了一些措施，试图重组队形、减小损失，使幸存舰只免于在"鱼雷之夜"中全军覆灭，但也仅仅是使覆灭时间推迟而已，第二天等待俄国舰队的将是溃败和终结。

当 5 月 28 日第一缕阳光照亮海面之时，庞大的俄国舰队就剩下 5 艘伤痕累累的战舰步履蹒跚地向东北方向驶去。5 时 20 分，位于郁陵岛附近的东乡收到第 5 战队报告"发现敌舰队，航向东北偏北，航速 12 节"。与此同时，俄国舰队也发现了日舰，涅博加托夫后来回忆"日出后我们便发现位于西北方的联合舰队第 5 战队……日本军舰使我被迫作出判断，'尼古拉一世'号等 5 艘战舰已被重重包围……近在身侧的日本舰队消灭了我们抵达符拉迪沃斯托克的最后一丝

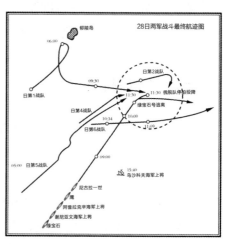

图 1-29 5 月 28 日双方战斗结束时的最终航迹图

幻想。"望着在安全距离外游弋的对手，在作出短时间内不会发生交战的判断后，他发布了"除值班人员外，全员休息"的命令，等待着最后的终结。

3 个半小时之后，令俄国人避之不及却又期待已久的联合舰队终于出现了。10 时 30 分最后的交战开始了，此时从舰队司令到普通水兵的脸上，早已没有了前一天的勇气、希望与狂热，剩下的只有等待解脱的绝望。10 时 42 分，在"尼古拉一世"号的信号桅上升起了代表着"我们投降"的 XGE 旗组，然而联合舰队似乎并未意识到这一点，炮

图 1-30 "尼古拉一世"号的信号桅上升起了投降旗组

击仍在继续，直到一面用白色桌布临时改制的白旗升起来之后，日本人的炮火才逐渐稀疏下来。

"阁下，他们投降了！"

"他们的机关（主机）是否关闭了？"

"是的，关闭了……"

"全舰队停止射击！"

这是东乡平八郎和秋山真之在这场海战中最后的对话。之后的事情则毫无悬念，在涅博加托夫签署了投降书之后，4艘残余俄舰由日舰一对一拖带着，像"遛狗"一样被牵向了日本本土。

而罗杰斯特文斯基也在几经换乘，一路狂奔后，毫无悬念地被日驱逐舰"涟"

图 1-31 《伦敦新闻画报》戏剧性地描绘了罗杰斯特文斯基受伤被俘时的情景，图中被众人环绕的倒地者就是舰队司令罗杰斯特文斯基

号俘获。至此，秋山真之的"七段战法"在前"三段"就提前结束了战斗，这场漫长的旅途和血腥的追逐也真正画上了句号。

八、"利器"

在对马海战中，俄国海军包括6艘战列舰在内的19艘战舰被击沉，包括2艘战列舰在内的5艘战舰被俘，除部分舰艇逃至第三国港口被解除武装外，基本上全军覆灭。而联合舰队仅损失鱼雷艇3艘，其中1艘还是航行中不慎触礁沉没的。是役，日本海军取得了海战史上罕见的全胜。客观地讲，日本是当时东方世界一个新兴的国家，从明治维新开始，近代工业化也不过30多年的时间，虽然在10年前刚刚战胜了暮气沉沉的大清，击败了那支龙旗飘扬的舰队，但是西方主流世界无论如何也想不到刚刚登上世界舞台的日本，竟然敢向庞大的俄国发起挑战，结果还赢得这么漂亮。究竟这些东方的"黄皮猴子"掌握了怎样的精锐利器？发生了怎样脱胎换骨的变化？

在与驻旅顺俄国远东舰队几番交手之后，东乡和联合舰队对俄国舰队的战斗

力和装备水平有了一个清醒的认识，在获悉第二
太平洋舰队出航的情报之后，一方面抓紧时间在
国际军火市场采购新舰，另一方面加快了新型技
术装备的融合运用。其中最有名的就是"三六式"
无线电收发报机、"下濑火药"和"伊集院信管"。

1895 年马可尼发明无线电通信技术后不久，
日本就敏锐地发现了其巨大的军事应用潜力，在
8 年后的 1903 年（即明治三十六年），倾举国之力，
通过连续攻关，终于制造出具有当时世界一流水
平的无线电通信设备——全国产化的"三六式"
（即明治三十六年制式）无线电收发报机，虽然

图 1-32 "三六式"无线电收发报机

其工作距离只有 80 海里，中途还需要在军舰上设立中转站转发才能送达大本营，
但是这已经使日本海军具有了远程侦察信息传送能力，也为联合舰队赢得了足够
的反应时间。

正如"今天的军舰不仅是现代大工业的产物，同时也是现代大工业的缩影，
是一个浮在水上的工厂……"（恩格斯语）所说的那样，国家的工业水平决定了
军舰及舰载武器的作战效能。日本作为一个后起国家，在冶金、机械和原材料等
方面的工业基础相对薄弱，以当时其国内弹药制
造工艺水平，在 5000 米左右的距离上，炮弹无
论如何都无法击穿俄国战列舰的新式镍钢装甲。
为提升毁伤效果，不惜牺牲部分穿甲效能，另辟
蹊径地在炮弹装药和引信上做文章。在装药方面，
采用了著名工程师下濑雅允发明的"下濑火药"
（即添加钝化剂的"苦味酸"），爆炸速度达到
了每秒 7350 米，远远超过俄国海军炮弹采用的
"柯达型双基炸药"每秒 4000 米的爆炸速度。

图 1-33 "下濑火药"发明者下濑雅允

同时，"下濑火药"在爆炸后就会燃起大火，3000 度的高温足以将军舰表面所
有附着物件，包括钢铁融化，从而大量杀伤人员并破坏装备。

与此同时，联合舰队还装备了极其灵敏的"伊集院信管"（由提出"月月火
水木金金"理论的伊集院五郎发明），该引信在接触到任何物件，哪怕是细细的

图 1-34　伊集院五郎

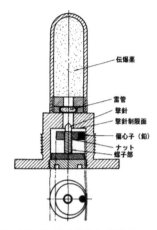

图 1-35　"伊集院信管"结构图

缆绳后都会触发炮弹的爆炸。而俄国海军使用的是穿甲弹，依靠物理撞击来击穿舰体装甲，因此引信敏感度不高，也导致了哑弹情况的大量出现（对马海战中命中"三笠"号的多枚炮弹均为哑弹）。其实，采用"伊集院信管"的真正原因是，当时日本薄弱的军事工业还没有掌握穿甲弹制造技术（日本的穿甲弹制造技术是一直到第一次世界大战以后才从德国引进的），为了有效毁伤俄舰而采用的应急手段。

　　就这样，日本海军终于给自己配备了与对手放手一搏的利器，"三六式"无线电收发报机实现了侦察情报信息的千里传音，而"下濑火药"与"伊集院信管"这对"好搭档"则给对手制造了一片火海，成为对马海战中俄国舰队的梦魇。

附录：启示与思考

　　对马海战是近代海战史上为数不多的实现"全胜"的经典战役，充分证明了阿尔弗雷德·马汉的海权学说和战列舰在海战中无可替代的霸主地位，深刻影响了海军技术的发展，并由此催生了"无畏"舰，将大炮巨舰主义推向了巅峰。同时，这场战役不仅决定了日俄战争的最终结局，也主导了西方老牌帝国与东方新兴资本主义国家的国运走向，甚至影响到了 20 世纪上半叶的世界格局。在这场海战中，出现了很多极具偶然，甚至有些匪夷所思的事件，尽管漫长久远的一个多世纪过去了，但是依然留下了一段意味悠远的海战传奇。

在整个海战的前后，愚蠢、倒霉、疲惫的对手，严酷的训练，充分的准备，良好的天气，正确的指挥，士气高昂的官兵，"敢于抗命的"指挥官，U 形转弯，抢占 T 字头……种种偶然与必然的因素交织在一起，成为世界海战史研究领域的永恒课题。一个多世纪以来，对于影响这场战役胜负的事件和原因研究不断、争议不断，有些事件甚至成为历史谜团。至于这场关乎"皇国兴废"战役胜利的最根本原因，也许只有他的实际指挥者东乡平八郎经历的一件事最能说明白。

图 1-36　联合舰队司令长官东乡平八郎

那是 1934 年，当卧床不起的东乡平八郎即将走到生命终点的时候，他从家人的读报中获悉了 29 年前对马海战中的一段陈年往事：

对马海战爆发的前一天，也就是 1905 年 5 月 26 日，一个以跑船运为生的冲绳渔民名叫奥浜牛，在返航回家时发现了海上有一大堆挂的不是旭日旗的军舰路过。根据政府的通知，这可能是俄国军舰，他跑到了宫古岛村公所报告。然而岛上没有无线电通信设备，于是奥浜牛和另外 3 个年轻人自告奋勇，划着一条小舢板用了整整 15 个小时，赶到 170 千米外离他们最近的石垣岛上用无线电台报告。当累得接近虚脱的渔民们将情报发到了东京，经东京邮局告知大本营，再由大本营转发到联合舰队时，东乡平八郎根据"信浓丸"号的情报已经下令出航了。这封过时了的电报也被淹没在当时雪片似的电文中。

据说当时垂垂老矣的东乡平八郎听完这则新闻异常激动，因为即将走到人生尽头的他，似乎又看到了日本人从幕府时代的草民转变为"以国为重"的国民的艰辛过程。从国家政治的角度来看，在这些渔民和那些报告俄国舰队运煤船行踪的三井物产商人的身上，已经充分体现了明治维新的成果，即日本已经树立和完善了举国体制，日本人已经有了国家概念。

其实从这点来看，当时，贫穷弱小的日本战胜庞大的、暮气沉沉的沙俄其实并不是什么大不了的奇迹，因为在剥去现代物质文明的装裹后，俄国其实就是一个落后愚昧的中世纪专治王国，所有军事力量不过是按照独裁的沙皇及其几个心腹重臣的爱好私下运作，战争的目的与国家无关，更与国民无关，仅仅是几个军官总督加官进爵的手段而已，因此俄国海军出现种种不合常理的怪事就显得无比正常。而这时，腐朽落寞的沙俄却很不凑巧地遇到了一个能够动员全民参战的东方对手，这种现代的国民意识、国家组织和国民动员能力才是日本接连取得甲午和日俄这两场战争胜利的关键。

"以少胜多"的海空揭幕战
——奇袭塔兰托之战

图 2-1 1940 年 11 月 11 日"光辉"号航母携 21 架舰载机对意大利重要军港塔兰托进行了夜袭

"是你们吗，马里亚诺[1]？"

"是的，领袖[2]。"

"你说说，在广海[3]有什么新闻？"

"领袖，这是一个非常难熬的夜晚……"

————1940 年 11 月 12 日凌晨墨索里尼与马里亚诺的对话

---

1 马里亚诺——时任意大利塔兰托地区最高军事长官

2 领袖——意大利独裁者墨索里尼

3 广海（Mar Grande）——停泊着 6 艘战列舰的塔兰托外港区

是的，那确实是一个非常难熬的夜晚。就在几个小时之前，英国皇家海军地中海舰队"光辉"号航空母舰出动了 21 架"剑鱼"式鱼雷轰炸机，在浓重的夜幕掩护下，对驻泊在亚平宁半岛南部塔兰托港内的意大利海军舰队主力进行了突袭。在 65 分钟内，仅以 2 架老式"剑鱼"机和 4 名飞行员（其中 2 名被俘战后生还）的微小代价，击沉、重创了意大利海军 3 艘战列舰和 4 艘巡洋舰、驱逐舰（占其主力舰艇总数的 50%），取得了堪比日德兰大海战的巨大战果。

图 2-2　英国皇家海军地中海舰队司令坎宁安海军上将

在指挥舰队"万马军中取上将首级"并全身而退后，坎宁安海军上将在向海军部提交的报告中写道："我们必须永远铭记塔兰托一战，因为其一举表明我们拥有海军航空领域最强大的武器。如果不对塔兰托实施毁灭性的打击，敌人的舰队就会持续威胁希腊海域的我方舰队，从而减少我们在西地中海海域的活动规模。"英国首相丘吉尔在下议院的演说中则讲得更为直白："毫无疑问的是，这次在意大利的行动将会深刻地影响整个战争！"

这就是著名的"奇袭塔兰托"之战，在取得地中海局部制海权后，皇家海军将对手的海上交通线撕扯得支离破碎，在大开杀戒、釜底抽薪的同时，确保了自身海上交通线的安全畅通。1940 年 12 月 9 日，北非战场的英国军队在获得大量装备、给养补充后，发起了大规模反攻，将"饥寒交迫"的意大利军队打得一溃千里。

"奇袭塔兰托"在战争史上占有十分重要的地位，首次显示出鱼雷轰炸机在突击坚固设防基地内驻泊舰艇方面所具有的极大潜力，并从总体上证明了航母＋舰载机作战模式的强大威力。自此，海军航空兵作为一支决定海战胜利的主

图 2-3　奇袭塔兰托之战在战争史上占有十分重要的地位

导力量，真正走到了人类战争舞台的中央，这一态势一直延续到了今天。

一、战役背景

1940 年，对于英法和整个西欧国家来说，真的是一个风雨如晦的年头：在经历了自 1939 年 9 月开始的静坐战争漫长观望和等待之后，德国人终于在 5 月动手了，在 38 天的时间里，连同法国、荷兰、比利时、卢森堡在内的整个西欧遭到了希特勒德国的横扫，"敦刻尔克大撤退"之后的英国顿时陷入了孤立无援的风雨飘摇之中；在大西洋上，邓尼茨的"狼群"正在四处游猎，大打出手，黑洞一般地吞噬着数以百计为英伦三岛运送物资的商船，皇家海军不得不抽调大批舰只为船队护航；1940 年 7 月至 10 月，希特勒发起了旨在摧毁英国人意志的"鹰"计划，在极为残酷的不列颠空战中，整个英伦三岛遭到了一次炼狱式的洗礼，尽管大英帝国挫败了法西斯敌人的险恶企图，但已元气大伤，对地中海方向分身乏术。而此时，眼睁睁看着"阿道夫"节节胜利的墨索里尼再也按捺不住了，生怕搭不上胜利便车，失去瓜分战果的话语权。在与德国正式结盟后，于 6 月 10 日气势汹汹地向英、法宣战。

图 2-4　意大利海军"维内托"级战列舰

按照大英帝国的战略部署，要保证本土的安全，就必须保证海外属地的稳定，通过战略物资的有力供给，来更好地为本土抗战到底输血打气。但是，在经过"敦刻尔克大撤退"和"不列颠空战"之后，英国皇家海军地中海方向的力量被分散和削弱了，战前确立的局部优势已荡然无存，直布罗陀—马耳他—亚历山大港的战略布势面临着被割裂的危险，蠢蠢欲动的墨索里尼和令人恐惧的"维内托"级战列舰成了丘吉尔的心腹大患。

意大利海军舰队主力常驻塔兰托港，掌控着地中海中部的制海权，在岸基飞机的掩护下，可以随时袭击英国在地中海上的运输船队，掐断北非战场英军的后勤补给。为此，英国皇家海军地中海舰队不得不集中全力为运输船队护航。尽管

"女王的军舰"在地中海上疲于奔命，但护航运输队仍不断遭到袭击，船队的出航间隔被迫拖长，周转效率大大降低。为了更及时有效地对北非战场实施支援，迫切需要尽快夺取地中海控制权，以保证其运输船队的航行安全和海上交通线的顺利畅通。为此，战时内阁向时任皇家海军地中海舰队司令的安德鲁·坎宁安海军上将下达了迅速击败意大利海军的指示。

迫于敌方现实的空中威胁（马耳他距意大利仅 70 海里），地中海舰队不得不由马耳他撤出，并一分为二，一支仍称"地中海舰队"，以埃及亚历山大港为基地，由坎宁安指挥；另一支称"H 舰队"，以直布罗陀为基地，由萨默维尔海军中将指挥（后来曾指挥皇家海军东方舰队），两支舰队的作战区域以马耳他为界，东属坎宁安，西归萨默维尔。舰队虽然撤出，但马耳他并未被放弃，仍不遗余力地增兵固守（马耳他在后来夜袭塔兰托之战中起到了重要作用）。

尽管在 7 月斯蒂诺角、斯帕达角的遭遇战中，坎宁安的舰队占了上风，并取得了战术胜利。但是意大利海军的优势依旧不可撼动，尤其是老对手伊尼戈·坎皮奥尼（意大利海军司令）麾下那 6 艘新型战列舰，令英国人感到如芒在背。

此时，英、意双方在东地中海的力量对比是——战列舰 3：6，航空母舰 2：0，巡洋舰 7：19，驱逐舰 26：61，潜艇 10：105。虽然坎宁安手握"一把烂牌"，但是他敏锐地看到：由于海岸线漫长，本土防御不容有失，坎皮奥尼的舰队势必处处设防、投鼠忌器，除了护航和有限次数的出击之外，大都龟缩于基地港口之中；而马耳他的存在，也使敌方海上交通线时刻面临着现实的海空威胁，机动作战力量将会受到极大的牵制；意海军没有真正意义上的海军航空兵，虽然其空军能够提供空中掩护和远程侦察，但两个军种之间的协同将使作战效果大打折扣。同时，坎宁安手中有一张敌所未有的"王牌"——"光辉"号和"鹰"号两艘航空母舰，航母＋舰载机的作战模式使其具备了打了就跑和深入龙潭的远程奔袭能力。这些被很多人所忽视的隐性因素，在悄然之间潜移默化地造成了双方实力对比的此消彼长（这也是坎宁安的过人之处）。

图 2-5　航母＋舰载机

二、双方企图

（一）目标

有人在分析意大利军事地理时，得出过这样的结论：如果把意大利海军比作一柄剑的话，那么瘫痪了塔兰托，这柄剑也就卷了刃。亚平宁半岛就像踏进地中海的一只靴子，塔兰托就深藏于意大利靴形半岛的底部。在这只"靴子"的鞋跟和鞋掌之间，有一个向内弯曲的鞋弓，这就是塔兰托湾，与西西里

图 2-6　塔兰托港战略位置十分重要

岛一同俯瞰着地中海的咽喉。意大利海军引以为傲的精华——"利托里奥"号、"维内托"号、"凯撒"号、"加富尔"号等 6 艘战列舰和超过 20 艘巡洋舰、驱逐舰就驻泊在这里，进可以攻，退可以守。无怪乎英国人将其视作心腹大患。

塔兰托港分为内外两部分，内港也称狭海（Mar Piccolo），完全为陆地所包围，仅有一条狭长的水道与外港相通；外港也称广海（Mar Grande），港阔水深，是大型战舰的主要泊地。圣皮埃特罗岛和圣保罗岛如同哨兵一般把守着入口，数千米长的防波堤由此延伸到岸边。由 200 门高射炮和高射机枪，87 个阻塞气球、13 千米雷区和 13 座对空对海监听站组成的严密防御体系，真可谓"森严壁垒，固若金汤"。

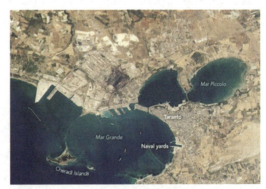

图 2-7　塔兰托港卫星地图

（二）选择

在整个战争期间，英、意海军（包括后来加入的美、德）在地中海战区的重要军事行动几乎都是围绕着海上交通线的争夺而展开的。因为北非战场的陆上攻防和马耳他的固守，都要依赖于海上交通线来"输血打气"（蒙哥马利在阿拉曼

反攻的胜利和隆美尔非洲军团的最终覆灭就是最好的例证）。海上交通线的畅通与否主要取决于制空、制海权的争夺，不论是在马汉还是科贝特的战略理论中，"舰队"都是夺取制海权无可争议的力量，通过削弱并摧毁对方的舰队来获取海上控制权，也成为英、意双方的战略共识。

在那个时代，要想实现消灭对方舰队夺取制海权，可以采取的方式主要有两个：一是舰队决战，二是突袭驻泊地域。其中，舰队决战就是1916年日德兰大海战双方采取的那种倾国之兵决一死战的形式，说白了就是找个地儿拉出来群殴，不管你诱敌深入也好，还是迫敌就范也罢，总之是摆出堂堂之阵明着

图2-8　1916年日德兰大海战是"舰队决战"模式的典型代表

打。而采取舰队决战这种形式的最大缺点就是：小吃不了大，弱胜不了强。其本质与武林高手比拼内力一样，是一种消耗战，是"龙王与龙王比宝"，起决定性作用的是实力，借助奇技淫巧来实现出奇制胜的难度太大了。

另一种方式就是突袭，这种形式的典型代表就是1904年日俄战争中的旅顺口之战，采取突然袭击的方式，在开战之初倾巢出动、迅速猛烈地对集中在驻泊地域内的敌舰队主力实施打击。说白了就是偷着敲人家一记闷棍，这种形式最大的优点就是：可以以少打多，以弱胜强，其本质是一种打完就跑的突袭战，能否成功的关键在于：行动迅速、隐蔽突然。在驻泊地域防御体系日臻完善，呈现出立体化、堡垒化的时代，采用水面舰艇远程奔袭的形式来复制旅顺口之战显然是不现实的。必须使用新武器、运用新战法，才能取得以小博大、以快打慢的新胜利。

（三）灵感

事物的发展在经历了足够的量变积累才会发生质的改变，事实上坎宁安夜袭塔兰托的灵感并不是在一瞬间出现的。早在1938年，时任航母舰长的利斯特上校就曾在当时皇家海军地中海舰队司令庞德的授意下，拟制出一个使用鱼雷轰炸机（"剑鱼"1936年服役）突袭塔兰托海军基地的作战方案。其实在更早些的1935年，当意大利入侵埃塞俄比亚时，作为应急措施，"暴怒"号航空母舰就

曾经计划使用舰载机袭击塔兰托，该计划实际上就是利斯特 1938 年方案的母本。在那时，利斯特就确信：尽管意大利空军实力雄厚，但是只要做到出其不意，定能给予沉重打击，大幅削弱其作战能力。由此可见，皇家海军的有识之士们早已预见到航空兵，尤其是舰载航空兵的巨大威力，不管思想还是行动，他们都走在了那个时代的前面。

　　1940 年 8 月 30 日，为打破颓势，扭转地中海战局，坎宁安重新找到了这份两年前的方案，并委派该方案的起草者，已是地中海舰队航空作战指挥官的利斯特少将来付诸执行。坎宁安在回忆录中写道："意大利海军不倾向于冒险远离塔兰托港，所以要找到能够引诱他们出来的目标并不容易，因此我们需要考虑对其港口实施空袭。"在具体操作层面，他更倾向于使用"鹰"号和"光辉"号两艘航母，搭载 30 架"剑鱼"式鱼雷机和 12 架"管鼻燕"式战斗机对塔兰托进行夜间突袭。

　　而此时，实力强大的意大利海军却并未体现出通过舰队决战来一举夺取制海权的雄心壮志，不仅对自身战斗力缺乏足够的自信（事实上确实不行），而且海空军之间的协同配合极为拙劣，在斯蒂诺角、

图 2-9 时任英国第一海务大臣的达德利·庞德（1938 年时任皇家海军地中海舰队司令）

图 2-10 英国皇家海军"鹰"号航空母舰

图 2-11 1940 年 7 月英、意斯帕达角海战

斯帕达角遭遇战中被英国人啪啪打脸。在这种不自信和侥幸心理的驱使下，这支庞大的存在舰队，除去为北非运输船队提供护航和迫不得已海上截击之外，牢牢龟缩在港口内避战保船。意大利海军这种消极的配合行为也为坎宁安的以少胜多创造了绝佳的条件。此刻，万事俱备，只待"审判"开始（作战行动代号"审判"行动）。

三、战役经过

（一）一波三折的"审判"

在对尘封两年的方案修订完善后，利斯特终于实现了从思想到行动的转变。"攻击时间就定在 10 月 21 日。这一天是英国皇家海军的光荣和骄傲，也许会给我们带来好运。"在得到坎宁安的首肯后，这个行动也被赋予了一个响亮的代号——"审判"！究竟是审判谁呢？是墨索里尼还是坎皮奥尼？是"维内托"号还是"加富尔"号？管他

图 2-12　特拉法尔加海战纪念邮票

是谁呢？反正"D"日定在了一个具有历史性意义的日子：10 月 21 日，135 年前的这一天，皇家海军的天才统帅纳尔逊，在特拉法尔加海战中彻底消灭了庞大的法国舰队（也搭上了自己的性命），奠定了大英帝国的百年海上基业。

应该说皇家海军参谋人员的战术作业功底还是非常扎实的，在坎宁安的亲自督导之下，利斯特带着地中海舰队的参谋人员在较短的时间内，就拟订了一个周密的作战计划，将参战兵力分为五个战术群：

第一群是突击群，由"光辉"号和"鹰"号航空母舰，以及担负警戒任务的 4 艘巡洋舰、4 艘驱逐舰组成，30 架"剑鱼"担负主攻。突击的目标主要为塔兰托港内的战列舰。为了达成攻击的突然性，将突击时刻选在午夜月圆之时（10 月 21 日是个满月，有利于飞行员识别、攻击和撤离）。

图 2-13 "光辉""鹰"号航空母舰和 30 架"剑鱼"担负主攻

图 2-14 英国皇家海军"厌战"号战列舰

图 2-15 英国皇家海军"桑德兰"式远程侦察机

第二群是掩护群，由 2 艘战列舰、2 艘巡洋舰和 12 艘驱逐舰组成。配置于塔兰托与突击编队之间，随时准备截击来袭敌舰。

第三群是侦察群，由驻马耳他的"桑德兰""马里兰"式远程侦察机组成。任务是对塔兰托港实施不间断的航空侦察，提供港内敌驻泊舰船和防御配系情况。

第四群是佯动群，由 3 艘巡洋舰和 2 艘驱逐舰组成。其任务是在攻击行动发起的当晚，袭击航经奥特朗托海峡的意大利船队。

第五群是补充打击群，由驻希腊机场的皇家空军轰炸机部队编成，其任务是在夜袭塔兰托的次日，对港内的船坞进行轰炸，使受损舰艇无法得到及时修复。

克劳塞维茨曾说过："战争是最富偶然性的活动。"万事俱备，只欠东风，坎宁安、利斯特和整个地中海舰队踌躇满志、摩拳擦掌之时，意外却发生了，坏消息一个接一个传来。首先，此次行动的主力"光辉"号航空母舰突然掉了链子，一名航空机务人员因疲劳过度，在给一架"剑鱼"后座上加装副油箱时不慎滑倒（为了让"剑鱼"飞得更远，在取消炮手后腾出的空位上加了 1 个 270 升的油箱），手中的螺丝刀碰到电源产生的火花引燃了漏出的汽油，两架"剑鱼"迅速被烈火吞噬，虽然机库中的喷淋装置很快将火扑灭，但机库和受损飞机都得重新修理维护，这一切都需要时间。其次，"鹰"号这艘 1918 年下水的"老兵"，在 7 月卡拉布里亚海战中被一枚"近失弹"击伤后，油舱进水、管路受损、航速严重下降，"老迈的身躯"再也禁不住高强度的"折腾"了，无法与"光辉"号结伴同行（5 架"剑鱼"和 8 个机组转移到"光辉"号）。

最后，也是最要命的——飞机一架一架接着摔！在执行例行战备训练任务时，3 架"剑鱼"由"光辉"号起飞不久，莫名其妙地接连坠海，事故原因不明。顿时整个舰队被一种低沉、压抑的氛围所笼罩。最后，"光辉"号的飞行长詹姆斯·罗伯逊费尽心机，终于找到了事故原因：航空燃油出了问题！原来是"光辉"号的航空燃油舱混入了沙子、海水

图 2-16　"剑鱼"由"光辉"号起飞不久，莫名其妙地接连坠海

和藻类等杂质，"剑鱼"的燃油受到了污染，导致坠机事件。问题是解决了，可稀缺的"剑鱼"又少了 3 架，也使原定投入作战的"剑鱼"由 24 架（"光辉"号的机库装不下了）减少为 21 架。

就这样，在核心力量航母和突击机群严重缩水，塔兰托港防御实力不断增强的情况下，坎宁安的参谋长很严肃地建议取消作战行动。说实话，面对接踵而来的意外，换谁心里都没底，总共就两艘航母减去一艘，进攻的实力就等于少了一半，风险增加，成功的可能性愈加渺茫。重压之下，考验指挥官意志的时候到了。究竟干还是不干？这个简单但又异常艰难的选择摆在了坎宁安的面前。这个后来的英国第一海务大臣，沉默一会儿咬了咬牙，从嘴里吐出一个字："不！"明确表示：行动延期可以，但是"审判"必须进行！

图 2-17　"光辉"号航母此时是"万千宠爱集一身"

（二）侦察与欺骗

侦察，是战争中为获取敌方战争行
为有关情况，而采取的一系列调查和研
判活动的总和，是准备方案、拟制计划
和确定决心的基本依据，贯穿于战争行
为的始终。为了确保夜袭塔兰托行动的
成功，英国皇家海军专门组建了常驻马
耳他的431侦察分队，使用"桑德兰""马
里兰"式（法国向美国订购，后被英国"截
留"）侦察机，对塔兰托港内的舰艇活
动及港口防御配系进行了充分、不间断
的航空侦察。为了更好地对数以千计的
航空照片进行识别判读，皇家海军又在

图 2-18 驻马耳他机场的"马里兰"
式侦察／轰炸机

开罗专门成立了分析小组，利斯特的情报官大卫·波洛克（战前是一名律师，擅
长证据搜集研判）海军上尉直接参与相关工作。通过对照片的判读，可以清晰地
标注出塔兰托港内靠泊舰艇的准确位置，甚至可以查明防空火力配备情况。

但是，让分析人员感到困惑的是，照片上出现了许多小白点，起初认为这或
许是胶卷冲印时失误所致，或者是镜头上的污斑造成的。可是小白点的排列却是
非常有规律的，两点之间距离大致相等。几经研判后确认：小白点不是照片冲印

图 2-19 意海军舰艇在塔兰托外港中停泊情
况的航拍照片（注意"Y"字形防波堤）

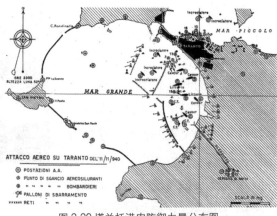

图 2-20 塔兰托港内防御力量分布图

的纰漏，而是敌人布设的阻塞气球
（为对付德国人的轰炸，英国人在
伦敦也用过）。

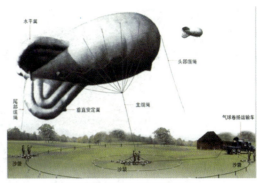

图 2-21　阻塞气球部署示意图

该气球使用钢缆系留，当飞机
从低空，尤其是夜间进入时，极有
可能因撞上钢缆机毁人亡（这一情
况的发现和报告非常及时，突击编
队实际上是在航渡过程中对攻击计
划进行临机调整的）。后来，又与"光
辉"号航母的飞行员们反复比对计算，认定阻塞气球的间距约为 270 米，"剑鱼"
完全可以从系留钢缆中间穿行；同时发现，阻塞气球的配置存在巨大的空隙，完
全可以容许多架飞机通过，但为了实现多向突击、削弱敌防空火力的效果，一些
"剑鱼"还得往阻塞气球的网里去钻；为了提高飞行安全和轰炸效果，部分"剑
鱼"还需要改挂照明弹和炸弹，在塔兰托港的东防波堤投弹照明指路，让携带鱼
雷的"剑鱼"发起主攻。非常有意思的是，尽管英军侦察机不断地出现在塔兰托
附近，但敌人的防御兵力和舰艇驻泊情况几乎没有任何变化。

此外，在对塔兰托的抵近侦察
中，谍报人员还发现意军在港内为
驻泊舰艇铺设了水下防雷网。原来，
1940 年 7 月 11 日"庞卡耳多"号
在奥古斯塔港被"剑鱼"使用航空
鱼雷击沉后，意海军考虑到航空鱼
雷对港内驻泊舰船的严重威胁，命
令所有海军基地布设水下防雷网。
防雷网是一种用金属制成的网状防
雷设施，设置在大型军舰周围，通

图 2-22　为防止遭到鱼雷攻击，在战列舰周围布设
了防雷网

过提前引爆鱼雷的战斗部（当时的鱼雷多为触发式引信），保护舰艇水线以下舰
体的安全（跟现代主战坦克的反应式装甲作用相似），犹如金钟罩，似乎没有什
么更好的破解之法。

经过进一步侦察发现，意海军使用的防雷网深度只有 8 米。为什么只有 8 米？

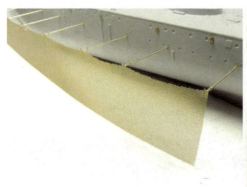

图 2-23 防雷网示意图　　　　　　　图 2-24 "剑鱼"携带的 MKX—II 型航空鱼雷

倒不是意大利人偷工减料，而是因为他们的防雷网是针对当时已知的各国海军鱼雷航行深度和引信原理而设计的，因此防雷网的深度只设到舰艇吃水最深处为止。可是，魔高一尺，道高一丈啊！英国人把刚刚研制成功的秘密武器——磁性引信 MKX—II 型鱼雷拿了出米，这种鱼雷从舰船龙骨下方通过时，引信受磁场的影响发生动作（与两舷相比，舰船底部更容易损毁）。因此，装备磁引信鱼雷的破坏威力要比触发引信大得多。更重要的是，由于磁引信鱼雷的战斗部不是直接击中舰体后才爆炸，而是在从舰船龙骨下方通过时起爆，定深可以更大一些，从防雷网下方穿过。在准确获悉港内的实际水深为 15 米后，英国人把 MKX—II 型磁引信鱼雷的定深设置为 10.8 米。这样一来"金钟罩"就变得形同虚设。

　　按常理讲，英国人把对手侦察、研究到这个程度，功夫已经下到家了。但是，坎宁安的花招儿还没使完，又使出了惯用招数——佯动！不仅让萨默维尔在前一天（11 月 10 日）夜间带着"H 舰队"自西向东穿过西西里海峡，吸引意军注意力来掩护自己；6 日攻击编队由亚历山大港出航后先是向西机动，10 日白天再向东航行，给敌侦察机造成目的地是亚历山大港的假象；11 日中午，突然转向马耳他岛方向，在确认东北航线上空无敌机活动后，才向预设作战海域机动，当日 18 时，"光辉"号航母及其警戒舰艇组成的突击编队脱离舰队主力，准备发起攻击。

图 2-25 "H"舰队指挥官萨默维尔

与此同时，意大利海军也没闲着，从 11 月 6 日至 10 日，曾有 3 架侦察机试图接近突击编队，都被"光辉"号上的"管鼻燕"击落或赶跑，尽管在第一时间就掌握了坎宁安的编队出亚历山大港向西航行的情况，但是在马耳他西南海域又发现英军战列舰向南航行，在 9 艘

图 2-26 "光辉"号航母上起飞的"管鼻燕"式战斗机

潜艇、25 架轰炸机侦察攻击行动扑空后，坎宁安和他的舰队彻底不见踪影。一系列纷纭杂乱、自相矛盾的情报打乱了坎皮奥尼的判断。而此时已是 11 日黄昏时分，一架"桑德兰"式侦察机在完成港口侦察任务后，发现了即将返航入港的"多利亚"号战列舰，随即用密语向坎宁安报告："所有的小鸡都回巢了。"

就这样，在经历了一系列处心积虑的准备、欺骗、佯动，并获得了对手的"配合"之后，浑身都是假动作的坎宁安和利斯特走向了"审判"行动的终点。

（三）"剑鱼"出击

夜幕下的地中海微波起伏，月光如水，为"光辉"号的航迹抹上了一层银白色的光亮。与背景环境迥然不同的是，航母上异常忙碌，升降机不断地将舰载机一架架从机库提升到飞行甲板，第一波 12 架"剑鱼"整装待发。在收到"敌舰全部在港"的最终情报后，"光辉"号开始转向逆风航行加速到 28 节，在漆黑的地中海上留下了长长的航

图 2-27 "光辉"号航母甲板上的"剑鱼"

迹，4 艘巡洋舰和 4 艘驱逐舰环绕在它的周围，这个精干的作战编组如同狼群一般，露出了闪光的獠牙。

按照预定计划，21 架"剑鱼"飞机共分为两轮攻击波：第 1 波 12 架，其中鱼雷机 6 架（各携带 1 枚触发 + 磁性引信鱼雷）、轰炸机 4 架（各携带 6 枚 112

千克炸弹）、照明机 2 架（各携带 4 枚炸弹、16 枚照明弹）；第 2 波 9 架，其中鱼雷机 5 架、轰炸机 2 架、照明机 2 架（与第一波武器配置相同）。两轮攻击波的指挥官分别由威廉森和黑尔担任。

即使用今天的技术水平来看，80 年前的这场"揭幕战"依然是极具挑战性的，老迈的"剑鱼"不仅要凭借简陋的导航装置，在漆黑的夜空中以每小时 140 千米的低速飞行，还要穿过由 80 个间距 270 米的阻塞气球组成的屏障，实在是太难了。为此，几架改挂照明弹和炸弹的"剑鱼"，要先在塔兰托东侧防波堤投下照明弹照亮目标，让携带鱼雷担负主攻的"剑鱼"从西南和西北方向发起攻击；在投掷照明弹后，这几架"剑鱼"再去攻击岸上目标和位于狭海内的意大利海军舰船。

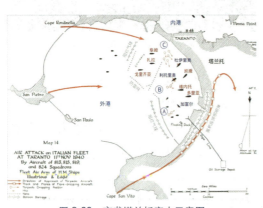

图 2-28　夜袭塔兰托突击示意图

今天我们回过头来看坎宁安和利斯特的这个攻击计划，仍然会觉得惊险有加，主要原因就是：飞机性能数量受限，计划略显复杂。如果"鹰"号也参战的话，那么两波次攻击机群总数将达到"20+10"的规模，成功的把握就会更大，应对意外情况的冗余就会更多，最终取得的战果也会更加辉煌。同时，我们也必须看到，意大利海空军在远程侦察预警和驻泊地域防御上的马虎和疏漏。

随着扩音器发出准备起飞的命令，飞行员和领航员迅速登机进行最后检查，接着启动了发动机；轮挡员趴在甲板上，给起落架塞好了轮挡；螺旋桨飞速旋转着，光晕熠熠，在一片轰鸣声中，飞行甲板灯大开，第一波攻击机群指挥官威廉森向舰桥上的舰长博伊德（参加过日德兰大海战，是英国皇家海军中公认的航空、鱼雷专家）打出"V"字手势。20 时 35 分，舰桥上方的信号灯发出

图 2-29　"剑鱼"起飞

一道淡绿色的光束，飞行长下令抽去轮挡，12架"剑鱼"迅速挟风而起，消失在茫茫夜色之中。为节省燃料，机群迅速爬升到了2300米的高度，9架飞机组成了3个"V"字形编队（实际上编号为L4M的"剑鱼"掉队了，低空飞行先期抵达塔兰托，在与编队会合后参加了攻击，发射的鱼雷命中"利托里奥"号），其余3架由于被云层遮断，未能加入编队，在低空单独飞行。

就在威廉森带队起飞之后40分钟，也就是21时20分，由黑尔率领的第2波9架"剑鱼"也开始陆续起飞，但这一次却很不走运，计划最后起飞的L5F、L5Q号机发生了意外碰撞，其中L5F号机受损需要抢修（20分钟后修理完毕，单机起飞赶上了编队，1枚炸弹命中"塔兰托"号巡洋舰）。正当8架"剑鱼"以"V"字形编队杀奔塔兰托时，意外又发生了，担负轰炸任务的L5Q号机，机身下部的远程油箱意外脱落，发动机故障，被迫返航，所以第二波最终只有8架"剑鱼"参加了对塔兰托的空袭，也充满了一波三折的戏剧性。

在经历了两个多小时漫长的夜间飞行之后，威廉森的观察员斯卡利特看到了前方铅灰色夜空中出现的橘红色弹道，立即提醒道："看，那就是塔兰托！""嗯，他们好像知道我们要来，在放焰火欢迎呢！"威廉森轻描淡写地说。"可能是3架没爬高的飞机提前赶到了。"斯卡利特马上解释道。是的，确实如

图2-30　塔兰托的夜空被探照灯密集的光柱所笼罩

同他猜测的那样，这就是那3架先前掉队的"剑鱼"，他们已提前抵达塔兰托上空，并投下了照明弹，这些照明弹在特制降落伞的作用下缓缓悬在空中，在3/4满月的映衬下，霎时间将整个塔兰托的港湾和城区照得亮如白昼。此时，时钟的指针刚好指向23时整。皇家海军在经历了漫长的准备之后，就剩临门一脚了！

（四）"塔兰托不眠夜"

正当两支利箭风驰电掣杀奔塔兰托之际，佛性的意大利人仍处于一种令人费解的祥和麻痹之中。尽管7月11日"庞卡耳多"号在奥古斯塔港被航空鱼雷击沉，但是秉持着舰炮永远不是岸炮的对手观念的坎皮奥尼，仍然不相信英国人会

图 2-31 意大利海军司令坎皮奥尼

打塔兰托的主意，不相信坎宁安敢于长途奔袭，冒着有来无回的风险进攻他强大的舰队，他完全有理由相信，在水雷障碍、防雷网、阻塞气球密布，对空火力完备的防御体系面前，管你是战列舰也好，还是"剑鱼"也罢，都会被固若金汤的严密防御撞得头破血流。但是，他忽略了一个最重要的问题——战备工作的终端落实！

古往今来的战争历史用无数鲜血和生命告诉我们一个冰冷的道理：不管计谋多么高超，不管计划多么完善，不管防御配置多么巧妙，只要战备工作没有打通最后一千米，就会行百里者半九十，最终前功尽弃。在塔兰托就是这样，原本为了防止重蹈"庞卡耳多"号覆辙而布设的金钟罩，却遭到了偷工减料，受生产进度的制约（每月只能生产 3500 米）和思想麻痹的影响（认为布设防雷网会使舰艇进出港口更为麻烦），13000 米的工程量只完成了 1/3（深度还没有触及海底）。前一天一场风暴将 87 个阻塞气球中的 60 个撕碎，3/4 的低空防线顿时门户洞开；海上对空音响监听站和基地警报系统虚警事故频发，在一定程度上造成了战备观念和行动的麻痹懈怠。

图 2-32 塔兰托港防御配系分布图

11 日 20 时许，意大利海军几个音响侦听站相继报告说，收听到飞机的声音，塔兰托港内顿时警报齐鸣，军港和城市变得一片漆黑，所有人员匆匆进入了防空掩体，港内驻泊舰只也做好了起锚疏散准备，高射炮手甚至因过度紧张，将一串曳光弹射向夜空。但是，10 分钟后，警报解除了，一切似乎又归于平静。可 1 小时后警报又短暂地响起，很快又归于平静，这下子不管是军人还是平民，都陷入了疲惫和由此引发的麻木（这两次混乱都是由一架"桑德兰"式侦察机造成的）。

22时25分，刚刚入睡的居民和士兵们第三次被警报吵醒，正当很多人正在诅咒着子虚乌有警报之时，从塔兰托东南方传来的飞机轰鸣声已由小变大（正是那3架先到的照明机），值班高炮已经开火，紧接着21个高炮连陆续开始了盲射。高悬在1370米高度的照明弹将整个军港映照得亮如白昼，这也是命令"剑鱼"开始俯冲攻击的信号。

图 2-33 塔兰托的夜空笼罩在交织的光柱和密集的火网当中

威廉森后来回忆道："7000英尺、5000英尺、四周炮弹爆炸形成一个个巨大的火球，一个个火球又联结成一张火山爆发似的立体火网，飞机在网眼中快速穿梭，探照灯的强光令驾驶员们睁不开眼睛，2000英尺……俯冲，俯冲！""飞机贴着水面飞行，海水像一面硕大的镜子，映出了满天炮弹炸开的火球，像是海底有另外一个世界。'加富尔'号战列舰特有的上层建筑渐渐清晰起来。舰炮加入了岸炮的行列，朝鱼雷机怒射。""我不顾一切地冲着'加富尔'直冲了过去，瞄准环里的轮廓瞬间变大，宛如一座城堡横亘在眼前，在飞机眼看就要撞上战列舰的时候，我立即按下了按钮，投下了鱼雷，但此时机尾一抖，我感到不妙，机尾被击中了，飞机立刻失去了控制，掉进了海里，我听到了一声剧烈的爆炸声，是鱼雷击中了'加富尔'号……"

图 2-34 "剑鱼"携带的 MKX—II 型鱼雷命中时的场景

此时的塔兰托港弥漫着冲天的火光和剧烈的爆炸声，有的舰船东倒西歪，有的则只剩下桅杆露出水面，紧随威廉森的 L4C 和 L4R 号机原本该攻击"维内托"号，但距离太远，当见到"加富尔"号击落了威廉森的 L4A 号机后，就直奔"加富尔"号复仇而来，发现舰首炮塔的舷侧被鱼雷撕开了一个大洞，海水汹涌而入，这艘排水量 24000 吨的庞然大物开始缓慢地下沉；在照明弹光亮的映照下，驾驶着 L4K 号机的肯普在两架僚机的配合下，向排水量 35000 吨、意大利海军最强大的战列舰"利托里奥"号发射了鱼雷，他的观察员亲眼看见一条银白色的航迹如利剑般直刺过去，"轰"的一声击中了目标，此后接连又是两声巨响，

图 2-35 塔兰托港内火光冲天，后续"剑鱼"趁乱而入

这艘代表着意大利海军光辉形象的最新型战列舰惨遭重创。与此同时，4 架轰炸机也按预定计划对港内其他目标进行了攻击，水上飞机机库顿时燃起大火。

此时，塔兰托就像一个捅翻了的马蜂窝，乱作一团。眼看着"剑鱼"如同"刀尖上的舞者"一般，在阻塞气球的钢缆间往复穿梭，21 个未经过夜战训练的高炮连目标也捕捉不到，能否命中全凭运气。最令意军指挥官里卡迪气愤的是，当敌人第一波攻击结束，"剑鱼"已扬长而去时，200 多门高炮仍然向着空荡荡的夜空打个不停。他原以为英国人的攻击已经结束，正在向位于罗马的海军统帅部报告时，警报又第四次响起，第二波攻击开始了。

这一次，意大利人变聪明了，舰载防空火力和陆上高炮群不再各自为战，而是组成了绵密的交叉火网，1 架低空突防的"剑鱼"（E4H 号机）被当即击落。据黑尔的观察员萨顿后来回忆，"敌人发现了我们，并朝我们开火，到处是炮口发射的闪光，我们周围都是从四面八方射来的闪烁光道……"此时，4

图 2-36 第二波"剑鱼"继续扩大战果

架"剑鱼"又故伎重演，掠海飞行，直取敌舰，其中 1 架飞机的起落架已触及海面，像打水漂似的在浪尖上滑行，L5K 号机的观察员萨顿盯住了已受伤的"利托里奥"号，在 700 码的距离上按下了投雷按钮，鱼雷准确命中了"利托里奥"号高耸的侧舷，紧接着，"杜利奥"号也遭到重创，其余 5 架"剑鱼"经过巧妙的

规避机动，穿过密集的弹幕和滚滚浓烟，在对手的炮火下扬长而去。此时，塔兰托港内已是火光冲天，硝烟弥漫，惊悚和恐惧注定今夜无眠。

12日1时12分，执行第一波攻击任务的12架"剑鱼"中的11架（指挥官威廉森和他的领航员没回来），在"光辉"号的飞行甲板上安全降落，2时前后，第二波8架"剑鱼"中的7架也安全着舰。在攻击机群回收完毕后，以"光辉"号为核心的突击编队与掩护群会合全速返航（原计划12日夜间再次空袭塔兰托的计划因天气原因取消），最终于14日平安返抵亚历山大港。

图 2-37　"剑鱼"陆续着舰后编队迅速返航

四、结局和影响

是役，英国皇家海军出动21架（实际20架）略显过时的"剑鱼"，付出2架被击落、2名飞行员阵亡，消耗11枚鱼雷、52颗小型炸弹的微小代价，在短短65分钟内，除击沉"加富尔"号、重创"利托里奥"号和"杜利奥"号战列舰外，还击沉击伤4艘巡洋舰、驱逐舰，使意海军舰队主力折损过半。战果之巨堪与日德兰大海战比肩。经此一战，坎皮奥尼被彻底吓破了胆，旋即命令意海军主力紧急北撤至那不勒斯，把地中海中部的制海权拱手相让。而取得地中海局部制海权的英国军队也时来运转，在此后一个多月的时间里，庞大的运输船队陆续抵达埃及，源源不断地将大量武器装备、后勤给养运抵北非战场。1940年12月8日，在得到大量补充加强之后，韦维尔指挥英国第8集团军发起了大规模反攻，将意军一举击退了800千米，直接迫使墨索里尼向希特勒求援，这才引出了后来"阿拉曼子爵"大战"沙漠之狐"的好戏。

"夜袭塔兰托"之战在舰载航空兵发展史上占有十分重要的地位。"首次说明了鱼雷机在攻击坚固设防基地内的舰艇方面具有极大的潜力，而且从总的方面证实了航空母舰的强大作战能力。"（意大利海军上将贝蒂诺语）标志着航母和舰载机已成为支配海上作战的决定性武器。

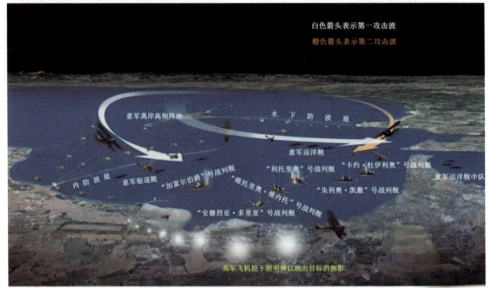

白色箭头表示第一攻击波
橙色箭头表示第二攻击波

意军离岸高炮阵地
水 下 防 波 堤
内防波堤
意军巡洋舰
意军驱逐舰
"加富尔伯爵"号战列舰
"利托里奥"号战列舰
"卡约·杜伊利奥"号战列舰
意军巡洋舰中队
"维托里奥·维内托"号战列舰
"朱利奥·凯撒"号战列舰
"安德烈亚·多里亚"号战列舰
英军飞机投下照明弹以映出目标的侧影

图 2-38 塔兰托之战标志着"航母＋舰载机"正式走上了海战的舞台

附录：启示与思考

（一）砥砺奋进、攻坚克难的思想动因——进取意识

1940 年底，对于塔兰托攻防双方而言，应该说老天还是公平的，坎宁安和坎皮奥尼都面临着重重困难。作为进攻方，虽然手握主动权，但却受到整体实力、侦察体系和战场条件等多重因素的制约，陷入了投鼠忌器的尴尬之中；作为防御方，意大利海军虽然拥有严密的驻泊地域防御体系，但是始终处于被动挨打的不利境地。同样是面对困难，但双方却作出了不一样的回答。英国人针对敌强我弱、设防严密、难以抵近的实际，决定出动航空兵进行夜间突袭，力求通过以小博大和以快打慢来实现最佳的费效比；针对敌远程侦察覆盖范围大，突击编队目标过于明显，采取多路佯动，伪装欺骗并举，最大限度地保持了作战行动的隐蔽突然；针对突击力量的严重缩水，积极进行方案调整，灵活规划任务、配置力量，保证了夜袭任务的圆满完成。最终破解了几乎无解的难题，完成了不可能完成的任务。

反观意大利军，在占尽地利优势，手握强大机动打击力量的情况下，畏葸不前、消极避战，将海战场主动权拱手让出，在明知敌人可能奔袭而至，已有前车之鉴（"庞卡耳多"号被航空鱼雷攻击）的情况下，仍然无所畏惧地等着挨打，宁愿被五雷轰顶也不愿向那不勒斯移动半步；在敌舰机活动规律十分反常的情况下，既没有采取必要手段查明情况，也没有采取预防性措施疏散舰艇，而是一如既往地将鸡蛋放到了一个篮子里。在这种消极佛性和侥幸心理的驱使下，不知不觉间走到了不知己不知彼的危险境地，最终遭受了突如其来的灭顶之灾。

图 2-39　意大利海军的消极避战使强大的舰队变得形同虚设

通过这一正一反、一成一败、一得一失的对比，我们发现决定双方最终结局的不是兵力、兵器数量等显性因素，而是思维层面进取意识是否强烈、破解之法是否有效等隐性因素，看上去虽然波澜不惊，但却在悄然之间实现了双方实力的此消彼长和战场态势的攻守异位。所谓进取意识，说到底就是看突破瓶颈、摆脱困境的欲望和取得胜利的决心。我们常将砥砺奋进、攻坚克难划入具体实践的方法论，但是在生死一线、刺刀见红的军事斗争领域，想不想干？敢不敢干？能不能干？却实实在在属于克敌制胜的世界观！在巨大的成就和伟大使命面前，强烈的进取意识就显得是那么的难能可贵。

（二）创造战争"奇迹"的前提基础——"知己知彼"

"知己知彼，百战不殆"出自《孙子兵法·谋攻篇》，原文是"故曰，知己知彼，百战不殆；不知彼而知己，一胜一负；不知彼不知己，每战必败。"充分说明了在战争中对敌我双方综合实力对比作出全面、科学、细致分析评估的重大意义。中国古代的兵家非常强调"庙算"和"先胜"，也由此产生了与"道天地将法"相对应的"度量数称胜"，看起来颇为庞杂，覆盖规模、资源、兵员实力等多个领域，既包括现实层面，又涵盖思维层面。其实，说到底就是一个建立在"周密侦察"基础上的"净评估"过程。

在战争中，周密细致的侦察是实现"知己知彼"的重要甚至是唯一的途径，按照种类可分为战役侦察、战术侦察、直前侦察、航空侦察、火力侦察、技术侦察、谍报侦察等等。在夜袭塔兰托之战中，英国皇家海军将多种侦察手段运用到了极致。在战役侦察方面，战前一个多月的时间里，以马耳他为基地，出动续航力大、留空时间长的远程侦察机，对塔兰托防御部署和舰艇活动情况进行了数十架次"全息摄影"，拍摄了数千张航空照片；在战术侦察方面，10 日至 11 日使用"桑德兰"式侦察机，重点对塔兰托的舰艇活动情况进行了"全时掌握"，并于行动开始前进行了最后确认；直前侦察方面，在"剑鱼"临空发起鱼雷攻击前 10—15 分钟，担负"借光引路"任务的两架照明机，依然负有直前侦察核实情况的重任。此外，还出动谍报人员，深入敌营，抵近查明了航空侦察无法企及的防雷网、阻塞气球布设情况和技术参数，以及烟幕发生装置的部署情况，这些卓有成效的侦察工作都为"审判"行动的顺利进行奠定了坚实的基础。

而反观意大利海空军，在海空侦察方面始终缺乏有效的配合，优势互补和力量倍增更是无从谈起。首先，塔兰托驻军对于频繁的航空侦察活动缺乏足够的警惕，既没有组织战斗机起飞驱赶，也没有建立必要的空中巡逻区来阻滞，致使敌方侦察如入无人之境。其次，海空军缺乏必要的配合，按照墨索里尼的话说就是"意大利海军不需要有自己的飞机，打起仗来海空军可以协同配合"，

图 2-40 意大利空军装备的性能先进的马基 MC 200 型战斗机

但在当时的技术条件下，二者之间的情报信息几乎无法有效通联，戏剧性地由可以配合变为没有配合。最后，意大利空军飞行员还缺乏足够的斗志和抵近侦察的欲望，在 11 日与"管鼻燕"遭遇时，压根儿就没想去摆脱突防，而是掉头就跑，既没有查明敌方舰艇，尤其是威胁最大的航空母舰的活动情况，也没有报告遭遇敌机的确切型号特征（可以从舰载机推测出航母位于附近活动），从而失去了挽救塔兰托命运的"最后一根稻草"。

在军事斗争准备实践中，我们要采取多种手段，组织周密、细致、不间断的侦察。现代战争越来越复杂，虽然侦察手段越来越多，但是笼罩在战场上方的迷雾却越来越浓厚，我们的指挥员和参谋人员之所以因为情况不明而出现投鼠忌器的顾虑和唯恐出现螳螂捕蝉黄雀在后的迟疑，归根结底就是因为侦察不力、情况

不明，下定决心的时候尽快尽早底气足，下定决心之后不动摇，就要将侦察的功夫下早、下足、下到平时，才能以胸怀不畏浮云遮望眼的自信去取得胜利。

（三）实现"1+1>2"的关键环节——"耦合聚变"

拿破仑曾在一则日记中描述过法国军队与精锐的马木留克骑兵战斗时的场景："两个马木留克骑兵绝对能打赢 3 个法国兵，100 个法国兵与 100 个马木留克骑兵势均力敌，300 个法国兵大都能战胜 300 个马木留克骑兵，而 1000 个法国兵总能打败 1500 个马木留克骑兵。"他的话充分说明了事物质变与量变之间的关系，以及优化的整体功能大于其部分功能总和的原理，也就是我们常说的"1+1>2"。那么是什么颠覆了我们的线性思维和传统"算术常识"呢？

在人类战争史上，不论在哪种战争形态的背景下，掌握先进战斗力的一方总是希望通过对作战力量的排列重组和作战体系的效能叠加，来施加降维打击，减小损失、降低伤亡、速战速决。从 1939 年 5 月起，皇家海军才算正式从皇家空军手中接管了舰载机的作战指挥权，虽然在战争爆发时只有 20 个中队、232 架飞机，但是却将"航

图 2-41 战争爆发前夕接管舰载机的作战指挥权皇家海军仓促上阵

母＋舰载机"的作战模式在作战体系中牢牢固定下来，从地中海到大西洋，从太平洋到北极圈，这一经典作战模式贯穿了战争的始终。即使在今天先进技术支撑的背景下，要想实现舰机合一也需要艰难、痛苦的磨合。从接管作战指挥权到"审判"行动的发起只有 17 个月的时间，如果从战争爆发算起更是不足 12 个月，但是有着深厚海洋、航空发展积淀和海战经验的皇家海军在那个时代确实做到了这一点。不仅创新作战模式，从大处着眼实现了舰机一体，还通过一系列专攻精练，从小处着手实现了人机合一，在舰机平台算术式叠加的基础上，实现了整体作战效能"1+1>2"的耦合聚变。在那个现代航空技术刚刚起步、理论技术尚不成熟的年代，这一切显得那样难能可贵。

反观意大利海空军，各自都拥有着不逊于对手的王牌，其中曾在潘泰莱亚岛

吊打喷火的 MC205 战斗机和"维内托"级战列舰都对地中海舰队构成了实实在在的威慑，尤其是被墨索里尼称为永不沉没航空母舰的西西里岛，位于地中海的中心支配位置，简直是悬在坎宁安和韦维尔（北非英军指挥官）头上的一把达摩克利斯剑。但是，意军手中的一把"王炸"，却被独裁者的偏执和决策层的唯唯诺诺给拆了个稀烂。在僵化指挥体制的作用下，高大上的军种联合变成了条块分割和画地为牢，在丧失取胜欲望后，具有强大火力和机动性能的作战平台只能作为存在舰队龟缩于一隅之间；在麻痹大意和敷衍塞责的交叉作用下，看似完备的驻泊地域防御体系变得漏洞百出、形同虚设。从整个作战体系的构建到战役布势的构设，从新型技术手段的采用到驻泊地域防御堡垒的完成，意军的一切努力就像貌似宏伟的沙丘之塔一样，一旦风暴兴起、流沙涌动，就会如同多米诺骨牌般一触即溃、原形毕露。

通过以上对比分析，我们会发现，在作战体系构建中，作战力量、作战手段的算术叠加，仅仅是耦合的初级阶段，至于能不能化"加"为"耦"，发生聚变，还要看作战体系内的要素运行机理是否符合现实战争的客观要求。合得好就会移山填海震天撼地，合不好就会黯然失色弄巧成拙。从 80 年前这场以少胜多的揭幕战中我们可以看到，对阵双方同样是体系构建，同样是数量递增，同样是信心满满，但是在不同理念、不同方式、不同心态的共同作用下，高下立现、判若云泥。塔兰托之战犹如一面镜子，从中我们可以更深刻地理解到什么叫重塑再造、改革创新，什么叫求异求新、求深求精，什么叫善始善终、善作善成。

"巡洋作战"[1]的最后挽歌

——"俾斯麦"号的覆灭

图 3-1 "俾斯麦"号和"欧根亲王"号编队航行在北欧峡湾

1941 年 5 月 19 日，由"俾斯麦"号战列舰和"欧根亲王"号重巡洋舰组成的编队从波罗的海格丁尼亚出航，开始了代号为"莱茵演习"的巡洋作战行动，企图凭借超级战列舰的强大火力、防护和机动，在大西洋上"大开杀戒"，对英国—北美—直布罗陀之间的海上交通线进行强力绞杀。在取得了丹麦海峡击沉"胡

1　"巡洋作战"，是第二次世界大战初期，纳粹德国海军根据作战对手和自身的实际情况，以及大西洋战区的特殊战场环境而量身定做的一种作战样式，力求扬长避短、避实击虚，充分发挥自身主力舰机动性好、防护力强、续航力大的优长，通过一系列打了就跑的作战行动，来实现对主要战略对手赖以生存的海上交通线的破坏，以达成攻心夺志、釜底抽薪的效果。长期以来，巡洋作战已经被视为纳粹德国海军海盗式破袭战略的代名词，既是一种海上作战样式，又是一系列海上作战行动的集合体，其中"俾斯麦""沙恩霍斯特""格莱森瑙"号等著名战舰也成为广大军迷和职业军官们耳熟能详的海战传奇。

德"号，重创"威尔士亲王"号的辉煌战绩之后，遭到了英国皇家海军本土舰队、H 舰队共计 6 艘战列舰、3 艘战列巡洋舰、2 艘航空母舰、16 艘巡洋舰、33 艘驱逐舰强大兵力（接近皇家海军整体实力的 50%）的围追堵截。最终"俾斯麦"号被击沉，"欧根亲王"号逃至法国布列斯特港。至此，纳粹德国海军开战之初进行得轰轰烈烈的巡洋作战被彻底粉碎，虽然此后纳粹德国海军主力舰整体实力尚存，甚至还进行过像北角海战那样的战舰决斗，但是作为海上破交作战重要组成部分的"巡洋作战"却已不复存在。只能以"北方孤独女王"和"次要作战参与者"的配角身份挣扎到整个战争的落幕终结。

虽然过去了近 80 年的时光，但是在这场第二次世界大战中极富传奇色彩的海上追击战中，却留下了一个个令人无比神往的史诗场景：迷雾笼罩下的北欧冰雪峡湾，波涛汹涌阴霾笼罩的北大西洋，历史名舰之间的钢铁碰撞，匪夷所思的神秘电波，小概率事件的决定性影响。时至今日，这些广为流传的史诗般海战主题和历史谜团仍旧给我们留下了许多不尽的遐想。就让我们怀着叩问战史、追本溯源之心，将孜孜以求的目光投向 80 年前大西洋上那场惊心动魄、气势恢宏的钢铁战舰的悲壮角斗，以及那悄然间改变战争历史进程的 9 个昼夜。

"派出'俾斯麦'号的决定是我个人在整个战争期间必须作出的最困难的决定之一，因为海军参谋部开始此次行动的前提已经不复存在了。'俾斯麦'号的出击，最初是计划作为一次大规模进攻的一部分，现在却变成孤军奋战了。敌人因此可以集中其所有海上力量来对付这支小型特混编队，因此他所承受的风险是难以估量的。"纳粹德国海军司令雷德尔在回忆录中写道。

图 3-2 纳粹德国海军司令埃里希·雷德尔

"你不光是仅仅采取那些可能做到的措施，那些容易做到的、显而易见的措施；而且要采取那些看起来困难的，甚至几乎难以做到的措施；还要采取一切不可能做到，但又要想方设法去做到的措施。现在，全世界都在看着我们。记住，无论如何一定要击沉'俾斯麦'号！"这是英国首相丘吉尔向第一海务大臣庞德爵士下达的命令。

图 3-3　英国首相温斯顿·丘吉尔　　图 3-4　英国皇家海军本土舰队司令约翰·托维

"'俾斯麦'号在遭受概率非常小的厄运的情况下，仍然进行了顽强的抵抗，他不愧为纳粹德国海军的骄傲。就连下沉的时候，整个海面也被它的光彩所照亮。"英国皇家海军本土舰队司令约翰·托维在回忆录中写道。

一、风云激荡的世界与欧洲

世界与欧洲

截至 1941 年春季，世界大战已经在欧洲爆发了一年半之久，但由于美苏尚未加入战端，战争仍处于局部状态。对于法西斯德国来说，陆上作战势如破竹，尤其是在 1940 年春季的法兰西战役中，凭借着闪击战的钢铁洪流，将欧洲第一陆军强国——法国彻底击败。虽然在后来的不列颠空战中未能实现摧毁英国皇家空军、横渡英吉利海峡的战略目的，但是大大削弱主要战略对手已是不争的事实。当战争进入第三个年头的时候，法西斯的铁蹄正在践踏南欧的巴尔干、希腊，正在准备染指地中海上的战略要地——克里特岛，正在北非实现战局逆转，"沙漠之狐"与意大利军队一起将英国军队打得节节败退。

与此同时，美国作为中立国虽未加入战团，但在 1940 年德日结盟后，其倾向性已十分明显（"租借法案"和 50 艘驱逐舰置换英国海外基地），参战也只

是时间问题，一旦美国参战，德攻
英守的战略态势将会瞬间逆转；希
特勒挥戈东进，向苏俄动手的决心
已定，一旦两线作战，有限的战略
资源将会不可避免地被东西分流。
在这样的形势背景下，尽早、尽快
地着手对英国的海上交通线进行摧
毁性打击，就成为雷德尔，也是希
特勒的当务之急。

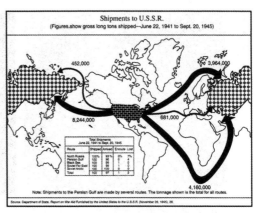

图 3-5 "租借法案"示意图

大西洋、地中海战场

在 1941 年上半年，大西洋战
场上战争初期 U 艇肆虐的状况似乎
有所缓解，但随着战争的持续进行，
邓尼茨麾下"狼群"先天不足的劣
势逐渐体现出来，数量储备不足、
新旧艇型青黄不接，再加上英国海
军反潜力量显著增强（50 艘驱逐舰
的加入），都使纳粹德国海军的 U
艇破交作战暂时出现倾颓之势。在
这样的情况下，将大型水面舰艇投
入巡洋作战，采取打了就跑的形式，
"两条腿"走路势在必行。

在地中海方向，虽然意大利海
军自塔兰托之战后被大幅削弱，但
是英国在地中海的战略守势并未得

图 3-6 1941 年大西洋战役态势图

到根本性改观，并且随着北非战场的节节败退而呈现出进一步恶化的趋势，必须
从本土经大西洋持续增兵，方能确保该战略方向的稳定。同时，皇家海军地中海
舰队自从被一分为二之后，主要作战行动均围绕意大利海军而展开，虽然在几次
海战中胜多败少、自保无虞，但也已捉襟见肘、无暇西顾。

同时，在广袤的大西洋上，大英帝国往返于北美、非洲的运输船队星罗棋布，战争初期建立的护航体制尚不健全完善，点多线长面广的海上物流链条对有限的护航兵力进行了无情的分散和稀释，呈现出分散设防、处处薄弱、首尾难顾的特点，这些客观存在，且无法在短期内得到根本性改观的弱点和罩门，都给雷德尔按照战前既定战略开展打了就跑的海盗式巡洋作战提供了可乘之机。

纳粹德国海军自身的境况

图 3-7 "沙恩霍斯特"号战列巡洋舰 　　图 3-8 "格莱森瑙"号战列巡洋舰

早在 1939 年战争爆发伊始，纳粹德国海军和雷德尔本人就已经开始了对巡洋作战理论的一系列实践性尝试，从最初小心翼翼的北方出巡作战行动，再到"舍尔海军上将"号和"希佩尔海军上将"号在大西洋上的南征北战，这种海盗式的破交作战最终在 1941 年 1 月至 3 月的"柏林行动"中达到高潮，取得了击沉、俘获 16 艘商船（117518 吨）的战果，也增强了纳粹德国海军乘势而上开展巡洋作战的信心，从雷德尔到希特勒都开始相信，使用大型水面舰艇投入巡洋作战将会给英国人的海上交通线造成致命打击。

从战术层面讲，"柏林行动"的成功也使纳粹德国海军战前对斯卡帕湾的恐惧（皇家海军本土舰队的驻泊地）和上次大战公海舰队的梦魇有所缓解，对偶然性成功经验总结后的必然性结论也使纳粹德国海军从上到下对"战列舰＋战巡"的作战组合跃跃欲试。加之邓尼茨

图 3-9 时任纳粹德国海军潜艇部队司令卡尔·邓尼茨

的 U 艇部队在 3 月间一下子损失了 3 名出类拔萃的王牌艇长，作为海军司令的雷德尔虽说是水面舰艇出身，但手心手背都是肉，水下"狼群"既然出现了暂时困境，就必须开展巡洋作战从水面出击，将破交战略进行到底，否则战前挤占 U 艇份额，消耗大量战略资源建设的大型水面舰艇就将失去存在的意义。

因此，不管是出于战略需要大公无私也好，还是出于军种利益本位主义也罢，雷德尔都希望通过以"俾斯麦"号为核心的"莱茵演习"作战行动获得一个胜利：在英国海军手忙脚乱、美国人未加入战端之前，逮住一个大好时机，给英国海上交通线以致命一击，再用这个"分量足够"的胜利在苏德战争爆发后"元首"的会议室里，为他的海军争取足够的资源份额。

在严峻的战略形势、迫切的战场需要和自身现实状况下，雷德尔和纳粹德国海军将作出怎样的抉择呢？

二、一波三折的作战计划

力量对比

图 3-10 "俾斯麦"号战列舰

在 1941 年 5 月，"莱茵演习"开始前，大西洋上英德两国海军力量对比是毫无悬念的：

图 3-11 "欧根亲王"号重巡洋舰

图 3-12 预先展开于海上的 U 艇（VIIC 型）

纳粹德国海军："俾斯麦"号战列舰、"欧根亲王"号重巡洋舰，预先展开于海上的 7 艘 U 艇和 8 艘油船，特遣舰队指挥官吕特晏斯上将。

英国皇家海军："英王乔治五世""威尔士亲王""罗德尼""拉米雷斯""复仇"号战列舰；"胡德""反击""声望"号战列巡洋舰，"胜利""皇家方舟"

图 3-13 "英王乔治五世"号战列舰

图 3-14 "胡德"号战列巡洋舰和"威尔士亲王"号战列舰

图 3-15 "皇家方舟"号航空母舰

号航空母舰，以及 30 余艘巡洋舰、驱逐舰，本土舰队指挥官约翰·托维上将。

毋庸置疑，实力对比的天平上，英国皇家海军占有绝对优势，但是在广袤且海况恶劣的大西洋上，面对着规模有限，但机动、火力、防护均占有明显优势的对手，现在就断言胜负，显然是为时过早。而对于纳粹德国海军来说，作战计划的周密细致，尤其是实现隐蔽和突然性就成为压倒一切的首要目标。

计划决策

根据雷德尔和纳粹德国海军参谋部的最初设想，"莱茵演习"将是一次彻头彻尾的大规模进攻行动（《雷德尔回忆录》），是此前不久吕特晏斯指挥"沙恩霍斯特"号、"格莱森瑙"号成功完成的"柏林行动"的升级版。计划以"战列舰＋战巡"的编组模式，在 7 艘 U 艇和 8 艘油船的支援掩护下，从波罗的海经挪威峡湾出击，由丹麦海峡突入大西洋，以期取得超越"柏林行动"的战果，给英国摇摇欲坠的海上交通线以致命一击。同时，在地中海方向，旨在夺占克里特岛的作战行动发起在即，"莱茵演习"既是深入开展巡洋作战，实现海上破交战略的现实需要，也是有效牵制皇家海军本土舰队，确保其不向地中海方向增兵驰援的策应掩护之举。事实上，后来的海上作战进程也超额实现了这一目标。

在雷德尔看来，为期两个月的"柏林行动"不仅是纳粹德国海军开战以来巡洋作战全要素模式的首次成功尝试（此前的巡洋作战均为单舰模式或局部试探性

图 3-16 "沙恩霍斯特"号战列巡洋舰

图 3-17 "格莱森瑙"号战列巡洋舰

图 3-18 "提尔皮茨"号战列舰

出击），而且是即将发起"莱茵演习"作战行动的彩排预演。其间，获得并积累了突破英国皇家海军严密封锁海峡水道、利用雷达发现并摆脱敌巡洋舰跟踪监视，以及有选择地攻击护航运输编队、与 U 艇进行大洋协同配合和远洋油水物资补给等一系列宝贵经验，但也在攻防能力、作战持续性保持等方面暴露出仅仅使用战列巡洋舰进行巡洋作战的局限性。这一系列经验和教训都促使纳粹德国海军参谋部和雷德尔本人决心投入最新型战列舰"俾斯麦"号，与"沙恩霍斯特"号和"格莱森瑙"号，甚至与后续即将服役的"提尔皮茨"号战列舰并行展开于大西洋上，向大英帝国的海上交通线发起致命一击。

在"莱茵演习"任务准备期间，作为这次行动的实际指挥者，刚刚完成"柏林行动"并晋升为海军上将的吕特晏斯非但没有被大好形势冲昏头脑，相反却表现得异常冷静，实事求是地向雷德尔提出了自己的不同意见。他是雷德尔的老部下，也是一个与邓尼茨不相伯仲的将领，他很精干，也很务实，最难能可贵的是他不说空话套话假话，在当时群情激愤的狂热背景之下，他不仅对"柏林行动"中暴露出的问题有着清醒的认识，并且本着"料敌从宽、御敌从严"的原则，向希特勒汇报了大西洋作战所取得的经验，以及他本人对"俾斯麦"号战术使用的观点，还极富预见性地提及在即将发起的"莱茵演习"中"俾斯麦"号可能面临敌航母舰载机

图 3-19 指挥"柏林行动"的舰队司令吕特晏斯

的空中威胁。很不幸，被他一语成谶。

吕特晏斯的建议很客气也很婉转，可道理却很简单、直白——船太少，而且"欧根亲王"号重巡洋舰综合作战能力太弱。为了保证在面对拥有战列舰护航的运输船队时能够拥有足够的交战能力（战巡主炮威力不足、装甲过薄），他力主"俾斯麦"号待姊妹舰"提尔皮茨"号入役后再一齐出击，再不济也要采取"战列舰＋战巡"的编组模式，否则不仅交战毁伤效果堪忧，就连舰艇的自身生存能力都无法得到保证。实事求是地说，吕特晏斯的建议是客观中肯的，但此时纳粹德国海军的硬件条件却不允许，没船啊！"沙恩霍斯特"号因为机械故障无法出航，"格莱森瑙"号遭英国人的空袭严重受损，就连他看不上眼的"欧根亲王"号也因为触雷受伤进坞修理，至于他所期待的"提尔皮茨"号，要等到至少半年之后才能完成相应的作战准备。

如果说吕特晏斯作为战役指挥员的关注点主要放在执行中可能遇到的问题和困难上的话，那么雷德尔作为负责全局决策的战略指挥员，他的关注点显然就要更高更远，全局性、政治性也更强了。他更侧重于从破交战略，甚至是战争全局出发。时间不等人啊！因为"沙恩霍斯特"号和"格莱森瑙"号的驻泊地——法国布列斯特港离英国太近，在持续战略轰炸之下，等待两艘舰完全恢复战斗力的时间将是极其漫长的；如果等到"提尔皮茨"号服役再开始"莱茵演习"的话，就将意味着半年之内整个纳粹德国海军的大型水面舰艇将无所作为，在美国参战颠覆大西洋整体战略态势的可能随时都会发生的背景下，半年时间啥也不干，不论对于雷德尔还是希特勒来说，都将是一个无法接受的结果。因此，在这样苛刻的现实背景之下，仓促上阵、低配出行就成了吕特晏斯不得不面对的严酷现实。

作为事后诸葛的我们，或许只看到了"俾斯麦"号和"欧根亲王"号这样一次简单的破交行动，只看到了"俾斯麦"号击沉"胡德"号这样的震撼场景，只看到了皇家海军主力围追堵截"俾斯麦"号的惊险刺激，却"选择性忽视"了制定"莱茵演习"作战计划的复杂、烦琐和周密、细致以及派出这一大一小两艘战舰前往大西洋未知深处的权衡、取舍与慎重。这一作战行动可能源自海军战略思考决策的错误，也可能源自对英国皇家海军力量投入和决心的低估，还可能源自指挥决策者对政治、军事因素的权衡取舍，但是必须承认，纳粹德国海军和雷德尔本人在计划决策时是经过仔细考量和深思熟虑的，不能仅仅由于"俾斯麦"号覆灭的结局就从根本上否定计划决策的整个过程，将复杂的失败原因简单地归结为头脑发热和大意轻敌，这是不科学的，也是不严肃的。这一点对于致力于复盘战例经典，探求制胜之道的我们来说尤为重要。

一波三折的作战计划终于出台了，下面这场好戏就要看"俾斯麦"号，看"欧根亲王"号，看吕特晏斯了。

三、"怪兽"出笼

如果将"二战"中纳粹德国海军巡洋作战视作一部波澜壮阔交响乐章的话，那么不论是"舍尔海军上将""希佩尔海军上将"号的单骑闯关，还是"沙恩霍斯特""格莱森瑙"号的北方出巡，哪怕是后来在大西洋上搅得天翻地覆的"柏林行动"，在雷德尔的水面舰艇破交战略中都仅仅是前奏和铺垫。随着整体战局向于己有利的方向发展和新型主力舰完成战斗准备，此时发起一场大规

图 3-20 "北方出巡"作战行动示意图

模海上攻击性破交作战的时机已经成熟，纳粹德国海军参谋部准备一举将"俾斯麦""格莱森瑙"和"欧根亲王"号 3 艘大型舰艇从南北两个方向一齐投入大西洋战场，把蓄谋已久的巡洋作战推向高潮。虽然"格莱森瑙"号因空袭受创而临阵缺席，"莱茵演习"的兵力也大幅缩水，但是具有强大作战能力的"俾斯麦"号战列舰的存在和加入，以及巡洋作战理论实践的日臻成熟，都使整个皇家海军面临着一场"海战游戏规则即将改变"的深重危机。

双方都很清楚，1941 年 5 月纳粹德国海军即将开展的新一轮海上作战行动将会是大西洋战役的一个转折点——德国人的，或者是英国人的。

出航，是舰艇参加作战行动的第一步，低调、保密、隐蔽都是这一阶段的显著特征。对于德国人来说，选择格丁尼亚—卑尔根—丹麦海峡这样一条航线，不仅充分利用了波罗的海较为安全的战略纵深，而且还使新入役的"俾斯麦""欧根亲王"号就近做好出航准备。虽然从 4 月起，代号为"莱茵演习"的作战行动被一再推迟，但是大量官兵的调配补充，以及一枚枚闪烁着寒光的 15 英寸（380

毫米）炮弹和大量食品、淡水的陆续装载，都意味着作战时间的日益临近。随着 5 月 5 日"元首"的突然造访，以及此后舰队司令官吕特晏斯和司令部参谋人员的进驻，严格保密之下的所有官兵们都清楚地意识到：真正的战争即将到来。

5 月 19 日的凌晨时分，"俾斯麦""欧根亲王"号由格丁尼亚港内起锚，在阴沉天空的映衬下，缓缓向西驶去。出航前，一根输油软管意外断裂，"俾斯麦"号少加了 200 吨燃油，当时谁都没有注意到这个小插曲。为了保证"莱茵演习"的出航隐蔽，纳粹德国海军已经提前封闭了出航的必经之路——大贝尔特海峡，但是从司令官吕特晏斯到舰上的普通军官们都知道，这样做其实毫无作用。因为不论是中

图 3-21　5 月 5 日希特勒亲自检阅了"俾斯麦"号战列舰

立国瑞典的舰艇和飞机，还是在斯堪的纳维亚半岛周边无处不在的抵抗组织，都将是编队踪迹泄露的潜在隐患，航道两侧的山峦，看似是阻挡敌机轰炸的屏障，也可能遍布敌方谍报人员觊觎窥视的眼线。其实这也没什么，在对这种走夜路和猫捉老鼠习以为常的吕特晏斯看来，在德国空军战斗机的作战半径内，英国人暂时还不敢肆无忌惮地打上门来，只要顺利抵达挪威加好油，进而突入辽阔的大西洋，英国人想再找到他就没那么容易了。在两个月前的"柏林行动"中他就已经

图 3-22 在严密的空中掩护下，"俾斯麦""欧根亲王"号从波罗的海出航

成功地将英国人涮了一把，这一次手握"俾斯麦"号这样的神器，就更加没有过分担心这些细枝末节的必要了。就这样，尽管在接近挪威途中出现了与不明飞机的遭遇，以及截获敌方要求搜索"2 艘战列舰，3 艘驱逐舰"这样的电文，这支特混编队仍然于 21 日上午顺利驶入

挪威科尔斯峡湾。

此前，为了保障"莱茵演习"的顺利进行，纳粹德国海军8艘油船已预先展开于海上，其中就包括位于卑尔根的"沃林"号和位于北冰洋附近的"魏森堡"号。吕特晏斯原本不希望进入卑尔根，而是向

图3-23　编队航行的"俾斯麦""欧根亲王"号

北走，去找"魏森堡"号完成燃油补给，从而避开英国人的航空侦察，进一步掌握突入大西洋的主动权。但是，在航行途中敌方发现编队的征候已经十分明显的情况下，皇家海军本土舰队的拦截每时每刻都会发生，这时他就要与时间赛跑，尽快抵达丹麦海峡。同时气象预报表明，卑尔根将被浓雾笼罩，云层较低，不利于对手的航空侦察和大规模空袭，而"欧根亲王"号仅需要3个小时就可以从"沃林"号上加油764吨实现燃油满载，这也比到北冰洋去找"魏森堡"号更为可取。后来事实也的确如此，21日中午抵达，17时"欧根亲王"号加油结束离开；24时两舰与3艘护航驱逐舰分道扬镳，转向丹麦海峡，至此"莱茵演习"才算真正开始。

在"莱茵演习"行动的初始阶段一切显得颇为平静，但吕特晏斯却下达了一个令所有人至今无法理解的指令："俾斯麦"号不进行加油！在格丁尼亚港内"俾斯麦"号就少加了200吨，从格丁尼亚到卑尔根850海里的航程又消耗了800吨，这里外里与满载状态就差了1000吨。虽然"俾斯麦"号具有几乎超过最强对手50%的续航力优势（"俾斯麦"号19节8525海里、28节4500海里，"英王乔治五世"号20节6300海里），同时在格陵兰岛南部还有两艘油船可实施补给，但是他却忘记了在海

标准排水量	42343 吨
满载排水量	50000 吨以上（紧急状况下）
水线全长	240 米
水线宽	36 米
标准吃水	8.7 米（最大吃水 10.8 米）
驱动方式	3 轴螺旋桨推进
动力装置	12 台瓦格纳式三腔体水管式锅炉
主机	布朗·布罗利公司（今天著名的 ABB 公司前身）制造齿轮传动式涡轮机 3 台
动力输出	150175 轴马力
最高航速	30.1 节
续航力	8525 海里 /19 节
装甲系统	侧装甲带 320 毫米、侧装甲带上端 145 毫米、主甲板装甲 50 毫米、机舱顶板装甲 80 毫米、炮塔正面 360 毫米、炮塔侧板 200 毫米、炮座装甲 340 毫米、指挥塔装甲 360 毫米
武备	双联装 380 毫米主炮塔 4 座、双联装 150 毫米副炮 6 座、双联装 105 毫米高射炮 8 座
舰载机	Ar-196 型水上飞机 4 架
说明	有关"俾斯麦"号的数据，想必会令人迷惑的地方就是装甲厚度方面了，特别是对比了沙恩霍斯特级的数据后更加令人诧异。因为显然在不少方面，"俾斯麦"号比之沙恩霍斯特级反而有所倒退。正如文中所述，沙恩霍斯特级的装甲系统存在一个致命缺陷——它的主装甲带上端，一直到位于主甲板水平装甲的部分仅 45 毫米厚。海战中如果有炮弹命中这个位置，就可以很容易地穿透并进一步贯穿船体，而且 80 毫米主甲板水平装甲的厚度依然是有限的，即便是炮弹以不足 40 度的着角命中机舱顶部，仍有很大可能轻易贯穿这层装甲，进而破坏主机舱或锅炉房。事实上，1943 年末的北角海战中，"沙恩霍斯特"号确实由于这个原因最终被"约克公爵"号战列舰击沉。

表3-1　"俾斯麦"号战列舰主要性能参数

况恶劣的大西洋上，在对手的围追堵截面前，1000 吨燃油对于可能需要持续高速机动、夺路狂奔的战列舰来说意味着什么。也许是出于对作战时间的权衡考量，也许是出于对自身作战优势的极度自信，"俾斯麦"号就这样带着 90% 的燃油出发了。最终，吕特晏斯，也包括舰长林德曼和全舰 2200 余名官兵，都将为这 10% 的燃油付出生命的代价。

出航，不仅意味着作战行动的开始，而且还意味着力量的分配和作战方向的选择，对于德国人如此，对于皇家海军亦然。尽管经验丰富的侦察机飞行员迈克尔·萨克林，抓住机会透过云层发现了挪威峡湾深处的"俾斯麦""欧根亲王"号，以及几艘驱逐舰和运输舰船，但是仅凭这一信息却不足以准确判明德国人的真实意图，究竟是为驶向挪威或冰岛的运输船队护航，还是下一步向俄国人动手的前奏，种种可能都无法排除。但是威胁最大的一种可能就是：德国人企图突入大西洋，向往返于北美与英伦之间的运输船队下手。本着"料敌从宽、御敌从严"的原则，必须从最坏处着手。前不久德国人"柏林行动"中狡诈的"沙恩霍斯特"号和"格莱森瑙"号已经够让大英帝国颜面扫地的了。

图 3-24 挪威峡湾中正在加油的"欧根亲王"号重巡洋舰

在皇家海军本土舰队司令约翰·托维看来，根据目前的态势，摆在德国人面前的主要有三条路：第一条就是吕特晏斯在"柏林行动"中刚刚走过的丹麦海峡，第二条是法罗群岛—冰岛之间的水道，第三条是法罗群岛—设得兰群岛之间的水道。在这三条路中后两条离斯卡帕湾和英国本土的机场过近，可能性似乎不大；威胁最大、

图 3-25 英国皇家海军本土舰队司令约翰·托维

敌人最可能走的就是丹麦海峡，因为那里阴云密布的天气和海面的浮冰都将给德国人的偷渡提供有力帮助。

　　"好，就赌丹麦海峡了！"约翰·托维一方面命令战列巡洋舰分舰队司令霍兰中将带着"胡德""威尔士亲王"号作为先遣队出发前往丹麦海峡，与先期部署在那里的"萨福克""诺福克"号巡洋舰会合，牢牢守住北大门；另一方面继续派出续航力大的"马里兰"式侦察机

图 3-26　英国皇家海军"马里兰"式侦察机

前往挪威科尔斯峡湾，以准确查明"怪兽"的动向。而他自己将在霍兰出发24小时后，率领"英王乔治五世"号战列舰、"胜利"号航母等本土舰队的主力从斯卡帕湾向北出动，从而占据中央阵位，"以不变应万变"，不管"怪兽"从冰岛南北哪个方向走，他的舰队都可以挡在德国人的前面。就这样，斯卡帕湾的本土舰队开始倾巢出动，这一次面对的敌人比 4 个月前的那次更为凶险。

图 3-27　"胡德"号战列巡洋舰

图 3-28　"威尔士亲王"号战列舰

　　"这不是一个老太太和小男孩吗？"在获悉霍兰率领先遣队的编成后，海军部的军官们不由自主地发出了这样的感慨。是啊，这时候托维手中真的是没有船了，战列巡洋舰"反击"号不仅"皮薄"，而且轮机状况不好；战列舰"罗德尼"号航速太慢，下一步还要去北美维修；战列舰"纳尔逊"号远在南大西洋，一时三刻赶不回来；"英王乔治五世"号是他的旗舰，你总不能让司令去冲锋陷阵吧。

　　"但愿老太太是个能打硬仗的悍妇，而小男孩应该在战斗里成长。不管怎么说，眼下再也没有别的军舰可派了。阻止'俾斯麦'号，只能靠这'一老一小'了。"

就在海军部的军官们自说自话、自我壮胆的时候，舰龄超过 20 年、老迈的"胡德"号和刚刚服役，甚至炮塔转动装置还存在故障的"威尔士亲王"号，正在被迫以相差悬殊的编组，去迎击凶狠的敌人。

与 25 年前的日德兰大海战一样，同样由斯卡帕湾出航，同样在 5 月，但是等待英国皇家海军的却将是一个不堪回首、噩梦般的回忆。

"怪兽"已经出笼，那么他将从哪条路突入大西洋呢？

四、杀出血路

（一）突破

苏军战役学认为：突破是一种进攻方式，旨在通过打开一个或几个突破口，向纵深或侧翼机动，从而摧毁敌军占领的筑垒防线。事实上，纳粹德国海军从战争爆发伊始就面临着英国人的严密封锁，要想实现对其海上交通线的毁灭性打击，那么突破对手严密设防的大西洋封锁体系，就是巡洋作战的首要环节。与陆战场一样，必须充分发挥作战单元的机动与火力，通过隐蔽、欺骗、佯动，来实现战役战术突然性，为整个作战行动向纵深发展，以及战役目的的达成铺好路、开好头。在 4 个月前的"柏林行动"中，吕特晏斯就曾指挥"沙恩霍斯特""格莱森瑙"号通过有效的机动，成功突入了大西洋，在对英国海上交通线进行大肆破坏的同时，有效配合掩护了"舍尔海军上将""希佩尔海军上将"号的破交作战行动，在与英国皇家海军本土舰队的交手中取得完胜。那么这一次呢？

这一次吕特晏斯并没有像上一次那样从冰岛—法罗群岛方向虚晃一枪，待敌人本土舰队调虎离山后再避实击虚地从丹麦海峡实施突破，而是将突破方向直接选择在了丹麦海峡，他的这一决定看似有悖于兵法中"胜战不复"的原则，但是仔细分析后就会明白这是吕特晏斯最佳，也是唯一的选择。首先，这里离英国人屯有重兵的斯卡帕湾和本土机场最远；其次，此处海面上大量的浮冰和恶劣多变的天气将为突破行动提供天然掩护；最后，也是最重要的一个原因就是从丹麦海峡突破的命令是他在海上临时下达的，最大限度地实现了保密。这事除了吕特晏斯本人之外，别说潜艇部队司令邓尼茨、北方集群司令卡尔斯，就连雷德尔都不知道。

可是话说回来，丹麦海峡大量的浮冰和恶劣多变的天气也是一柄双刃剑，在有利于吕特晏斯瞒天过海、趁乱而入的同时，也造成了航道过窄（浮冰区与雷区之间最窄处仅60千米）、虚警率高（大气中冷暖空气的分层出现光线反射现象）等不利情况，再加上高纬度海区春季日照时间变长，敌方在该海域部署装备雷达的巡洋舰侦察游弋等多重因素的影响，使这条4个月前刚刚走过的幸运通道的形势变得复杂起来。

23日入夜后，就在"俾斯麦"号和"欧根亲王"号小心翼翼地避开海面的浮冰和敌人雷区行驶于航道中央时，突然在左舷舰首方向发现了一个黑影，在短暂的一瞬间，瞭望员透过雾霭看清并迅速辨认出是一艘英国海军"郡"级巡洋舰。几乎与此同时，英国人也发现了打头的"俾斯麦"号，站在舰桥上的

图3-29 英国皇家海军"萨福克"号重巡洋舰

"萨福克"号重巡洋舰舰长埃利斯迅速下达命令："向海军部报告，我们看见他们了。"虽然双方已经发生接触，英国人也已经发出了信号，但是此时海峡内的能见度非常低，负责"盯梢"的另一艘巡洋舰"诺福克"号不敢跟得太近，加上自身的雷达性能又非常有限，因此随时存在与目标脱离接触的可能。一旦跟丢了这头"怪兽"把它放进大西洋，要想再从广袤的大海中把它找出来，就将无异于大海捞针。正当英国人战战兢兢盯梢之时，雾气突然消散，"俾斯麦"号一点没客气，在6400米的距离上对"诺福克"号来了5次齐射，在烟幕、暮霭和雾气的多重作用下，这艘巡洋舰竟神奇般地未中一弹（当时主炮射击主要依靠光学仪器进行瞄准，雷达性能还无法满足火力控制需要），又迅速地躲进了浓雾之中。

在与敌遭遇行踪败露之后，吕特晏斯有三个选择：一是掉头返回，驶向挪威，但是可能会遭到英国本土舰队的中途截击；二是将这两艘"讨厌"的巡洋舰击沉，可敌人却又拥有着航速上的优势，同时在追击过程中很可能会掉入敌方布设的陷阱；三是按照原计划进行，只要"俾斯麦"和"欧根亲王"号保持高速再撑40个小时，敌人的船就会因为燃油耗尽而不得不停下追击的步伐。在反复权衡之后，他决定采取第三个方案，在完成队形变换调整后（"欧根亲王"号在前，"俾斯

麦"号在后），继续向大西洋高速驶去。

此时，这场突破与追击战已成为彻头彻尾的速度与激情，从英国巡洋舰分队指挥官沃克到战列巡洋舰分舰队司令霍兰都非常明白，如果不能在丹麦海峡堵住敌人的话，那么航行在大西洋上的 11 支运输船队都可能成为对手刀俎上的肉。为此，霍兰下令"胡德"号航速提高到 27 节，力求挡在敌人的前面，在次日的交战中占据有利的阵位。

就在英国人加速驰援的同时，吕特晏斯也决定利用恶劣的天气，彻底摆脱讨厌的"盯梢"者。他下令释放烟幕、向南调

图 3-30　战列巡洋舰分舰队司令霍兰中将

整航向，并将编队速度提高到 30 节。就在他和林德曼拭目以待观察对手反应的时候，无线电监听人员报告：英国人在电报中称"俾斯麦"号不见了！

吕特晏斯真的甩掉了"盯梢"者，突破成功了吗？

（二）击沉"胡德"号

战争是充满偶然性的，什么事情都可能发生，充斥着悲喜交加的兴奋与失落。23 日午夜时分，不管是吕特晏斯还是霍兰、托维，志忐的心情似乎都如同大西洋上的波涛一般起伏不定。在获悉"诺福克"与"俾斯麦"号失去接触的报告后，霍兰不得不对先前较为乐观的形势重新进行评估，最终决定将航向转向北方，如果两个小时之后还没有与敌人发生接触，就掉头南下。同时，他计划用"胡德""威尔士亲王"对"俾斯麦"进行集火，同时用"诺福克"和"萨福克"来对付"欧根亲王"，从而分别构成二对一的优势。

就在 3 时 47 分，霍兰正在率两艘大舰掉头南下之时，"胡德"号收到了"萨福克"号重新与"俾

图 3-31　"胡德"号战列巡洋舰

斯麦"号发生接触的报告，包括霍
兰在内的众人一下子兴奋了起来。
但对局势重新分析后，大家的喜悦
之情有所收敛——德国分舰队就在
附近，在西北方向，距离只有 13
海里，而霍兰的舰队在敌人的西南
方向，航向与其大致平行。为了将
敌人堵住，不至于将其放入大西洋，
霍兰在将编队的航速提高到 28 节
的同时，还把航向右转 40 度。这
时候先别管阵位有利不利了，追上

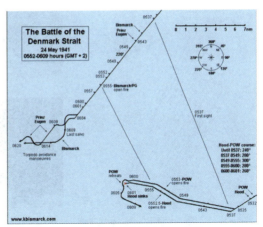

图 3-32　丹麦海峡海战示意图

并挡住敌人再说。就在 5 时 30 分，前桅瞭望员报告："警报！右舷，绿 40！"
（"绿 40"的意思就是右舷舰首方向 40 度），在 27000 米外波涛汹涌的洋面上
出现了一个恐怖的阴影，"是'俾斯麦'号！"

　　没啥好说的，四对二，准备开打！

　　双方接触伊始，虽说大舰数量是二对二，但是却呈现出对霍兰不利的态势，
略微接近于"T"字形，"俾斯麦"号 8 门 380 毫米口径的巨炮全部可以对准
对手，而英国人的火力发挥则受到了很大影响。霍兰索性将航向由 240 调整为
280，航速提高到 28 节，以期减小受弹面，"回避""胡德"号甲板装甲薄弱的
硬伤，并迅速接近敌舰，待接近后再转向开火，到那时主炮火力的对比将变为
18：8。由于是遭遇战，在霍兰的思维定式中两艘德舰应该是"俾斯麦"号打头，
而实际上由于雷达故障，此时在前头开路的已经换成"欧根亲王"号，而德国人
由于英舰轮廓太小，将其误认为是巡洋舰。就这样，双方的遭遇战就这样糊里糊
涂地开始了。

　　当时钟的指针指向了 5 时 53 分时，"胡德"号的主炮一声怒吼，4 枚重量
超过 800 千克的 380 毫米炮弹飞向了 23000 米外的目标，"威尔士亲王"号舰首
6 门主炮紧随其后也开始了"发言"，从炮弹的落点上看，英国人的第一次齐射
很有准头，但此时德国人早已指向对手的主炮却异乎寻常地保持着沉默。要知道
一直以来，纳粹德国海军的炮术水平就比英国人高得可不是一星半点儿，那这又
是怎么一回事呢？原来就在与英舰发生视距接触后，即使当敌方 380 毫米巨炮的

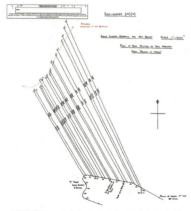

图 3-33　"威尔士亲王"号 18 次主炮齐射示意图

图 3-34 海战伊始，"胡德"号两枚 15 英寸炮弹落在"欧根亲王"号附近

图 3-35　"俾斯麦"号战列舰舰长林德曼

图 3-36　"俾斯麦"号战列舰主炮开火

炮弹飞过"俾斯麦"号的顶部时，吕特晏斯依然期望迅速摆脱敌人，倒不是他怕死，主要是考虑到尽可能避免与敌舰"硬扛"的局面出现，而"俾斯麦"号的舰长林德曼此时已经自言自语，"我不会听任我的船在我屁股底下被轰飞的。"随着双方距离的不断接近，德国人终于从外形轮廓上清楚地辨别出是"胡德"和"威尔士亲王"号，在将航向由 265 度调整为 200 度之后，吕特晏斯终于下达命令："开火！"随着"俾斯麦"号炮口橙色火焰和一团巨大烟雾的升起，日德兰大海战后英、德两国最大战舰的对决开始了！

尽管经历了漫长屈辱的 25 年，但是德国海军的炮术水平非但没有褪色，反而愈加精进，仅用了两次齐射，就成功击中"胡德"号。据"胡德"号水兵布里格斯（"胡德"号的 3 名幸存者之一）后来回忆："我记得自己怀着恐惧与沉迷参半的心情目睹'俾斯麦'号炮口喷出的 4 颗闪亮星星，并意识到他们就是瞄准我们的炮弹。"此时,英国人的齐射已经打到了第6轮,在第6次齐射中,"威尔士亲王"号的主炮成功命中了"俾斯麦"号。战场形势似乎在向着有利于英国人的方向发展。

但是,最先遭受致命一击的却是"胡德"号。

"船抖了一下……接着就发现主桅底部起火了",紧接着"欧根亲王"号发射的一枚炮弹命中了"胡德"号的前桅楼,虽然炮弹没有爆炸,但桅楼内部的官兵几乎全部丧生。此时双方的距离已急剧缩短至约16000米,为发挥全部火力,霍兰下达了"左转20度"的命令,转向一旦结束,双方大口径主炮火力的对比就将变为14:8("威尔士亲王"号一座四联装炮塔出现故障)。正当这艘排水量超过4万吨的巨舰在高速航行中完成转向时,"俾斯麦"号第5次齐射的炮弹如约而至了,也许是由于转向,命中了"胡德"号的侧面装甲。"我没有听到爆炸声"(布里格斯回忆),但却被冲击波震倒在了甲板上,并亲眼看见了剧烈的爆炸,"炽烈而壮观

图 3-37 "威尔士亲王"号主炮命中"俾斯麦"号

图 3-38 "胡德"号被击中后发生剧烈爆炸(前方舰艇为"威尔士亲王"号,该照片从"欧根亲王"号上拍摄)

图 3-39 "胡德"号发生剧烈爆炸的画作

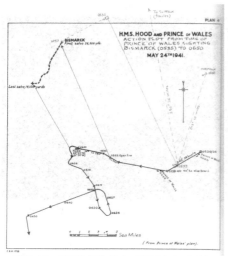

图 3-40 丹麦海峡海战中"胡德"和"威尔士亲王"号的航迹图

图 3-41 丹麦海峡海战后，"威尔士亲王"号舰长约翰·利奇为调查委员会准备的草图

的火焰直冲云霄"（据后来分析可能为被命中后引燃了舰体后部 102 毫米副炮的弹药库，然后火势蔓延至更下层的主炮弹药库并引发了殉爆）。弹药库被引爆时，侧面装甲被炸出 14 米宽的大洞，后部一座主炮炮塔被炸飞，中部一段 70 米长的舰体遭到严重破坏，导致整个军舰断成两截。

"胡德"号的爆炸和沉没几乎是在瞬间完成的，不管是在附近的"威尔士亲王"号，还是在远处的"诺福克"号，甚至包括在空中的"马里兰"式侦察机，都仅仅看到了最后的景象："就像一个巨大的喷灯""一片火海，像是一把扇子或是倒放的锥形""异常多的烟雾，后面拖着一条油迹，突然喷出一团烟火消失了"。就这样，这艘曾经是世界上最大、最快、火力最强的，被视作皇家海军象征的一代巨舰就这样迅速消失了，只留下了一片已经消散开来的黑云和一大片混杂着残骸碎片的黑色油迹。

虽然"胡德"号沉没了，但是战斗还没有结束，在挨了一发大口径炮弹后，"俾斯麦"号没有再给"威尔士亲王"号留下任何机会，第一次齐射中就准确地命中了目标，一炮命中舰桥，虽然是哑弹，但 380 毫米炮弹巨大的动能，仍然带来了噩梦般的浩劫，要了除舰长利奇和一名通信兵之外所有人的命。这还仅仅是开始，在"俾斯麦"和"欧根亲王"号的炮弹接连命中之下，"威尔士亲王"号"不争气"的主炮却又接二连三地出现了故障，在雷达和测距仪相继失灵的情况下，不得不施放烟幕脱离了战场。

"胡德"号沉没的消息迅速传到了本土舰队的旗舰"英国王乔治五世"号

（托维对报告战况的参谋说"不必大声
嚷嚷"），传到了海军部（海军部作战
室内的所有人都惊呆了，因为他们绝大
多数人都在"胡德"号服役过），传到
了战时内阁（丘吉尔在床上被叫醒），
传遍了英伦三岛（一个老妈妈在听到这
一新闻后，望着手中在"胡德"号上服
役的儿子的照片）。

"我们打沉了他没有？"

"没有，'威尔士亲王'号已经
与敌人脱离接触了。"

"我不管你怎么做，一定要打沉
'俾斯麦'！"

温斯顿的最高指示下达了，托维
他们能够找到阻挡住"怪兽"狂奔前行
的脚步吗？

五、夺路狂奔

17 分钟，仅仅 17 分钟，这场发生
在丹麦海峡的英、德两国主力舰的交锋
转瞬间就结束了，英舰一沉一伤，德
国人毋庸置疑取得了完胜。但是有一个
问题对于交战双方来讲都极为重要——
"俾斯麦"号受伤了没有？如果受伤了，
那么伤到什么程度，是否可以继续战
斗？在给予敌人以毁灭性打击的同时，
"俾斯麦"号也被"威尔士亲王"号发
射的 3 枚炮弹击中，其中两枚对舰体造
成了实质性的伤害。一枚击穿了 21 号

图 3-42 "胡德"号及舰员合影

图 3-43 "胡德"号年轻水兵正在进行
炮术科目训练

图 3-44 1941 年 5 月 23 日前往丹麦海峡途中的
"胡德"号

燃油舱，近 1000 吨燃油泄漏入海，并留下一条长长的油迹；另一枚击中水线下 14 号舱段，致使一个发电机舱和一个锅炉舱进水。

图 3-45　通过计算机模拟再现了一枚 14 英寸的炮弹击中"俾斯麦"号的场景

这两颗炮弹对于"俾斯麦"号来讲都不致命，但却对它继续执行"莱茵演习"作战产生了重大影响，尤其是燃油的泄漏，大大压缩了它在大西洋上活动的空间，同时高速航行也导致进水舱室的相邻隔断承受着可怕的巨大压力。为此，吕特晏斯下令将航速控制在 28 节以内，28 节的航速虽然只比最高航速低 2—3 节，但是这也使"俾斯麦"号的航速优势荡然无存（在茫茫大洋上进行高速机动时，2—3 节的航速

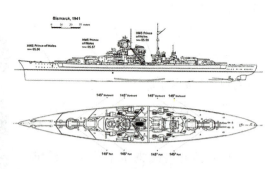

图 3-46　丹麦海峡海战中"俾斯麦"号的中弹位置示意图

优势对于大型战舰来讲十分重要）。这时，一个十分尴尬的选择就摆在了吕特晏斯的面前："俾斯麦"号受伤了，撤还是不撤？

此时，如果选择撤的话，摆在他面前的有两条路：一是去法国，二是回挪威。去法国的话，就必须去有干船坞能尽快修理的地方，那就是圣纳泽尔；要是回挪威的话，那里没有足够大的船坞，最后要修理还得回德国。如果去法国的话，往南，再往东航程约 1700 海里，海域开阔，黑夜时间更长，便于实施机动摆脱追击的敌人，如果在那里短时修复的话，还可以尽快前去大西洋开展巡洋作战；回挪威的话，即使走丹麦海峡，距离最多也不过 1400 海里，但可能会遭到驻斯卡帕湾本土舰队的截击……总之，吕特晏斯需要考虑的问题实在太多太多。但是，仅过了一个多小时后，他就向雷德尔报告："俾斯麦"号正在前往圣纳泽尔，"欧根亲王"号将会单独执行巡洋作战任务。

既然分道扬镳的决心已定，那么剩下来的就是如何实现吕特晏斯作战意图的问题了。此时，"俾斯麦"号的当务之急就是如何尽快掩护"欧根亲王"号摆脱跟踪之敌，这不仅是完成"莱茵演习"既定任务的需要，更是"欧根亲王"号燃油迅速消耗下的无奈之举。

其实，在这个时候英国人的日子更不好过，虽然皇家海军出动的大型舰艇数量看上去不少，但是放到广阔的大西洋上就被迅速地分散和稀释，一旦负责"盯梢"的巡洋舰被甩掉，将立即由大海捞针变为盲人摸象，即使德国人按照目前的运动要素定向定速直航，托维的舰队也只能缓慢地接近，甚至很可能在追上敌人之前自己的油箱就会率先告罄。

图 3-47　"剑鱼"从"胜利"号航空母舰的甲板上起飞

在这种情况下，只能寄希望于派出"胜利"号航母上搭载的"剑鱼"，来使拖着长长油迹一路狂奔的德国人放慢逃命的脚步。托维很清楚，刚服役不久的"胜利"号上飞行员们的战备训练水平根本无法满足这样恶劣条件下的作战要求，甚至飞机出去后能不能回来都是个大问题，但他没得选择，必须赌上一把，在"剑鱼"机组的安全和击伤"怪兽"之间作出选择。

就在托维左右为难之时，出乎意料的情况又出现了：高速航行中的"俾斯麦"号突然右转，向跟踪他的"萨福克"号冲了过去，并与在更远处保持接触的"威尔士亲王"号发生了短暂的交火，虽然没有彼此命中，但是在高速追逐中电光石火的一次交锋就已经为"欧根亲王"号的逃脱赢得了足够的时间。随着暗语"胡德"的下达，这艘重巡洋

图 3-48　正在使用信号灯联络的"俾斯麦"和
"欧根亲王"号

舰立即加速到了 31 节向南驶去。很多舰员后来回忆道："短暂地看到了'俾斯麦'号在地平线上黑色的身影，看见几团炮口闪光和棕色烟云升腾而起并变为灰色……""我们的大哥走了，我们将会非常想念他。"

就在与"欧根亲王"号分道扬镳后，"俾斯麦"号遭到了 9 架由"胜利"号上起飞的"剑鱼"的攻击。这次攻击自始至终都充满着浓厚的戏剧性色彩，"剑鱼"过时的外形布局、低慢的速度却都不可思议地成了恶劣海况下成功起降和顺利攻击的优点。在中队长埃斯蒙德的指挥下，领航机借助机载雷达准确地发现了"俾斯麦"号，9 架"剑

图 3-49　由"胜利"号起飞的"剑鱼"临空攻击"俾斯麦"号

鱼"抢在天黑之前完成了鱼雷攻击。汹涌的海浪和不可思议的低速，从某种程度上抵消了猛烈防空火力的威胁，尽管有几架"剑鱼"被击伤，但是都顺利完成了攻击并安全返航，尤其是最后一架投下的鱼雷准确命中了"俾斯麦"的右舷，虽然坚固的防雷隔舱顶住了鱼雷的冲击，但是高速规避机动却使海水压力变大，造成了原有破损情况的进一步恶化，与此同时，1 死 5 伤（水兵）的后果也从某种程度上对官兵的士气造成了影响。

此后形势的发展表明，这枚命中的鱼雷并未对双方构成实质性影响，但吕特晏斯和托维都很清楚却又无力改变的一个现实是：没油了！在重新对燃油保有量进行评估后，吕特晏斯意识到自己必须马不停蹄地沿最短路径前往法国比斯开湾，而且还要尽量避免用高速航行，24 小时后才能进入自家岸基轰炸机的掩护范围，至于 U 艇，由于机动速度过慢而基本指望不上；而托维这边，"威尔士亲王"号的燃油很快就要难以为继，只有在"俾斯麦"号航向航速保持不变的情况下，"英王乔治五世"和"反击"号才有可能于 25 日 9 时 30 分拦住它。这时严峻的形势不容许英国人出现任何差错，一旦"萨福克""诺福克"与"俾斯麦"号失去接触或者敌人进行大幅度变向机动的话，那么他将再也无法从大海中"捞出这根针来"。

可是怕什么偏偏就来什么，就在托维忐忑不安之际，突然接到报告："萨福克"号在进行"之"字形反潜机动时，与敌舰失去了接触！这对于英国人来说简直是五雷轰顶，所有的计划都被颠覆了，在这种情况下，吕特晏斯不仅可以自由地选择驶向某个港口，或去寻找大西洋上预置的油船，并极有可能与大西洋上几支重要的护航船队迎头相撞，尤其是在南面，代号为 WS8B 的运兵船队正将 20000 名士兵运往地中海方向。如果他与"怪兽"狭路相逢，那么后果将不堪设想。思来

想去，为了捞到这根针，托维决定出动舰机向目标消失位置的西侧展开搜索，几经折腾，在数艘舰艇燃油即将耗尽不得不脱离战场的情况下，仍旧一无所获。那么敌人究竟在哪儿呢？

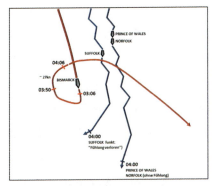

原来，就在"萨福克"号进行"之"字形反潜机动，即将转向西南航向之时，"俾斯麦"号加速来了一个右满舵，做出一个300度的完美转向，以27节的航速先向西、再向北，并最终转向了东方，不可

图 3-50 "俾斯麦"号做出的 ¾ 顺时针转向，成功摆脱了追击舰队

思议地从跟踪者的身后绕过，大路朝天，各走一边。

如果用上帝视角来俯瞰整个战场的话，我们会发现："俾斯麦"号在北，向东南方向的法国沿岸高速驶去；英国人的舰队在南，正向西南方向集结，并有多艘舰艇因燃油告罄而脱离编队。事实上，只有"罗德尼"号挡在"俾斯麦"号前往比斯开湾的路上，但他的航速根本无法追得上"怪兽"的脚步。看来只能将全部希望寄托在萨默维尔的H舰队身上了，他手中不仅有皮薄腿快的战列巡洋舰"声望"号，更重要的是他还有航母"皇家方舟"号。

皮厚腿慢管子粗的大家伙们一时半会儿是跟不上了，"萨默维尔，现在全指望你了！"

六、致命的电波

不管是蓄谋已久，还是灵光一闪，或者说是阴差阳错，反正"俾斯麦"号以一个精彩的300度急转弯彻底摆脱了英国人的追逐，开始向法国比斯开湾方向夺路奔逃，一时间月黑风高，追兵不见，似乎成功就在眼前了。按照目前的形势，如果德国人再坚持24个小时的话，大量岸基轰炸机和5艘U艇就将为"俾斯麦"号提供足够的掩护，即使托维和萨默维尔赶上来，也将奈何不得。现在，对于吕特晏斯和"俾斯麦"号来说，最为要紧的就是跑！偷偷、快速、不露痕迹地跑！！可就在夺路狂奔之时，令人费解，却又十分致命的一幕出现了。

原来，就在5月25日上午9时许，吕特晏斯命令向海军参谋部和西方作战集群司令部发出了一份如同小说般的长篇电报：

故军有雷达装备，探测距离至少为35千米，对大西洋上的作战行动已造成严重不利影响。我舰队虽有浓雾掩护，仍在丹麦海峡被发现，且敌军此后也未失去接触。虽然天气有利，但所有摆脱敌军的尝试均告失败。海上加油已不再可行，除非能够依靠速度优势远离敌军。

在20800—18000米的距离上进行了交战。"胡德"号在5分钟后爆炸沉没。随后我舰队将目标转向"英王乔治五世"号，该舰中弹后冒出黑烟逃窜，连续数小时不见踪影。我舰消耗弹药93发。此后，"英王乔治五世"号仅在极远距离上应战。"俾斯麦"号被"英王乔治五世"号击中两弹，一发击中第13至14号舱段侧装甲下方，一发击中第20至21号舱段，造成减速，且导致舰首首倾一度，部分燃油损失。"欧根亲王"号已借助浓雾掩护，趁战列舰攻击敌舰时离队。我方雷达易出故障，射击时尤甚。

在你死我活的追逐之下，刚刚劫后余生、摆脱"盯梢"者的"俾斯麦"号，竟然打破电磁静默，发送如此不合时宜的长篇电文，不管是在当时、现在，还是将来，都令人无比费解。先且不说电文内容价值高低与否，仅仅是电磁信号的长时间暴露，就足以使刚才的好运气毁于一旦。那么是什么让吕特晏斯——这位刚刚成功指挥"柏林行动"的核心人物作出这样低级得不能再低级的错误决定呢？他真的是被暂时的胜利冲昏头脑了吗？其实，这一切还要从"俾斯麦"号上的特种装置说起，该装置

图3-51　吕特晏斯"令人费解"的行为被视作葬送"俾斯麦"号的深层原因

是一种雷达信号告警接收器，代表着当时德国电子工业的最高成就，也是现代海军侦察雷达的前身，可以在不少于两倍探测距离上对敌方雷达信号进行告警，但其最大的不足就是太过敏感，虚警率过高。

此时，虽然"俾斯麦"号上的雷达反射回波信号不足以被英国人接收探测到，但是敏感的"Timor"装置却依然发出仍旧被跟踪的持续告警。在这样的情

况下，吕特晏斯就会认为虽然视距内看不见"盯梢"者，但是对手仍旧凭借性能先进的雷达对"俾斯麦"号进行着远程跟踪。按照纳粹德国海军的军事准则，此种情况下，就没有必要再保持先前的无线电静默了。尽管西部作战集群和海军司令部通过对皇家海军舰艇电文的持续侦听研判，作出了对方已经跟丢"俾斯麦"号的正确判断，并在8时46分发给吕特晏斯的电文中特别强调指出："我方认为特遣舰队已经摆脱了跟踪。"但是吕特晏斯似乎并未收到这份电报，因为在一个小时后，他就发出了上述那份匪夷所思的长篇电文。至此，刚刚虎口脱险的"俾斯麦"号再度将行踪暴露于英国人的视野之下。

图 3-52 "俾斯麦"号装备的雷达

图 3-53 英国皇家海军无线电测向台站

就在发送电文的半个多小时里，英国人在本土的两个台站几乎同时接收到了"俾斯麦"号发出的信号，并对其进行了测向定位，但由于两个台站距离相隔不远，定位精度存在很大误差，仅判断出"俾斯麦"号位于最后消失点的东南方向某处，可能会驶向法国沿岸。

位于伦敦的海军部在第一时间将相关信息发给了托维，但是本土舰队却得出了与海军部迥然不同的结论，认为"俾斯麦"号在消失点的东方，可能会北

图 3-54 英国皇家海军"罗德尼"号战列舰

上前往挪威或德国。起初，海军部依照"将在外君命有所不受"的原则，并未对托维的指挥进行过多的干预，但是此后9时48分和10时54分两次新的测向结果，都印证了先前判断的准确，即"俾斯麦"号正在驶向法国。

随即，海军部就向萨默维尔的H舰队、向"罗德尼"号战列舰、

向大西洋上所有能够得着的作战舰艇发出了警报。警报发出了，"怪兽"的行踪暴露了，那么是不是"俾斯麦"号就在劫难逃了呢？从当时的战场形势来看，答案将是否定的！因为直到此时，海军部仍旧没有眼见为实，仍旧在猜测托维的决定可能是其掌握着伦敦尚不知道的重要情报。直到 13 时 20 分，测向站又对一个信号源进行了测向定位，这个位置恰好处于如果"俾斯麦"号前往圣纳泽尔可能经过的航线上，这似乎对先前的判断结果进行了印证，而实际上这个信号是一艘恰好航经此海域的 U 艇发出的，但英国人因此也歪打正着地确认了"俾斯麦"号的行踪。

图 3-55　萨默维尔的"剑鱼"将在恶劣海况下冒险起飞

此时，如果再次站在上帝视角俯瞰整个战场的话，我们会发现："俾斯麦"号正一骑绝尘地冲向圣纳泽尔，而托维的本土舰队还在北面徘徊，低速的"罗德尼"号距离尚远，离"俾斯麦"号最近的就是萨默维尔的 H 舰队了。天气预报显示，大西洋东部海面上即将刮起大风，恶劣的海况将给英国人的航空兵，尤其是舰载航空兵的作战制造更大的困难。在这种情况下，"俾斯麦"号的逃脱似乎是不可避免的，德国西部作战集群司令部考虑更多的是：如何做好"俾斯麦"号进坞修理期间的基地防御和相关保障，以使这艘巨舰尽快重返大西洋。

也许真的是天意弄人，这一天恰好是吕特晏斯 52 岁生日，希特勒也专门为他发来了贺电："祝您生日快乐。"一切都显得是那样顺风顺水，仿佛风平浪静的 5 月 25 日即将过去，很多人似乎已经在憧憬到达法国后的工作和生活。可就在这时，防空警报响彻全舰，扬声器高声播报："左舷方向出现飞机！"

这究竟是谁的飞机？英国人的吗？

七、十万分之一的概率

正当托维在北面"大海捞针"的同时，布莱奇利庄园的密码专家们也在千方百计地破解德国人"九头蛇"和"海神"密码，尽管破译工作收效甚微，但是几个重要的发现却为"俾斯麦"号驶向法国提供了有力的佐证。首先，自从丹麦海峡的交战结束后，位于法国的纳粹德国海军部队电文数量激增；其次，英国人的超极机密虽然无法迅速破译纳粹德国海军密码，但却另辟蹊径地从破译德国

图 3-56　"二战"中极具神秘色彩的布莱奇利庄园

空军密码入手，在德国空军参谋长汉斯·耶顺内克的一份私人电报中获悉"俾斯麦"号的目的地可能是布列斯特；最后，破译的德国空军多份电报表明，法国境内，特别是在比斯开湾地区的德国空军部队战备程度显著加强。种种迹象都表明，"俾斯麦"号将一路向东驶往法国布列斯特或圣纳泽尔。为此，海军部决定派出远程航空兵对"俾斯麦"号最新位置与布列斯特之间的最短航线附近海区进行搜索查证。

　　正如"俾斯麦"号对空瞭望哨观察并判断的那样，这架与过去经常见到的"马里兰""桑德兰"外形迥异的飞机确实是英国人的，不，准确地说应该只有一半是英国人的。因为这架 PBY"卡特琳娜"式水上飞机是由美国紧急向英国提供的，英国飞行员甚至还来不及完全掌握独立驾驶所需的技能，此时机上的美国飞行员塔克·史密斯就是来"秘密"参加此项工作的（由于美国尚未参战，罗斯福总统甚至对史密斯说过："要是国会发现了，我会被弹劾的！"）。可就是这位身份敏感的外国专家，却直接参与了自开战以来由美国军官执行的最重要的作战行动。执行这次侦察任务的英国飞行员是丹尼斯·布里格斯，在他们二人的通力协作之

图 3-57　这架"卡特琳娜"式水上飞机也决定了"俾斯麦"号的命运

图 3-58　发现"俾斯麦"号的英雄英国飞行员是丹尼斯·布里格斯

下，通过锲而不舍的搜索，克服了多变的天气和厚厚云层的影响，冒着密集的防空炮火最终确认了"俾斯麦"号的位置和运动要素，发出了那份著名的电文："发现一艘战列舰，方向角 240 度。"此刻时钟的指针正指向 5 月 26 日 10 时 30 分。

就这样，"俾斯麦"号在避开对手跟踪 31 个小时之后，又被英国人和美国人联手再次发现。而这一次似乎注定是凶多吉少。

德国人非常明白，在没有制空权的情况下，被发现就意味着攻击将马上到来。正如先前英国人预料的那样，水面舰艇暂时是指望不上了，最先到来的确实是萨默维尔 H 舰队"皇家方舟"号上的"剑鱼"，但是他们却飞了两次！为什么是两次呢？原来，15 架"剑鱼"在斯图尔特·穆尔的指挥下，很快就抵达了预定位置，机载雷达准确地搜索到了一个大型水面目标。没啥好说的，干吧！就在机群进入俯冲航线，飞行员即将扳动投雷手柄时，突然感觉到很不对劲，感觉这个目标是那样熟悉，"这艘船有两个烟囱！""是'谢菲尔德'号！"所幸"谢菲尔德"号迅速进行了规避，而航空鱼雷要么没有命中，要么入水即炸（鱼雷的磁引信对恶劣海况过于敏感，在第二次攻击时就改为触发引信）。"这真是一次完美的攻击，高度正确，距离正确，云层掩护正确，速度正确，就是打错了船！"

图 3-59 "谢菲尔德"号轻巡洋舰

图 3-60 夜袭塔兰托时"剑鱼"携带的鱼雷就采用了"双重引信"

客观地说，"皇家方舟"号上第 820 中队的飞行员们不愧是在地中海经历过战火洗礼的老兵，在短时间内就做好了再次出击的准备。这一次的领队是蒂姆·库德，为了不重蹈上一次的覆辙，他及时命令更换了鱼雷的引信设置，并将引导模式由本机雷达搜索改为由"谢菲尔德"号进行引导，强劲的西北风和密布的阴云都给"剑鱼"的顺利起飞制造了很大麻烦，但也给后续的攻击行动提供了极好的掩护。

根据飞行员后来回忆："在1000英尺时，我已经确定有些不对劲，但这时我们还是被云完全包围着。我在俯冲过程中保持着队形，直到700英尺才穿出云层，刚好已经快没有高度了。"面对复杂的气象，库德果断命令各小组各自为战，此刻的时间是20时54分。就这样，15架"剑鱼"顶着狂风暴雨开始了

图2-61　15架"剑鱼"的背后凝聚着"全世界的目光"

攻击。飞行员们并不知道，在他们这次攻击行动的背后，凝聚着"全世界的目光"（丘吉尔语）。

15架"剑鱼"按照2—3架一组的编组形式，冒着浓密的防空炮火，向"俾斯麦"号发起了轮番攻击，一枚枚鱼雷相继被投下。恶劣的天气和波涛汹涌的海面，都给攻防双方制造了极大的困难，不仅难以实施准确的攻击，还无法对战果进行有效评估。尽管如此，这些已经在地中海上跟意大利海军搏斗了两年多的飞行员们，还是在极低的高度上进行了突防，有的飞机起落架甚至掠过了溅起的浪花。

"剑鱼"那令人无法忍受的低速此时却大发神威，在德国水兵的眼中这些飞机似乎悬在空中一动不动，高射炮弹装订的近炸引信也因此失去了作用，再加上汹涌的海浪和"俾斯麦"号的高速规避机动，15架"剑鱼"没有一架被防空炮火击落。就这样，全部"剑鱼"抢在天黑之前完成了攻击，并顺利着舰。

图3-62　"剑鱼"抢在天黑之前完成了攻击

整个攻击行动显得仓促而忙乱，极度恶劣的天气和浓密的防空炮火甚至令飞行员们无暇向目标瞥去一眼。库德的攻击行动报告很简短："估计战果：没有命

中。"看罢报告，托维和"英王乔治五世"号舰桥内的高级军官们心里都非常清楚，再过几个小时"俾斯麦"号就会进入陆基轰炸机的掩护范围，而所有追击舰艇都将不得不掉头北上。一切已经掌握的现实情况都告诉他们：竭尽所能之后，结果还是输了。但是，随着时间的推移，新情况很快就出现了。负责"盯梢"的"谢菲尔德"号在规避炮击的时候，意外地发现："俾斯麦"号正在向西北偏北方向航行，也就是说这只"怪兽"将在不久后与托维的主力舰队迎头相撞。

这究竟是怎么一回事呢？德国人真的发疯了吗？

原来，就在刚才"剑鱼"顶风冒雨的攻击行动中，两枚鱼雷命中了高速机动的"俾斯麦"号，一枚击中了舰体舯部，另一枚击中了舰艉，造成了大量进水，更为严重的是这枚鱼雷对整艘舰艇最为脆弱却又无比重要的方向舵造成了致命的损伤，将方向舵卡在了一个极为不利的角度。在战前"俾斯麦"号的设计建造过程中，严谨细致的德国工程师们曾对方向舵在战斗中的受损概率进行了那个时代的大数据精密计算，结果表明这一概率不会高于 1/100000，但是今天，这一无限接近于零的概率却不可思议地变为现实。这一损伤也彻底瘫痪了这艘巨舰的机动能力，高速机动的军舰突然出现了严重的侧倾，多亏舰长林德曼及时下令减速，才重新扶正船身。

图 3-63 恶劣的天气和浓密的防空炮火令飞行员无法完成毁伤效果评估

图 3-64 船坞中的"俾斯麦"号舰艉特写

图 3-65 此时"俾斯麦"号距离布列斯特是那样迫近，又那样遥远

"俾斯麦"号的处境也从相对安全瞬间变为濒于毁灭。

"左舵 12 度！"也成为很多德国水兵和"俾斯麦"号的最终宿命。

舵卡住了，敌人追上来了，离法国比斯开湾越来越远了，看来"怪兽"是真的在劫难逃了。

八、"怪兽"的终结

"你说的 340 度是什么意思？"在接到报告后，先前神情十分沮丧的托维根本不相信"谢菲尔德"号舰长拉科姆的报告，"恐怕拉科姆是加入了倒数俱乐部"。但随着时间的推移，在陆续接到航空兵和"谢菲尔德"号的报告后，托维才开始逐渐相信"俾斯麦"号向北低速航行这一天大的喜讯。尽管不知道"俾斯麦"号出于什么原因自投罗网，但是这终归给皇家海军倾尽全力消灭"怪兽"提供了良机。为了防止德国人趁着夜幕的掩护恢复原状，在"谢菲尔德"号的眼皮底下溜走，托维命令 5 艘驱逐舰迅速前去，紧盯"怪兽"，一有机会就发起鱼雷攻击，即使无法击沉或重创，也要向德国人保持强大的压力。

同时，打出的一发发照明弹也使"俾斯麦"号在夜幕中无所遁形，两军始终保持着视距接触（英国人彻底被敌人弄出了"强迫症"）。虽然夜幕中一枚枚鱼雷在海面上留下了长长的航迹，但是在林德曼的指挥下，顽强的德国水兵们硬是操纵着速度仅为 10—12 节的"俾斯麦"号规避了所有鱼雷的攻击，毫发未损。但是这已丝毫无法改变行将覆灭的战场态势，而英国人也不紧不慢地一边"盯梢"，一边等待着黎明的到来。

图 3-66　遭受重创的"俾斯麦"号仍在夜战中困兽犹斗

图 3-67　吕特晏斯发出的决心最后背水一战的电报

对于"俾斯麦"号 2200 名官兵来说，这个短暂的夜晚是难以名状的，因为一种瞬时间由死里逃生的喜悦转变为孤立无援面对死亡的绝望，已经不是用悲喜两重天能够形容的。在无数次尝试恢复舵效的努力失败后，大家终于接受了自己将葬身大洋的命运。吕特晏斯也发出了"我舰已失去控制，但将战斗到底"的最后哀号。此时不只英国人，还包括海上的和岸上的德国人都已经相信"俾斯麦"号和他的舰员们只有死路一条，岸基轰炸机无法抵达，也没有起飞，附近海域活动的 U 艇不是鞭长莫及就是鱼雷耗尽，无法提供任何支援。

其中一艘舷号为 U-556 的潜艇十分特别，因为它是和"俾斯麦"号同厂建造、

图 3-68 "俾斯麦"号与 U-556 号艇（油画）

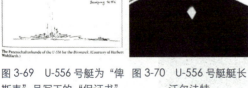

图 3-69 U-556 号艇为"俾斯麦"号写下的"保证书"　图 3-70 U-556 号艇艇长沃尔法特

同港停靠、同步试航的，可谓同根同源，并且订下过生死盟约，可此时近在咫尺的 U-556 号艇却已鱼雷告罄，艇长沃尔法特感觉到彻骨的悲哀，怀着绝望的心情，在作战日志上写道："离得这么近，却帮不上一点忙。"并最终因燃油所剩无几，而不得不在向"大哥"留下生死诀别一瞥后匆匆离开。

随着 5 月 27 日黎明的到来，在深灰色的天空和强劲的风浪之下，英、德两国的水兵们怀着截然不同的心情，准备着相同的战斗。英国人的目的很明确，只有两个字：复仇！为"胡德"号复仇！而德国人要做的却是为荣誉战斗到底。"英王乔治五世""罗德尼"号上的水兵们换上了干净的工作服，以免受伤时伤口被细菌感染，而德国人就要悲壮得多，"趁现在还有一点时间，让我们再一次想想祖国"。在"俾斯麦"号的舰桥上，舰长林德曼也已穿起了救生衣，但却没有留下任何话语，只有一片长久的沉默。就在这样一种对比鲜明的氛围之下，托维指挥着他的舰队完成了对"俾斯麦"号的合围。

8时43分，双方都出现在了彼此的视距里，一场没有悬念的战斗即将开始。虽说这场钢铁碰撞的胜负早已注定，但是双方都显得很从容。"罗德尼"号的舰长汉密尔顿抓起话筒，对全体舰员只说了一句："我们要上了！祝大家好运！"1秒钟后，6发406毫米的炮弹就开始飞向"俾斯麦"号。此刻的时间是8时47分，风向西北，距离25000米。德国人的表现也没有出现丝毫的慌乱，米伦海姆·雷希贝格（"俾斯麦"号后部炮塔指挥军官）回忆："我转动我的指挥仪，看到两个巨大的身影，不会错，那就是'英王乔治五世'和'罗德尼'号，距

图 3-71　最后战斗前的"俾斯麦"号

离大约24000米。他们显得从容不迫，像是要去执行死刑一样，并排朝我们直驶而来……""此时耳机中传来枪炮长施耐德（在击沉'胡德'号中立功被授予骑士十字勋章）平静的声音：主炮和副炮准备就绪，请求开火许可。"此后不久，"英王乔治五世"号也紧随"罗德尼"号开火了。就在"罗德尼"号开火3分钟后，"俾斯麦"号开始了还击，此时杀伤力巨大的炮弹在穿顶之上穿梭飞舞交织着，需要飞行30—40秒的时间，双方都在向对手倾泻着死亡的同时，默默承受着死亡的降临。"20秒，19秒，18秒……"一名军官忠于职守地在报告着"俾斯麦"号380毫米炮弹的预计抵达时间，"看在上帝的份上，闭嘴吧！"托维一反常态地打断了他。舰桥内所有人都在心知肚明中保持着沉默。

即使在四面楚歌的悲催境遇之下，"俾斯麦"号上的德国水兵们依然表现出了极高的射击控制水平，前3次齐射将"罗德尼"号"夹中"，要不是受自身不规则运动的极大影响，施耐德没准还真能复制两天前在丹麦海峡创造的奇迹。但是这一次走运的却是以众凌寡的英国人，在第一次齐射的6分钟后，"英王乔治五世"号在炮瞄

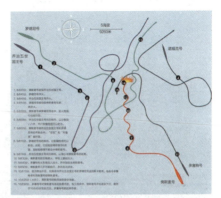

图 3-72　在围歼"俾斯麦"号最后的战斗中英国人确实在"以众凌寡"

雷达的指引下，率先命中了"俾斯麦"号。"罗德尼"号的观测兵清楚地看到："一发炮弹击中了中央射击指挥台，另一发敲掉了B炮塔。"此后，"俾斯麦"号的前部射击控制塔被再次击中，A、B炮塔彻底陷入了沉默。更为糟糕的是，此时"多塞特那郡"号与"诺福克""谢菲尔德"号重巡洋舰都已占据了射击阵位，也就是说"俾斯麦"号同时遭到两艘战列舰和三艘重巡洋舰的围殴。

图3-73 "俾斯麦"号在最后战斗中"困兽犹斗"

风驰电掣间，双方就完成了第一个回合的交锋，"俾斯麦"号4座炮塔中的两座被打哑，但是后部两座炮塔仍然在不屈地战斗着。面对"英王乔治五世"号，4次齐射就将其"夹中"，正当米伦海姆·雷希贝格和炮手们正准备用第5次齐射出一口恶气时，光学仪器被摧毁，各自为战的两座后部炮塔也彻底无能为力了。尽管在后来前后几座主炮炮塔"短暂"地恢复了战斗状态，甚至凭借"近失弹"对"罗德尼"号造成了轻微破坏，但是已经谈不上任何威力了。剩下的战斗简直就是打靶和屠杀，整个"俾斯麦"号上层的建筑已经被大口径炮弹轰得支离破碎，舰体也出现明显的左倾，但是让英国人感到意外的是，一部分副炮的炮手们依然在战斗，黑、白、红三色的海军军旗依然在风中飘扬。

距离3000米，这也是现代海战中，有战列舰交战记录以来双方战舰之间的最近距离了。在英国人看来，"罗德尼"号406毫米的炮弹甚至可以直接穿透"俾斯麦"号的主装甲带，命中弹药库和轮机舱，将它一击结果。但是，令英国水兵们瞠目结舌的是：上层的建筑已经面目全非的"怪兽"却死活不沉！深知己方战舰的燃油余量已达消耗极限，且敌方轰炸机、潜艇随时可能出现的托维，无奈地下令："来人，拿我的飞镖来。"并懊恼地发出感叹："咱们看看能不能用它们打沉这条船！"此时，重巡洋舰中只有"多塞特那郡"号还有鱼雷，两枚

图3-74 "罗德尼"号对着"俾斯麦"号泄愤式打击持续了一个多小时

图 3-75 正在下沉中的"俾斯麦"号（10：36—10：38 从英舰上拍摄）

图 3-76 "俾斯麦"号沉没后漂浮于海面上的德国水兵（英舰拍摄）

鱼雷也准确地击中了"俾斯麦"号的右舷，但它还是不沉，不仅没沉、没翻，还由于右舷受到鱼雷攻击破坏的大量进水，使舰体的左倾得到了扶正。

眼看着托维的船就要无计可施，必须依靠萨默维尔麾下"皇家方舟"号的 12 架"剑鱼"来收拾残局的时候，秉持宁死不投降执念的德国水兵们，引爆了安放在轮机舱里的炸药，并打开了附近所有的水密舱门。伴随着接二连三的爆炸，舰体迅速下沉，10 时 36 分，这艘满载排水量接近 50000 吨的庞然大物终于沉入了大海。包括舰队司令吕特晏斯、舰长林德曼在内的 2000 多名官兵殒命，落入水温仅有 13 度的海水中的数百人中，只有 115 人获救。

图 3-77 "俾斯麦"号沉没后，部分德国水兵在英舰救援下得以生还

至此，这场持续了 5 个昼夜的追逐战才算真正落下了帷幕。如同"胡德"号沉没时的景象一样，"俾斯麦"号也只留下了漂浮着的几行油迹，在几经翻滚后，基本完整的舰体沉入 5000 米深的海底，并安然沉睡直至今天。

图 3-78 "俾斯麦"号的残骸基本完整地保留到今天

图 3-79 击沉"俾斯麦"号后返航的"英王乔治五世"号战列舰

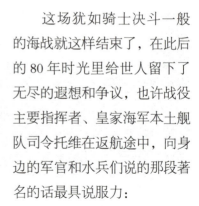

这场犹如骑士决斗一般的海战就这样结束了，在此后的 80 年时光里给世人留下了无尽的遐想和争议，也许战役主要指挥者、皇家海军本土舰队司令托维在返航途中，向身边的军官和水兵们说的那段著名的话最具说服力：

"先生们，当有一天你率领的战舰遇到像今天我们这样的强大对手时，希望你们像我们的敌人那样表现得英勇无畏，战斗到最后一刻！全体，向'俾斯麦'号敬礼！"

九、结局和影响

1941 年 5 月 27 日 13 时 32 分，位于法国的纳粹德国西部集群司令部向特遣舰队司令官吕特晏斯发报：

路透社报道"俾斯麦"号已沉没，请立即报告现状！

此时，已经不会有任何电波的应答，昔日的指挥者、战斗者都已随战舰沉入海底，随舰出海的 2200 人中仅有 115 人生还。其实，大海早已作出了无声的回答，然而并不是每个人都能听懂。

让我们再将场景切换到伦敦，差不多在两个多小时以前，丘吉尔在议会下院向议员们通报追击"俾斯麦"号的最新战况时说："今

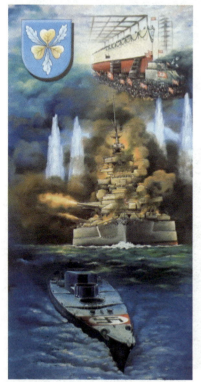

图 3-80 "俾斯麦"号短暂的一生留下了长久的争议和不尽的话题

天天亮以后，'俾斯麦'号已经丧失了机动能力、孤立无援，并受到我方战列舰的猛烈攻击。目前我还不知道炮击的结果，不过暂时看来它还未被击沉，所以现在将用鱼雷给予它致命打击。这一行动此刻正在进行，很快便会得到结果，不会拖得太久。对于德国而言，'俾斯麦'号的重要性就如同我们和已经损失的'胡

图 3-81　丘吉尔在议会下院发表演说

德'号一样，可以说是世界上最强大、最新式的战列舰。"

就在他侃侃而谈、余音未尽之时，他的私人秘书将一份加急电报递到了他的手里，他立即从座椅上站起来大声说："我刚刚得到消息，'俾斯麦'号已经被打沉了！"

整个下院的大厅里欢声雷动，一时间，克里特岛、北非和中东都被大家忘到脑后。失败的一天变成了胜利的一天。据丘吉尔后来回忆录里记载："他们似乎感到非常满意。"

如果说这场最终的对决结束后还有什么余波的话，那就是英国人根据先前缴获的"恩尼格码"破译并找到了雷德尔预先展开在大西洋上的全部油船，从根本上掐断了德国人再度虎入羊群的念想，尽管此后还曾有过"雷霆—瑟布鲁斯"行动这样的惊世骇俗之举和"北方孤独女王"这样的悲情故事，但是纳粹德国海军却再也没有一艘大船进入过大西洋。雷德尔和整个纳粹德国海军曾寄予厚望的巡洋作战也昙花一现，迅速从高潮走到了终结。

图 3-82　"恩尼格玛"密码机

如果非要说"莱茵演习"行动的破灭产生那么一丝积极影响的话，那就是整个纳粹德国海军的战争资源分配发生了根本性改变，邓尼茨和他的"狼群"们赢得了绝对的份额，加速建造的 U 艇迅速成群结队地展开于大西洋上，即将掀起一场狂潮与风暴。

"属于 U 艇的时代到来了！"

附录：启示与思考

"莱茵演习"是纳粹德国海军在"巡洋作战"进入高潮顶点时组织的一次大规模作战行动，其作用、意义绝不仅仅局限于我们所看到的 2 艘战舰、5 艘 U 艇和 8 艘油船的参战兵力和前后 8 个昼夜的作战行动。而是集中体现着雷德尔和纳粹德国海军对整个巡洋作战的规划设计和通盘考量，体现着在战争进程中对预先战略计划和作战方式的随机调整完善，以及对所取得经验教训的吸收借鉴，哪怕它是片面的和不完善的。如果抛开最终结局来看的话，尽管存在着这样或那样的缺陷和不足，但是"俾斯麦"号在它第一次也是最后一次的战斗出航中已经表现得足够优秀，与日德兰大海战中表现得惊世骇俗的"塞德里茨"号战列舰一样，始终未曾被对手用巨炮所击沉。但是，"莱茵演习"乃至整个纳粹德国海军巡洋作战的破产，并不仅仅是由于这艘巨舰的覆灭，而是受到特定历史条件下发展规划、设计建造、作战指挥和综合保障等因素错综复杂的影响，充满了战术的偶然和战略的必然，也为我们留下了历史的唏嘘、长久的争议与不尽的思索。

（一）"相伴相生，相依相存"——重新审视万能的体系与单打独斗的结点

图 3-83 马其顿方阵视图

多年来，"现代战争是体系作战，再也不能单打独斗"，已为我们耳熟能详，经常响彻耳畔、见诸笔端，甚至成为指导我们拟制文件、研究战法的经典用语。但是不知大家想过没有，从古至今，在战争中有过不依靠体系的对抗吗？在冷兵器时代，马其顿王亚历山大那创造性的矩阵革命，按照作战功能对

轻、重步兵和轻、重骑兵，以及弓兵、标枪兵进行了重新编组，构成了那个时代的作战体系；热兵器时代，拿破仑更是实现了对步兵、骑兵、炮兵的编组形式、使用时机的运用自如，并由于炮兵的突出作用，而赋予其"战争之神"的美誉；机械化战争时代，"飞机炸、大炮轰、步兵跟着坦克冲"更是陆上战场的真实

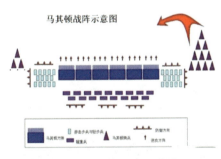

图 3-84　马其顿战阵示意图

写照。体系作战从来都不是现代战争的专属名词，而是千百年来战争行为亘古不变的本质特征，与一个个经典战例相生相伴、相依相随。

那么具体到 1941 年 5 月庞大的英国皇家海军出动超过一半兵力，在广袤的大西洋上"捞针"、围追堵截"俾斯麦"号这一作战行动中，我们会发现此消彼长、此强彼弱的作战体系无处不在，很多作战要素和单元都体现着那个时代的最新成就，例如，运用机载雷达实现夜间搜索攻击、使用雷达告警接收装置进行机动规避、采取无线电测向技术被动定位等。这些新技术、新战法的运用，都超越甚至颠覆了传统的认知理念，将作战体系推向了一个更高的维度。可是我们在对这场参战力量多元、对抗空间多维、攻守态势多变的经典战例复盘回眸之后，会发现尽管英国人拥有着比德国人更为先进的作战体系，从三维、甚至四维空间的

高度向对手施加了降维打击，但是却赢得极为凶险，期间充满了太多的不可思议和偶然之偶然。例如：对保持无线电静默意识极强的吕特晏斯不可思议地出现了长时间电磁信号暴露；英国人歪打正着地使用"卡特琳娜"式水上飞机对"俾斯麦"号的可能位置进行查证；"剑鱼"机投下的鱼雷将 1/100000 的概率变为现实，等等。只要其中一个偶然

图 3-85　多亏了"剑鱼"投下的鱼雷撞上了 1/100000 的概率

没有变为必然，那么最终的结局就将会彻底改写。

英国人之所以在这场规模浩大的围歼战中赢得如此凶险，主要就是因为其核

图 3-86 "依阿华"级高速战列舰

心作战平台和武器装备在性能上存在着严重的短板和缺陷，例如，战列舰航速过慢、战列巡洋舰防护薄弱，且海上作战持久力大大落后于对手；其装备的"卡特琳娜"式水上飞机未装备雷达，在气象条件恶劣的情况下，发现目标的概率太低，几乎是大海捞针；"胜利"号和"皇家方舟"号航母上"剑鱼"机搭载数量过少，且出动和攻击效率过低（尽管撞到了 1/100000 的"大运"）等。作战体系再先进也不能忽视对单个平台作战性能的孜孜以求。假如在这场声势浩大的追击战中，英国人拥有像"依阿华"级这样的高速战列舰，拥有像中途岛海战时美国人所使用的 PBY-5 型装备有雷达的"卡特琳娜"式水上飞机，拥有像"约克城"级，甚至像"埃塞克斯"级那样的高性能航母和舰载机的话，那么整个体系的作战效率和各要素单元之间的容错概率就会大幅提升，即使其中一个甚至多个偶然不变为必然，那么最终的结局也不会被改写。在经过这一正一反、一虚一实，以及期望与现实之间的对比之后，我们就会发现，将对武器平台的综合作战性能的致力追求狭隘理解为单打独斗，似乎失之不公、胜之不武。

图 3-87 现代海上作战体系

数场战争的实践表明，现代作战体系从未否定过作战单元和要素在战争中单打独斗的核心作用，与传统作战体系的区别也正如现代搏击之于传统武术那样，除了随着技术的进步纳入了更多的作战维度以外，最主要的还是以科学分析为根基，以大量试验和计算为支撑，将之前注重发挥重要节点单打独斗作战效能所取得的经验主义内容进行科学化处理的结果。无论信息与人工智能技术如何发展，在可以预见的将来，体系与要素依然会相生相伴，体系对抗与单打独斗仍旧将相依相随。

（二）"适合自己的才是最好的"——装备发展建设中的"有所为有所不为"

在"莱茵演习"作战中，纳粹德国海军"俾斯麦"号战列舰扮演了十分重要的角色，高航速、大续航力，精准的火控、坚固的装甲、良好的稳定性和生命力，以及高素质、技术精湛的水兵，都给包括作战对手在内的所有人留下了无法磨灭的印象。关于其设计建造和战技性能褒贬不一的争议持续了数十

图 3-88　"沙恩霍斯特"号战列巡洋舰

年，时至今日仍余音绕梁、绵延不绝。但是透过不同观点争鸣碰撞所产生的雾霭，我们会发现以"俾斯麦"号战列舰为代表的纳粹德国海军一整代大型水面舰艇，无不是为"海盗式"巡洋破交作战而量身定做的，立足现有条件、突出核心优势、兼顾其他能力的平衡，也成为包括"提尔皮茨""沙恩霍斯特""格莱森瑙"号在内一代名舰的显著标志，并为半个多世纪后"有所为有所不为"的装备发展理念提供了历史的参照。

从 20 世纪 30 年代后期开始，欧洲和整个世界的局势都发生了极其深刻的改变。1935 年《英德海军协定》达成，德国撕毁《凡尔赛和约》，开始扩军备战；1936 年《伦敦海军条约》正式寿终正寝，各海军豪门开始了新一轮造舰狂潮；1938 年希特勒下定决心对法、苏两国开战，纳粹德国海军作战计划委员会也对未来 5 年的装备发展和作

图 3-89　1936 年《伦敦海军条约》正式寿终正寝

图 3-90　下水仪式上的"俾斯麦"号，其代表着德国工业的最高水平

战使用进行了全面规划。事实上，纳粹德国海军战争期间的主要作战舰艇的发展脉络都是在这一时期固化下来的，而"俾斯麦"号也是这一历史条件与技术发展的直接产物。正如战略服从于政略、局部服从于全局那样，武器装备，尤其是主战装备和大型作战平台，既是克敌制胜的神兵利器，更是战略规划和作战理论的物化结晶。

自从"一战"结束后，纳粹德国海军已经 20 年没有造大舰了，《英德海军协定》的签署，令德国军火工业长期以来遭受的强烈压抑得以释放。尽管拥有着坚实的工业基础，但是大型舰艇建造所需的战略资源、技术储备和漫长周期，远非坦克、飞机、火炮等小型平台可比。设计需要经验，建造需要经验，配套保障也需要经验，而经验却又是当时德国所最为缺乏的！因此，追求全面高指标显然是不现实的，只能摸着石头过河，只能适量够用。

就这样，以大洋游弋、打了就跑为主要形式，执行远洋破交作战的战列舰和战列巡洋舰得以在短时间内陆续入役，也撑起了纳粹德国海军的门面。虽然期间出现过"H 计划"这样不切实际的折腾之举、戈林和纳粹空军对战略资源的巧取豪夺，以及大型战舰与 U 艇建造资源分配中不可调和的矛盾等结构性缺陷，但是在 1941 年 4 月这个"柏林行动"成功结束、"莱茵演习"即将展开的关键历史节点上，已占据一南一北出发阵地的 2 艘最新式战列舰、2 艘战列巡洋舰和 3 艘重巡洋舰，对老对手本土舰队，乃至整个皇家海军都构成了严重的威胁，一旦这种危机全面爆发，那么被挑战者将面临崩溃的结局。虽然由于机械故障和偶发性空袭造成的损伤，使纳粹德国海军最初雄心勃勃的"莱茵演习"参战兵力大幅缩水，并最终因势单力薄而功亏一篑，但是，正如无法用结果否定过程一样，我们并不能由于巡洋作战的最终溃败和一代巨舰的折戟沉沙，而否定采取巡洋作战

图 3-91　海战游戏中的"腓特烈大帝"号战列舰

图 3-92　海战游戏中的"大选帝侯"号战列舰

形式和突出强点装备建设发展路径的合理；更不能将一些受技术局限性影响的设计建造细节缺陷无限放大，作为诟病的依据。

15 英寸主炮的威力与理想主炮相比确实略逊一筹，防空火力密度不足的确造成了对空中目标毁伤效能的低下；方向舵距离过近的布局正是最终造成毁灭的根源。但是，这些客观存在的缺点和不足仍旧无法颠覆其过关斩将、独闯大洋，中弹过百且舰体坚挺，主炮射控精准可靠的既成事实，依旧无法掩盖其通过合理取舍来实现防护、机动、火力完美结合的独特方法，依旧无法否定其在敌强我弱条件下，通过巡洋作战对海上交通线进行破坏绞杀的现实意义。"俾斯麦"号在"莱茵演习"中的表现和纳粹德国海军"巡洋作战"的战斗经历，也为我们在现实中"有所为有所不为"的实践指向提供了真实的注脚。

（三）"战列舰还是航空兵，这确实是个问题"——战争中的科技理解力

对于航母和舰载机来说，1941 年是一个十分特别的历史分割点。在前一年 11 月 11 日，皇家海军地中海舰队"光辉"号航母出动 21 架"剑鱼"机对塔兰托港内的意海军主力舰队进行了突袭，取得了堪与日德兰大海战比肩的战果；在这一年继皇家海军"胜利"号和"皇家方舟"号航母在大西洋上围歼"俾斯麦"号之后，日本海军联合舰队又在 12 月 7 日出动了 6 艘航空母舰 360 余架舰载机对珍珠港内的美国海军太平洋舰队进行了偷袭。这一系列新型作战力量和新质作战能力的闪亮登场，象征着巨兽横行时代的结束，预示着一个海空分布式杀伤新时代的到来。

图 3-93　夜袭塔兰托开创了航母远程奔袭驻泊地域作战的先河

在"莱茵演习"作战行动中，尽管吕特晏斯麾下的水兵们战斗到了最后一刻，但是在大时代的变化中，却交出了一份错误的答卷，付出了惨重代价，成了反面教材。可是反观皇家海军在作战中一波三折的表现，尽管取得了最终的胜利，但是依旧显得拖沓冗长，不够淋漓畅快。如果我们再作进一步深入分析的话，就会发现在欧洲进行的海上战争只不过是上一代海战的升级版，主力仍是战列舰，只不过增加了搜索雷达、舰载机这些"大玩具"作为点缀，在空中化程度最高的皇

家海军中，航母和舰载机也只不过被赋予了侦察、袭扰、反潜、防空等次要任务，与日美海军"以空制海、舰机合一"的使用方式存在着本质区别。那么是什么造成了这种先知而后觉的结果？是什么让海空力量发展的先驱者起了个大早，却赶了个晚集呢？

导致这一令人费解状况出现的原因似乎很多很复杂，有文化传统，有思想认识，甚至还有貌似合理的客观需求，但归根结底却在于对新技术、新战法的出现是否保持足够的敏感和趋近于本质的理解，这也就是我们常说的科技理解力。在科学技术发展催生武器装备改变，新型作战力量和编组形式闪亮登台之际，面对着一模一样的新事物、新变化，秉持着不同思维方式和辩证眼光的观察者，往往会作出不同的认识论断，有时甚至会南辕北辙、大相径庭。

例如，英国人在夜袭塔兰托大获成功后，依旧没有意识到海战领域的改朝换代，一如既往地将战列舰视作决战决胜的中坚力量，甚至在"皇家方舟"号上的"剑鱼"已经将"俾斯麦"号彻底瘫痪的情况下，不惜冒着德国岸基轰炸机和 U 艇的威胁，顽固地用战列舰和重巡洋舰送对手最后一程（要不是德国水兵们炸毁机舱、打开通海阀的话，真不知道皇家海军会怎样收场）。这样的意识顽固和反应迟钝，实际上也在冥冥之中预示了 6 个多月后，"威尔士亲王"号和"反击"号在东方的悲惨命运。

反观在大洋彼岸与其"同根同源"的美国人，在"珍珠港事件"后，迅速地对原有作战编组结构进行了重塑再造，牢牢确立了以"航母 +

图 3-94 皇家海军的保守也为 6 个月后 "Z" 舰队的悲剧埋下伏笔

图 3-95 在击沉"大和"号超级战列舰的作战过程中舰载机"当仁不让"的主宰了整个战场

舰载机"为核心的海战模式，并在战争初期的"短暂试水"后全面实现了逆转反超。在 1945 年 4 月的冲绳，当面对着已经穷途末路，开始玩起"菊水特攻"的"宿敌"——"大和"号超级战列舰时，斯普鲁恩斯虽曾有过片刻犹豫，但仍将击沉"大和"号摘得胜利桂冠的殊荣留给了舰载机的飞行员们。其实早在 4 年前，托维就曾有过创造并改写历史的机会，但是秉持皇家海军传统的他却与这一耀眼殊荣擦肩而过、失之交臂。

正如《哈姆雷特》中经典台词所说的那样："生存还是死亡，这确实是个问题。"在这一正一反之际，一得一失之间，我们似乎听到了革故鼎新时代两支海军一快一慢的脚步，看到了风云际会、大国角逐一进一退的身影。对战争形态变化的不同理解，对新型力量地位作用的不同认识，对科技应用于战争的不同感悟，都对战争、军队、国家产生了极为重要的影响，这种影响是那样迫近，又是那样深远。

超越海平面的攻击

——偷袭珍珠港之战

图 4-1　遭受偷袭的珍珠港

　　1941年12月8日东京时间11时40分，日本东京广播电台突然中断正常播音，发布了昭和天皇的"宣战诏书"："朕兹对美国及英国宣战。帝国今为自存自卫，已蹶然奋起，必当摧毁一切障碍！"语气中渗出一股腾腾杀气。紧接着首相东条英机以"拜受大诏"为题，发表了对全日本的讲话宣称："胜利永存于皇威之下！"随后东京广播电台播出了贝多芬的交响曲《命运》，并在播放过程中一再叫嚣："帝国海军终于振奋起来了！""帝国海军终于振奋起来了！"

　　这是怎么回事呢？原来就在东京时间12月8日3时19分，夏威夷时间12月7日7时49分，由6艘舰队航空母舰为核心组成的第一航空舰队，使用360

架舰载机向美国太平洋舰队主要驻泊地珍珠港发动了突然袭击。太平洋战争全面爆发！

这并不是"航母＋舰载机"作战模式第一次登台亮相。其实，早在一年前的 11 月 11 日，在地中海之滨的塔兰托，英国皇家海军地中海舰队的"光辉"号航母，就曾出动了 21 架略显过时的"剑鱼"式双翼鱼雷轰炸机，对驻泊在塔兰托的意大利地中海舰队进行了突袭，仅仅耗时 65 分钟，消耗了 11 枚鱼雷及 52 颗小型炸弹，以损失 2 架飞机的微小代价，击沉、重创意大利海军 3 艘战列舰、2 艘巡洋舰、2 艘驱逐舰，戏剧性地改变了地中海上的力量对

图 4-2　英国皇家海军夜袭塔兰托

比，一举掌握了地中海的制海权，取得了堪比日德兰大海战的战果。自此，舰载航空兵华丽登场，成为改变海战场制胜规则的新兴力量。

自从人类战争开启了海战模式以来，战斗一直是在平面（海面）上进行的，二维空间的物质特性限制了兵力机动速度和火力投送效果，直到海军航空兵的出现，才将海战场的维度由二维扩展到三维，广阔的天空给快速机动奔袭提供了更高的维度，第一次在海天之间为战争机器插上了鹰隼之翼。一种全新的战争样式出现了！

正如战争历史所证明了的那样，承认新事物是一回事，而自觉认同、运用新武器、新理论、新战法来取得新胜利则又是另外一回事。在塔兰托对拥有严密防御体系驻泊地域的突袭，是由单艘航母搭载的舰载机完成的，那么航空母舰这种新型海上作

图 4-3　山本五十六（刊登在 1941 年 12 月日本画报上的照片）

战力量能不能大规模集群化使用？如何使用？就成为新型作战力量发展过程中的试金石和里程碑。在这之前，这些试金石和里程碑无一例外都是由欧美国家创造的，不管是"无畏舰"还是潜水艇，不管是"日德兰"还是"塔兰托"，但是这一次战争之神的目光转向了东方，航母中心战理论的探索开拓者山本五十六有幸成为这场经典战役的主要策划和指挥者。很不幸，美国太平洋舰队及其驻泊地珍珠港则成了试炼的对象。尽管背负了不宣而战、背信弃义、突然袭击等千古骂名，但时至今日，奇袭珍珠港成为海空战场的经典之作已是不争的事实，一直是各国职业军人反复研究推敲的战史经典，历久弥新，经久不衰。

一、战役背景

（一）世界形势与地缘战略格局

1. 世界形势

"珍珠港事件"爆发前的世界已是战云密布：在欧洲，战争已经进入了第 3 个年头，苏、德、英、意等大国已经交手了三四个照面，纳粹德国已经独霸欧洲，在击败法国人、撵跑了英国人之后，又把斯大林给逼到了莫斯科的城垣之下；在非洲，意大利入侵埃塞俄比亚，英德已在北非大打出手，隆美尔的非洲军打得英国人节节败退；在亚洲，从 1931 年开始就已经深陷中国战场的日本人，不仅没有收住侵略的铁蹄，反而变本加厉，欲望膨胀，最终 1939 年在诺门罕，被朱可夫麾下的苏联红军机械化军团打得满地找牙，不得不放弃北进。此时，全球最广阔的，并且是唯一没有战火覆盖的主要区域——太平洋地区则是两强对峙。

2. 日本

1922 年的《华盛顿海军协定》和 1930 年的《伦敦海军条约》就像两道紧箍和枷锁，对日本海军的力量结构和整体规划构成严重制约。在那个大舰巨炮制胜论盛行的

图 4-4　1940 年 9 月 27 日在柏林签订《德意日三国同盟条约》

时代，战列舰——这一核心决胜力量的发展受到严格压制，简直是一件无法想象的事。但在严峻的国际形势、失衡的力量对比和严重的经济危机面前，日本不得不选择向英美作出了屈辱性的退让。但到了1935年第二次伦敦海军会议，日本开始讲平等，1936年1月在遭到英、法、美、意的反对和抵制后，干脆"掀桌子不玩了"。1940年9月27日在柏林签订《德意日三国同盟条约》，法西斯轴心三国开始抱团取暖，世界大战全面爆发。

3. 美国

在欧洲战云密布，亚太地区战事一触即发之时，美国——这个曾经左右过"一战"结局，同时也将决定这次世界大战走向的庞然大物奉行的却是孤立政策，美国国会还在1935年8月通过一项全面反映孤立主义原则的中立法，禁止美国武器运往交战国，并禁止用美国船只运送此种货物，直至1941年欧洲战场已经打得如火如荼之时，罗斯福才突破重重阻力，于当年3月签署了著名的《租借法案》（全名《增强美国防御法案》），该法案对英联邦国家、苏联，也包括中国的反法西斯战争起到了重要的作用。

图 4-5　1940 年美国出口日本的物资

就在日本人明目张胆扩军备战的时候，美国人虽然没有针锋相对地开展像"冷战"时期那样的军备竞赛，但也没放任自流、置之不理，而是祭出了屡试不爽的武器——制裁和禁运。1937年美对日出口总额近3亿美元，其中石油、精炼油、废钢铁就占了1/2；1939年日本所需石油的85%需要从美国进口，废钢铁是美国工业的副产品，更是日本制造枪炮、弹药等武器装备的材料。随着侵华日军先后占领中国的海南岛、法属印度支那，美国对于日本的警惕性不断提高，不断收紧了缰绳，先是对废钢铁，然后是对石油进行全面禁运，一步步将日本逼到了战争边缘。

大战爆发伊始，罗斯福政府奉行的是欧洲第一的原则，将纳粹德国视为头号敌人，《租借法案》和《大西洋宪章》的出台就是最好的例证。如果说在欧洲美国处于攻势的话，那么在亚洲就处于守势，不仅是守，而且还带有很强的绥靖主义和消极避战的色彩。1941 年初，太平洋舰队就有 1 艘航母、3 艘战列舰、4 艘巡洋舰、17 艘驱逐舰和 4 艘油船（占舰队总兵力的 1/4）被调往大西洋方向。一句话，美国陆、海军在太平洋方向的战备工作是非常不充分的，这也为战争初期夏威夷和菲律宾的惨败埋下了伏笔。

图 4-6 1941 年 3 月 11 日，罗斯福在白宫签署了著名的《租借法案》

（二）战争形态的演变与武器装备的发展

在两次世界大战之间有 20 年的和平岁月，甚至出现了 15 年"海军假日"（1922—1936），但是由于受《凡尔赛和约》和后起强国野心膨胀磨刀霍霍等因素的影响，此间冶金、化学、航空工业得到了飞速发展，随着"制空权"理论的出现和其与"制海权"理论的有机结合，"航空母舰 + 舰载机"这种新型作战模式峥嵘初现。但是战争形态的演变和武器装备的更新并不是一蹴而就的。

1. "大舰巨炮"仍是主流

从 1906 年英国海军第一艘"无畏舰"出现开始，大舰巨炮已成为衡量各大国海军战力水平的公认标准，这种白热化的竞争在 1916 年日德兰大海战时到达了巅峰。"一战"后，尽管受到了"华盛顿"和"伦敦"两个条约的限制，但是在 20 世纪 30 年代，英国的"英王乔治五世""纳尔逊"号，美国的"南达科他""北卡罗来纳"号，意大利的"维内托"号，日本的"长门"号战列舰相继开工建造，而同一时期的"赤城"

图 4-7 1916 年 "日德兰大海战" 时的场景

与"加贺""列克星敦"与"萨拉托加"，干脆就是《华盛顿条约》限制下战列舰的副产品。至于以航母为中心的舰队决战，到 1942 年珊瑚海海战之后才得到普遍认可。

2. 航空力量崭露头角

1921 年 6 月至 7 月，美军在切萨皮克湾，组织了一次由陆基航空兵使用航弹对大中型水面舰艇的轰炸试验，试验证明：航空兵仅使用炸弹就可以击沉包括战列舰在内的所有军舰。1922 年《华盛顿条约》的签订，迫使英美日等国将注意力从战列舰转移到航空母舰上来，也催生了海军航空兵；1932 年、1937年侵华日军两次将航母及舰载机投入淞沪战场；1940 年英国皇家海军"光辉"号航母搭载"剑鱼"式鱼雷轰炸机空袭塔兰托。这一系列成功的实践和《华盛顿条约》对战列舰发展构成的枷锁，也成为海军航空兵华丽登场的历史推手。但此时，日、美、英 3 国，尤其是日本海军仍将这一新兴力量视作对美作战重要的辅助兵力、对华作战重要的主力兵种，在作战理论和实践方面尚处于初级阶段。

3. 海空结合尚在探索

尽管取得了一系列试验的成功，并且通过战争进行了实践检验，

图 4-8　日本海军"长门"号战列舰

图 4-9　切萨皮克湾轰炸试验中使用的"马丁"MB-2 型轰炸机

图 4-10　1921 年 7 月 21 日，靶舰"东弗里斯兰"号战列舰被击沉

但是受装备技术水平和战争规模的制约，"航母＋舰载机"作战模式的整体效能并未得到充分的发挥，在淞沪战场仅用于夺取制空权和对陆上作战的局部支援，在塔兰托之战中也仅仅是单艘航母使用舰载机对港口驻泊舰艇的夜间奔袭，这种以动打静的作战模式不免有些低层次之嫌，以动打动模式的航母舰队决战更是想

也不敢想的事情。正如思想的碰撞
迸发火花，实践的碰撞催生革命，
日本海军联合舰队 1936 年、1940
年的两次舰队规模的对抗演习，将
航空兵—战列舰之间的体系对决推
向了高潮，在获取成功经验为"航
母＋舰载机"作战模式的构建与完
善提供有力支撑的同时，还获取了
实现"惊天之举"的直接灵感。

图 4-11 战果辉煌的"塔兰托"之战也被"视为个例"

二、核心团队

（一）山本五十六

在世界战争史上，山本五十六是一个
非常有特点、极为有个性、特别有传奇的
著名军事人物。他身材矮小（1 米 59）、
略带残疾（8 个手指）、风流倜傥、嗜赌成
性，对战争形态演变和作战手段的创新有
着极具前瞻性的敏锐直觉，对日美双方现
实和潜在的军事实力对比有着清醒的认识，
对突破困境、消除威胁进而实现国家战略
目的有着独到的见解。这也让他成为那个
时代日本海军中公认最富胆识、最有眼光
的精英人物，并成为担任日本海军作战行
动主体——联合舰队领军人物的不二人选。

1939 年 8 月 30 日下午，在东京皇宫，
天皇裕仁亲自任命山本五十六为联合舰队

图 4-12 山本五十六

司令长官；8 月 31 日的东京火车站，为山本的送行仪式不胜喧嚣，高级军官、
新闻媒体和亲朋好友竟然在月台上排起了长龙。

　　1939 年 9 月 1 日，山本五十六以联合舰队司令长官的身份，登上了停泊在和歌之浦的旗舰"长门"号。面对着拥有包括"赤城""加贺""飞龙""苍龙"号航空母舰在内 80 艘舰船的世界第三大舰队，志得意满的他对身边的副官说："你看，'长官'这个称呼还不错嘛！也挺吃香的。海军'次官'算个啥，不过是个高级勤杂工而已。"

　　当时的报纸曾以《飞向波涛起伏喧嚣的大海——时隔六年后的出征，威严的山本提督》为题，用极为罕见的超大篇幅，对山本五十六就任联合舰队司令长官后首次出席记者会时的情形进行了报道。要知道，1939 年的山本五十六军衔只是个中将，还不是后来的"军神"。为什么他的就职对军政界震动这么大，媒体礼遇如此高呢？这还得从当时战云密布的国际和日本国内形势说起。

　　从 1937 年 1 月开始，日本退出《伦敦海军条约》，正式进入无条约时代，分别于 1937 年和 1939 年相继制定了在 5 年内充实兵力的第 3 次、第 4 次补充造舰计划。到 1941 年底前，将拥有先进作战飞机 2000 架，海军整体规模也将史无前例地达到了美国海军的 70.6%，日本海军做了 30 年"超英赶美"的春秋大梦似乎就要实现了。同时，欧洲战云密布，大有一触即发之势，德、日、意 3 国缔结轴心在即。日本国内关于是否与德国结盟的争论已进入白热化，陆海军之间的尖锐矛盾势如水火，而作为结盟坚决反对者的海军次官山本也被推到了风口浪尖，恐吓信和见诸报端的口诛笔伐一时间蜂拥而至，整日面对暗杀威胁的他，甚至将写好的遗书放到了保险柜里以备不测。

　　在这种情况下，为保持日本国内军政界的力量平衡，保全山本五十六个人生命安全，经过朝野上下一番左右权衡和讨价还价，最终达成一致。此时，远离是非之地的山本身边，已经看不到右翼分子死亡威胁的目光，取而代之的是时刻保卫着他的 4 万多联合舰队官兵了。

　　1939 年 4 月，山本回到故乡长冈省亲，这是他生前最后一次回到故乡。面对家乡

图 4-13　山本五十六（右）和米内光政

父老和晚生后辈，他没有表现出功成名就、衣锦还乡的志得意满，相反却满目忧愁。其间，他曾应邀到母校长冈中学进行演讲，表示了对当时国内国际形势的忧虑，还提及"张而不弛，文武弗能；弛而不张，文武弗为；一张一弛，文武之道"的道理。也许山本自己也没有想到，从那时起，帝国海军、联合舰队还有他本人就已走上了一条不归路。5 年之后，这支位列世界第三的庞大舰队，也将彻底消失在浩瀚大洋的深处。

（二）大西泷治郎与源田实

1941 年 1 月 7 日，在给海军大臣及川古志郎的《战备意见书》中，山本第一次系统阐述了"奇袭珍珠港"作战的总体构想，对于 30 多年来始终坚持"渐减邀击战略"的日本海军来说可谓大逆不道、石破天惊。为了完成从思想到行动的转化，山本找到了此时在日军航空界赫赫有名，刚刚从侵华战场调任 11 航舰参谋长的大西。大西凭借着在中国战场用累累罪行取得的"功绩"，在日本军界有着"修罗外道"之称。尽管他的思想已经足够激进，但还是被山本更激进的想法惊得目瞪口呆。从内心上讲，大西压根儿就不相信山本司令官的惊天创举能够实现，但是他有一个优点——尊重领导、听招呼，受领任务之后赶紧找专家进行可行性论证。他第一个

图 4-14 有着"修罗外道"之称的大西泷治郎

找的是 11 航舰首席参谋、被誉为日本海军航空鱼雷专家的田孝成大佐，他跟大西一样也被山本司令官的想法惊呆了，研究了几个来回之后，专家没有像大西那么上路子，直截了当地否定了在珍珠港使用航空鱼雷攻击的可能性，认为这样的情形只能出现在梦里。他又找到了一航战的航空参谋源田实。这次找对人了，源田不仅干过驻英国海军武官，近距离目睹过不列颠空战，而且就在前一年刚刚对塔兰托之战进行过深入系统的研究，要知道珍珠港的水浅，塔兰托的水也很浅。

两周后，源田向大西提交了自己的作业，在这份作业中，除去原有的"赤

城""加贺""飞龙""苍龙"之外，他
把即将服役的"翔鹤""瑞鹤"号新型航
母也算了进去，这样就使以集群化形式投
入作战的舰队航母总数达到6艘，甚至比
山本长官最初的构想还要彻底和完美，这
在人类海战史上还是第一次。

"石破天惊"的方案有了，那么作战
计划呢？

（三）黑岛龟人

对于战争行动而言，只有对作战方案
进行量化、细化、工程化的改造，才能把
作战构想付诸实践，完成由思想到行动的
真正转化。在当时的环境下，作为老板的
山本负责出题目，大西负责牵头带着源田
来搞研发，方案在得到老板的首肯之后，
就需要由首席执行官来对其进行现实版的
计划落实。俗话说，"上面千条线，下面
一根针"，在实现"奇袭珍珠港"的"宏
伟征途"上，"打通最后一千米"的重任
就落在了联合舰队先任参谋、有着"甘地"
之称的黑岛龟人身上。

在那个时代，日本海军的军官教育体
制已经走上了极为僵化的道路，从海兵到
海大，大家接受的是同样的教育，拼的是
死记硬背能力，扼杀的是创造性思维，以
至于培养出的军官们都在用同样的思维方
法来思考问题，得出的答案几乎一模一样。
作为一代海上枭雄，山本对于兵者诡道和
出奇制胜有着独到的见解，他深知在变幻

图 4-15　源田实（时任一航战航空参谋）

图 4-16　有着"龟仙人"之称的联合舰队
先任参谋黑岛龟人

莫测的战争中，众口一词才是最可怕的，因此他更需要逆向思维、去同求异，渴望听到不同的声音。在这种情况下，特立独行、卓尔不群的黑岛脱颖而出，并通过超常，甚至是怪异的思维方式和问题解决手段，赢得了山本的极度赏识，在联合舰队核心圈子中的地位坚如磐石。

在从山本手中拿到源田的方案后，对联合舰队情况最为熟悉的黑岛，把自己关在"长门"号的舱室里整整一个月，对作战行动可能涉及的各个环节进行了补充修改完善，最终完成了"珍珠港作战计划书"这份重要的作战文件。在该计划书中，黑岛不仅将大西、源田方案中集群化使用的 6 艘舰队航母一一落实，还对航行中编队油料补给、兵力协同等因素进行了通盘考量。最为可贵的是，黑岛通过对鄂霍次克海移动高压与北太平洋天气之间的内在联系进行了深入研究，对原本变幻莫测、风高浪险，大编队航行、补给困难的北太平洋天气变化情况进行了比较准确的预测，为最终确定选择沿阿留申群岛 直向东，然后在夏威夷正北方向南的进击航线提供了可靠的依据，在确保行动隐蔽的同时，最大限度地实现了战役突然性。

三、突袭的灵感

不论是冷兵器、热兵器，还是机械化战争时代，在进攻作战中实现出其不意和攻其不备，一直是古往今来各国名将们所梦寐以求的。但是随着侦察技术手段和防御武器装备的不断发展，驻泊地域和筑城堡垒的综合防御能力得到了显著提高。如何实现对驻防严密的重兵集结地域长途奔袭的突然性，摆在了山本五十六的面前。

早在 1936 年，日本海军年度演习的重头戏就是：联合舰队主力从中国青岛出发进攻佐世保，用以检验本土的迎战能力。但当联合舰队的主力从青岛出发仅仅 50 分钟后，就遭到了从航母和本土基地起飞的大批飞机空袭，"长门""陆奥"号战列舰被裁定为击沉，进攻方损失惨重。在后来演习检讨会上，木更津航空队的少壮派佐官们就跟那些保守的官僚们干上了。虽然当时的联合舰队司令长官高桥三吉本人并不反感这种"战舰无用论"的激进思想，但还是没有了下文。当时的山本次官只能安慰着少壮派们："现在只能忍。"

一转眼，4 年过去了，1940 年 3 月山本五十六指挥着这支庞大的舰队再次进行代号为"123号作业"的海空攻防演习，演习的计划是：舰队主力从有明湾出发，经过九州东岸北上，向佐旧湾进发；航空队则搜索北上的舰队并利用有利的气象条件对舰队实施轰炸。戏剧性的一幕又出现了：一航战的司令官小泽治三郎指挥"赤城""龙骧"号两艘航母在4艘驱逐舰的护卫下，去进攻山本亲自指挥的"长门""陆奥"号战

图4-17 1940年3月代号为"123号作业"的海空攻防演习

列舰和"苍龙"号航母组成的编队，进攻方拥有携带鱼雷的18架舰攻机、36架陆攻机和27架舰爆机（俯冲轰炸机），防御方拥有的战斗机总数为27架。演习时，小泽私下里更改了指挥流程，从航母舰长和基地指挥官手中接管了这81架攻击机的指挥权，由自己直接指挥，向山本的编队发起了连续猛烈的进攻。

当时"长门"号的舰长大西新藏和"陆奥"号的舰长保科善四郎在舰桥上简直快发疯了，翼展达到25米的攻击机紧贴着海面成群结队地直扑过来，投下鱼雷后急剧爬升，沿着桅杆直冲云霄，留下海面上拖着白色的航迹的鱼雷一枚接一枚地扑向船舷，躲得了一枚还有第二枚，躲过了第二枚还有第三枚、第四枚……没见过像小泽这种玩法的，不需要裁定了，船肯定已经沉了几次了。

当这些好不容易缓过神来的舰长们都在破口大骂小泽治三郎时，只有山本司令官一个人在舰桥上一声不响，默默地看着眼前发生的一切，最后轻声对身边的联合舰队参谋长福留繁说了一句："能不能用飞机去炸夏威夷？"

偷袭珍珠港这一惊世骇俗之举的灵感

图4-18 1940年时任联合舰队参谋长的福留繁

并不是在一瞬间出现的。在更早些时候，也就是 1928 年前后，后来偷袭珍珠港和中途岛海战时担任一航舰参谋长的草鹿龙之介，就曾提出过使用飞机攻击珍珠港的作战方案，而且还是以文字形式正式提出的。当时的草鹿少佐以霞浦航空队教官兼海军大学教官的身份，在为永野修身、寺岛健等十几名海军要人进行"航空作战"专题授课时，讲的就是"使用飞机攻击珍珠港"的实案化作战构想。后来这份讲稿被以文件的形式印刷了 30 份，下发至海军各主要部门。也就是说，山本五十六已经在更早的时候看到过这份文件，所以他的灵感实际是蓄谋已久的。1940 年 3 月的这次演习

图 4-19　对偷袭珍珠港有着"先见之明"的草鹿龙之介

和后来的塔兰托战役，不过是更加坚定了他的判断。

四、赌徒的决断

在关于太平洋战争的著作中，战史学家们经常将"偷袭珍珠港"称为一场"惊天豪赌"。这是为什么呢？因为即使有英国皇家海军成功袭击塔兰托这样一个成功的战例作为参照，珍珠港这场超级豪赌还是显得过于复杂和惊险了。

在战略层面，使用超大型航母编队长途奔袭夏威夷这样的战略行动，本身就与被日本海军奉为圭臬的《帝国国防方针》《海战要务令》中所阐述的"渐减邀击作战，最后主力决战"战略出现原则性的冲突，也与海军军令部"南下战略"中设想的"进攻式防御"存在着结构性的矛盾。

在战役层面，这将是人类战争史上第一次将航空母舰以集群化的形式投入大规模作战使用。1941 年 9 月 16 日至 17 日，在位于东京的海军大学进行了"夏威夷特别作战图上演习"，结果显示：联合舰队战损太大（最终判定击沉美国主力舰 4 艘、重创 1 艘，击沉美国航空母舰 2 艘、重创 1 艘，击沉 3 艘巡洋舰、重创 3 艘，击落击伤飞机 190 架；日方将在战斗打响的第一天，被击沉航空母舰 2 艘，

2艘受轻伤，损失飞机127架）。

在战术层面，珍珠港内水深过浅（12米），现有空投鱼雷无法使用；选择的太平洋北航线距离太远（单程3600海里），且海况过于恶劣，舰载燃油消耗惊人；突袭编队规模太大（编队舰船总数28艘，仅舰队航母就达到了6艘），在漫长的航线上将难以保持隐蔽……

图4-20 日本海军航母编队

与"二战"中1940年法兰西战役时的"曼施泰因计划"、1944年卫国战争战略反攻时的白俄罗斯战役，以及1950年朝鲜战争时的"仁川登陆"一样，此时，在珍珠港、在北太平洋都充满了极大的风险和不确定性，甚至绝大多数人看不到一丝成功胜利的希望，但是作为指挥决策者的"超级赌徒"顶住了来自四面八方的强大压力，动之以情、晓之以理，成功说服了自己的大多数反对者，统一了思想，形成了共识。

1941年10月13日，在联合舰队旗舰"长门"号上的后续图上演习结束后，山本五十六曾这样对联合舰队的参演人员们说："不同的意见总会有的，但只要我当联合舰队的司令，就一定要坚持突袭夏威夷。为此，要设法争取上面派出全部航空母舰。以满足进击夏威夷机动舰队的作战需要。我的决心已定！"

尽管存在着战略上的方向性错误、战役上的不可预测风险和战术上的一系列难题，但山本五十六还是从美、日两国国力对比以及他对美国战争资源潜力的判断出发，在联合舰队参谋团队的给力支持下，克服了一系列技战术难题，甚至以辞去联合舰队司令官相要挟，最终下定了最后作战决心。

"既然山本如此执拗地坚持他原来的意见，那就让他试试看吧！"面对汇报完山本五十六作战决心的先任参谋黑岛龟人，军令部部长永野修身勉强同意了联合舰队的意见。至此，对偷袭珍珠港的争论落下了帷幕，珍珠港的灾难也进入了倒计时。

距离"奇袭珍珠港"之役已经过去了快80年，即使以今天的眼光来回顾这场"百年豪赌"，我们依然会感慨山本五十六和大西泷治郎、黑岛龟人、源田实等人的胆大包天、心细如发；依然会质疑如果今天面对当年那样复杂严峻的形势，我们能否制定出如此大胆周密的作战计划；依然会感受到太平洋上呼啸的风、翻腾的浪、燃烧着的空气和参战者身上流淌着的血。

图 4-21　日本海军军令部部长永野修身

五、"攀登新高山 1208"

熟悉战争历史的人都知道，作战企图、作战设想、作战计划和作战准备属于战争的前奏，是一个辗转反复，甚至可能出现颠覆性变化的过程。可是一旦战争的准备工作进入到作战命令这一环节，就会具有极强的指向性和针对性，意味着战争真正进入了迫在眉睫的状态。

1941 年 11 月 5 日，军令部部长永野修身签署的代表天皇的"大海令一号"颁发，山本随即发布了《联合舰队机动作战命令》，其中第二号命令中明确了作战预定日为 12 月 8 日，这也是"攀登新高山 1208"这一密语指令的由来（有意思的是，"新高山"指的不是日本海拔 3776 米的富士山，而是中国台湾地区海拔 3852 米的玉山）。

从 11 月初开始，一航舰的参战舰艇开始陆续向北方择捉岛的单冠湾集结，在此之前飞行员们全部被从中国战场召回，这些平均飞行时间超过 1500 小时，最高达到 2500 小时的精英飞行员们（不要忘记他们惊人的飞行小时数是从哪里获得的），进行着极为苛刻的特技飞行训练。其中舰攻机（鱼雷轰炸机）的飞行员发射条件必须达到——发射高度 10—20 米，速度 160 节，飞行角度 0 度；或者发射高度 7 米，速度 100 节，飞行角度 4.5 度。这都是一航舰作战参谋、最后一期的海大首席吉冈忠

图 4-22　为珍珠港的特殊地形"量身定做"的针对性训练计划

一使用通过大量研究后找到的数据，为珍珠港的特殊地形量身定做的。因为只有在这两种情况下命中率才可能达到 80%，这在那个非制导武器时代是非常了不起的。

前文说到过珍珠港内水深太浅，仅为 12 米，日本海军现有航空鱼雷根本无法使用，必须对现有鱼雷进行包括加装尾鳍在内的一系列改造。可当时日本贫乏的兵器工业却无法向南云突击编队提供足够数量的浅水改装鱼雷。6 艘航空母舰搭载的舰攻机数量达到了 90 架，而直到 11 月 10 日改装完的鱼雷数量仅仅有 28 枚，最后费了九牛二虎之力，在 11

图 4-23　单冠湾集结时，"赤城"号航空母舰甲板上的九一式航空鱼雷

月 25 日，也就是偷袭珍珠港编队出发前一天，才将剩余的 12 枚鱼雷在"加贺"号上改装完毕。可是一共就只有 40 枚，舰攻机的鱼雷攻击只能进行一次，这就是后来日本海军无法对除战列舰以外的美国海军巡洋舰进行鱼雷攻击的一个重要原因（另外就是航母和重巡洋舰都不在港，对吃水较浅的轻巡洋舰实施鱼雷攻击效果不好）。

后来，吉冈忠一在回忆录里写道："如果有 80 枚改装鱼雷的话……"

除了鱼雷之外，加油也是个问题。因为选择了气象条件多变、海况恶劣、船迹罕至的太平洋北航线，偷袭珍珠港编队的单程就达到了 3600 海里，所有舰艇

图 4-24　给航空母舰进行海上加油是极为危险复杂的作业，尤其在编队航行时（图为编队航行中的"赤城"号航空母舰）

必须在恶劣海况下进行燃油补给。在预先演练中屡试屡败，不仅航母加不了油，战列舰、巡洋舰都加不了。南云忠一实在没办法，只好询问各舰能够装多少油桶，二航战的司令官山口多闻火了，直接回答："别问这个问题，带着二航战去就行了，我们航程短（"苍龙""飞龙"），只准备了单程，不回来了！"——都准备死在珍珠港了。

最后，还是一航舰的参谋长草鹿龙之介（最早提出使用飞机炸珍珠港的人）想出了一个怪主意："都是妈妈抱着孩子喂奶，孩子能不能抱着妈妈吃奶？"因为加油试验一直是补给舰拉着被补给舰，草鹿的意思是吨位大的被补给舰反过来拉补给舰，经过几次试验，果然成功解决了这个问题。

武器有了，油能加了，是不是问题就都解决了？不！是战是和这个最大的问题还没有结论呢。当时美日的和平斡旋谈判还在进行中，实际上美国政府的回答，也就是著名的"赫尔备忘录"是在 11 月 27 日才送到日本政府手中的，而南云忠一的突袭编队在前一天就已经出发了。这样就出现了突击编队已经在路上了，而是战是和还没有定论这样一个尴尬的局面。

对此，山本在 11 月 13 日"长门"号上的作战会议中，对作战命令进行说明时坚定地说："如果现在正在华盛顿进行的日美谈判成功的话，我就向机动舰队下达撤退命令。那时即使进击的母舰已经出发，接到命令后也必须掉头返航，不去进击夏威夷。"山本刚刚说完，南云忠一就第一个带头反对说："已经出发的舰队还要返航吗？这未免太过分了。不单单会影响部队的士气，而且在实际上也很难行得通。"还有人说得更难听："这岂不是要把快要撒出去的尿憋回来吗？"

山本一听极为恼火，声色俱厉地斥责道："养兵千日为了什么呢？！打仗本身并不是目的。即使接到返航命令也不打算回来的指挥官，干脆现在就不要出去，即刻辞职好了！"

至此，作战发起的原则定了，参战指挥官的思想也统一了，接下来的就剩下到时候怎么打了。

"赤城"号航空母舰飞行长增田正吾 12 月 2 日在他的日记中这样写道："一切均已就绪，无左，无右，无悲伤，无欢笑。"

六、"虎！虎！虎！"

"内华达、亚利桑那、田纳西、西弗吉尼亚、马里兰、俄克拉荷马、加利福尼亚、宾夕法尼亚……"渊田美津雄中佐在机舱里举着望远镜一遍又一遍地数着。虽然从 12 月 6 日开始，他就已经知道美国太平洋舰队 3 艘航空母舰都不在港内，但是他仍抱有一线希望，万一贪图享受的美国人赶在周末晚上回到珍珠港呢？这是日本海军的舰载机群第一次，也是最后一次出现在珍珠港的上空。

东京时间 12 月 8 日 3 时 19 分，夏威夷时间 12 月 7 日 7 时 49 分，指挥偷袭珍珠港第一波攻击部队 183 架战机的渊田美津雄，向后方坐席等待命令的电讯员水木德信一等飞行兵曹做了个手势，水木立即按下电键，向整个部队发出了命令："TO—TO—TO—TO"，"托"字连发，意思就是"全军突击"。

图 4-25　从空中俯瞰珍珠港内的"战列舰大街"

随着信号的发出，太平洋战争全面爆发了！

几分钟过去之后，没有看到地面有战斗机起飞，也没有看到高射炮火的闪光，渊田美津雄坚信：偷袭珍珠港已经成功了！

渊田再次向后座的水木德信做了个手势，水木毫不犹豫地再次敲下了电键，这次发出的是："TORA！TORA！TORA！"也就是世界战争史上一份著名的电报——"虎！虎！虎！"意思是"我军奇袭成功"。

"虎！虎！虎！"的信号被已经解除无线电静默的旗舰"赤城"号强力放大中转，其实根本不需要中转，东京大本营、柱岛锚地的联合舰队司令部全都直接捕捉到了这个电波。同时，这个电波传到了马来西亚和菲律宾，传到了香港和文莱，传到了关岛和威克岛……传遍了全世界。此刻的时间是东京时间 3 时 23 分，夏威夷时间 7 时 53 分。

8 时 30 分（夏威夷时间），渊田美津雄从耳机中听到了第二波突击机群指挥官岛崎重和少佐的突击命令，167 架战机也按照预定的计划扑向了各自的目标。联合舰队作战室接连收到电报：

"我们的奇袭成功！"

"敌战列舰遭我鱼雷机的猛烈攻击，战果辉煌！"

"我们轰炸了敌卡西姆机场，战果

图 4-26　偷袭珍珠港空中作战指挥官渊田美津雄

辉煌！"

当第二波攻击结束，担负攻击行动指挥和效果评估任务的渊田美津雄最后一个降落到"赤城"号航空母舰时，已经是夏威夷时间 12 时 30 分左右了，他已经在珍珠港的上空盘旋了超过 6 个小时。

就这样，仅仅在 1 小时 45 分钟的时间里：日本海军损失 9 架战斗机、15 架 99 式舰爆机，5 架 97 式舰攻机，阵亡飞行员 55 名，另有 5 艘执行特攻任务的袖珍潜艇被击沉（其中 1 艘失踪）。按照日本人自己的话来说，"联合舰队只不过是碰破了一点皮，根本不算什么"。而美国海军太平洋舰队包括"亚利桑那""俄克拉荷马""加利福尼亚""西弗吉尼亚""内华达"号战列舰在内的 8 艘主力舰被击沉，11 艘舰艇被重创或击伤，188 架作战飞机被击毁，191 架被击伤，2336 人阵亡，1347 人受伤。这个损失数字除了说明太平洋舰队已经几乎全军覆灭之外，还有什么其他意义呢？

这个意义实在太大了！要知道美国在第二次世界大战中阵亡总人数为 292131 人，在珍珠港阵亡人数只占这个数字的不到 1%，但是美军在 2 个小时之内出现超过 2000 人的阵亡是从来没有过的，即使算上后来极为残酷的朝鲜战争和越南战争，珍珠港依然为

图 4-27　侦察机相机镜头下的珍珠港

图 4-28　美海军太平洋舰队受创的 3 艘战列舰，由左至右为西弗吉尼亚号战列舰（重创）、田纳西号战列舰（轻伤）、亚利桑那号战列舰（被击中弹药库引发爆炸，后沉没）

图 4-29　珍珠港卡西姆机场遇袭时的惨烈场景

美军单位时间内阵亡人数之冠，这个纪录一直延续到今天。

"虎！虎！虎！"日本人认为，奇袭成功后南云突击编队这只"虎"能从千里征途上归来。是的，南云确实带着一航舰全身而退了，但是却使日本这个国家彻底背负上了不宣而战的骂名（野村吉三郎和来栖三郎将宣战诏书递交的时间是夏威夷时间 12 月 8 日 9 时 20 分），山本五十六最担心的"不宣而战"再一次成了现实（上次是 1905 年日俄战争），除了唤醒美国这个沉睡的战争巨人之外，日本帝国和日本海军已经被死死钉在了历史的耻辱柱上。

这，就是"虎！虎！虎！"的真实意义。

图 4-30　美国总统罗斯福在对日宣战文件上签字

七、"为什么不再来一次"

在偷袭珍珠港之役之后的 70 多年时间里，关于"南云忠一为什么不再次发起攻击扩大战果""为什么不摧毁珍珠港油库、船坞和修理设施""为什么不在返航途中对中途岛进行攻击"等问题的争议与质疑一直在持续着。越说越复杂，越说越邪乎，越说越离谱。其实，这一切争论与质疑还要从日本人的战争理念、军事文化与指挥官的个人性格上去找原因。

山本五十六在 1941 年 1 月 7 日写给海军大臣及川古志郎的信中是这样说的："我军在日美战争首先采取的策略应该是一开战就猛击击破敌主力舰队，置美国海军及美国国民于无可挽救之地，使其士气沮丧。从而才能占据东亚之要障，确保不败之地步，以此来建设东亚共荣圈，……一旦击破美主力舰队，菲律宾以南的闲杂兵力必然士气沮丧，很难考虑能勇斗敢战。"山本的观点可以理解为他从海权论的观点出发，将奇袭珍珠港作为控制西太平洋制海权的中心环节，即消灭了美太平洋舰队，就控制了整个西太平洋，日本陆军在南方作战时就没有了后顾之忧。

但是山本在这段话中根本没提"消灭"二字，反而反复强调要让敌人士气沮丧，这也是南云忠一和草鹿龙之介所理解的。草鹿甚至认为："此次作战的目的是保护南方作战的腹背，机动部队面对的敌人不是那么简单就能解决的。"客观地说，在这个问题上作为总策划的山本五十六与身为前线实际指挥者的南云、草鹿存在着理解认识上的分歧。

在下定决心之前，南云和草鹿二人都曾反对过奇袭珍珠港作战，他们二人是不是在具体执行中因为有情绪而抗令不行

图 4-31 日本海军机动部队指挥官南云忠一

呢？其实，他们不可能有意抗命，因为压根儿就没有这个命令！

在伴随着"攀登新高山 1208"这一著名指令以后生效的《机密联合舰队命令第一号》中的原文是："机动部队以及其先遣部队应极力密匿，向夏威夷运动，在开战开始之时对夏威夷敌舰队实行奇袭，予以致命打击，同时先遣部队遏制住敌舰队出路，极力捕捉攻击之。"这段话说白了，就是奇袭一旦得手后立即撤退，完成任务后跑得越快越好。从实际战果上看，美国太平洋舰队除了 3 艘在当时看来还是辅助力量的航空母舰之外，确实没有什么像样的船了。因此，南云和草鹿在贯彻上级意图方面，不仅没有打折扣，相反还保质保量地完成了任务。

没错，山口多闻、渊田美津雄、源田实等人确实都提出过要再次发起攻击的建议，在现在看来毫无问题是正确的。但是在当时作为肩负着 6 艘航空母舰——这些日本海军最宝贵战略资产安危的南云忠一，与他们所处的位置是完全不一样的，在几乎超额完成任务后，他不可能拿一整支航舰和自己的仕途去做一次以锦上添花为目的的赌博，因为这在他看来毫无意义。

在偷袭珍珠港之前，日本海军在甲午战争和日俄战争中的作战半径从未超过600 海里，不管它发展到什么程度，也还仅仅是一支近海海军，而不是一支远洋海军。二者之间最大的区别就是，近海海军没有补给的问题。在日本海军兵学校的英语教材里，根本没有"LOGISTICS"（物流、兵站）这个词，甚至在日本军事文化中存在着这样一句奇怪的谚语，"辎重如果也算兵，蜻蜓都能变老鹰"。

日本海军用一种令人费解的方式告诉世界，他们还不知道补给的重要性，因此南云认为珍珠港的那点油不算多大事也很正常。从这个角度，我们就更能充分理解尼米兹在 1943 年登上位于北太平洋上的阿图岛时讲的那句话："要么是日本人还不知道什么是现代战争，要么就是日本人没有资格进行现代战争。"

南云本来对偷袭珍珠港作战心里就没底，上任后曾心事重重地对草鹿讲："参谋长，不知你是怎么想的，我受此重任，实感力不从心。当时我的态度再坚决一些，拒绝接受此任命就好了。这次出征能取胜吗？我毫无把握。"我们很难想象一个底气不足、惶恐不安的指挥官，在初战告捷、大喜过望之时，能够顶着压力、冒着极大的风险干到底。

在后来返航途中，一航舰曾接到联合舰队司令部的命令："归途中，若情况允许，一定要空袭中途岛，力争将其摧毁到不能再用的程度。"结合后来中途岛海战的进程来看，应该承认山本五十六的前瞻性战略眼光。但南云在接到这个命令后，却以天气不好为借口，根本就没去执行。在他的逻辑看来，得胜还朝的路上还要干这些啰唆事，犹如"在相扑比赛中，击败'横纲'的'关取'，在得胜归来的路上还要买个大萝卜带回来一样"。在这样的性格与心理的支配下，在这样战场环境的压力下，指望南云义无反顾地去锦上添花和创造性完成任务显然是不现实的。

除此之外，在经过日本人两个波次的痛击之后，太平洋舰队——这个庞然大物已经渐渐苏醒了过来，与接近零伤亡的第 轮攻击波相比，第二波攻击机群就已经遭受了一倍以上的损失（接近 80% 的返航战机是带伤着舰），不仅遭受的防空火力愈加严密，部分美机甚至开始升空抗击，更加不利的是两个波次轰炸燃起的浓烟已经影响到后续攻击的效果。同时，战前规划的主要目标——敌方 3 艘航母不知所踪，敌人可能远在天边，也可能近在眼前，这种螳螂捕蝉黄雀在后的风险也是南云所无法承受的。因此，有西方战史学家认为，南云见好就收的撤退，并不是畏葸不前的胆小之为，而是现实明智的止损之举。

扼住帝国咽喉的"群狼"

—— 大西洋战役中的"狼群"

图 5-1　盟军护航船队

　　与太平洋战争相比，大西洋上的战斗少了辉煌与阳刚之美，却始终弥漫着一股诡秘阴郁之气，大西洋上"狼群"出没，潜艇战与反潜战贯穿战争始终。严格地说它不是一次海战，而是一场旷日持久的海上战争，由无数次战役和战斗组成，成功的战例不胜枚举。使堂堂大英帝国感受到失败痛苦的，不是德国坦克那疾风烈火、摧枯拉朽的闪电突击，也不是德国飞机那铺天盖地、夜以继日的狂轰滥炸，而是德国潜艇对海上运输的破坏作战,被称作"海狼"的德军潜艇活动最猖獗时几乎掐断了对于英国至关重要的大西洋航线,几乎已经牢牢扼住了大英帝国的咽喉!使日不落帝国真正体会到了失败即将来临的切肤之痛!

这场破交与保交的较量,不仅是双方战略层面的斗智斗勇,还是武器装备、军事技术水平的角逐,更是广大参战官兵战术素养、作战意志全方位的较量!这场围绕海上交通线的殊死搏杀,前后持续了漫长的 5 年 8 个月,贯穿于整个战争,对欧洲战场的最终胜负,也对战后世界海军的发展产生了巨大和深远的影响。

一、战俘的反思

卡尔·邓尼茨 1891 年 9 月 16 日出生于德国柏林附近的格吕瑙。19 岁时,邓尼茨加入德国海军,成了一名潜艇军官。1918 年 10 月 4 日,就在第一次世界大战将要结束时,邓尼茨指挥的德国潜艇在地中海马耳他岛海域袭击英国运输船队时,被英国军舰击沉,邓尼茨被俘在战俘营中度过了 10 个月。邓尼茨生性沉默寡言,但是善于思索,意志坚强。他坚信德国只是暂时战败,有朝一日定会卷土重来,与大英帝国再在海上较量一场。邓尼茨苦苦思索着如何在下一场海战中取胜。在他看来,德国的水面舰队要想赶上英国海军的实力,是极为困难的。那么潜艇在战争中能发挥什么样的作用呢?还是像以前一样

图 5-2　纳粹德国海军元帅卡尔·邓尼茨

孤零零地去与护航严密的运输船队对阵吗?邓尼茨终日苦思冥想,连看守他的英国军官都觉得他是个怪人。英国看守永远也不会想到,眼前这个不起眼的德国战俘竟然在别人都在向往和平的时候,却偷偷策划着如何在未来的第二次世界大战中击败英国海军。

正如邓尼茨在他的回忆录《十年与二十天》中写到的那样:"最后一夜的战斗使我懂得了一个基本原则:潜艇在夜暗的掩护下从水面对护航运输队实施攻击

是大有成功希望的。同一时间发动攻击的潜艇数量越多，局势对每一艘潜艇来说就越有利。因为舰船的爆炸和沉没会使敌人在黑暗中变得混乱，使担任掩护的驱逐舰失去行动自由，并由于大量诸如此类的事件而被迫分散行动。除此之外，出于战略和战术上的原因，需采用多艘潜艇攻击一支护航运输队。"

不久，邓尼茨获释，他回到德国重新加入了海军。凭着埋头苦干和聪明才智，邓尼茨很快从一名初级军官成长为一名高级军官。他历任鱼雷艇艇长，海军总司令部军务助理，波罗的海海军司令官，北海海军司令部参谋处处长等职。1935 年，希特勒开始磨刀霍霍准备战争，德国潜艇部队重新组建，邓尼茨被任命为德国海军的首席潜艇官，从而使他有机会得以实践多年艰苦思考而成的潜艇"狼群战术"。

图 5-4　潜艇艇长邓尼茨

邓尼茨认为，英国是一个岛国，一切战争必需品和盟国的增援部队，都必须通过大西洋上的航线才能输入英国。要击败英国，关键的问题是切断其海上运输线。因此，德国海军的战略任务是对英国进行商船袭击战和吨位战，大量地击沉他们的大型水面舰艇和运输商船，最终使英国因"失血"过多而不得不投降。进行这种作

图 5-5　U 艇击沉商船情景图

战的武器就是潜艇。1 艘数万吨级的大型军舰建造周期至少得 1 年，同样的财力物力可以制造数十艘潜艇，而所需的时间仅要 1—2 个月。如果按这个速度发展，德国短期内就可拥有数百艘到上千艘的潜艇，只要每艘潜艇击沉 1 万吨的英国海军舰船，那胜利就将属于德国。

二、"狼群"的獠牙

在"一战"中，德国海军的潜艇部队取得了显赫的战绩，虽然未能取得战争

的最后胜利，但是却为重建后的第三帝国海军 U 艇部队的战术发展提供了充足的养分和肥沃的土壤。在 1919 年 8 月获释重返家园后，邓尼茨曾当过水面舰艇的驾驶员、战术研究员、鱼雷艇艇长、鱼雷艇支队长，也曾在波罗的海海军司令冯·勒文费尔德海军中将的旗舰上担任过航海长，后来又担任过"埃姆登"号巡洋舰舰长。虽然在 1935 年之前，"一战"的战胜国还不允许德国拥有潜艇，但是在这段时间里，邓尼茨的"跨兵种交叉任职经历"，却使他对水面舰艇战术有了非常深刻的了解，认识到在当时的技术条件下（当时还不能用雷达来测定方位），对于海军总体力量处于劣势的一方来说，夜间作战比白天具有更大的优越性，因为在夜暗的掩护下，可出其不意地对敌实施攻击，并能重新隐蔽起来。而潜艇这一在上次大战中崭露头角的新型力量，在夜暗条件下只有指挥塔露出水面，在夜间特别难以被发现，"理所当然"地成了实现这一目的作战力量中的首选。

从 1935 年秋天开始，经过了必要的准备之后，在邓尼茨的指挥下，"韦迪根"潜艇支队开始了风雨无阻的训练，以商船为主要目标，并强调潜艇夜间水面高速接敌集群攻击。"狼群战术"的组织与实施是极为复杂的，他将担负侦察任务的潜艇部署在敌方可能航线的垂直方向上，根据能见度差异，彼此间隔为 25—30 海里（也就是"潜艇侦察幕"）。当其中一艘潜艇发现

图 5-6　停泊在基地的 U 艇部队

目标后，立即使用无线电进行报告，同时在最大能见距离上与目标继续保持接触，并将目标运动要素和作战海区相关水文气象情报信息源源不断地报告给岸基指挥机关。

所有海上参战的潜艇，将严格按照岸基对潜指挥机关规定的接敌时间、接敌航线等命令执行，并强调在所有潜艇就位后方可开始集火攻击，以求达到最大的对商船毁伤战果。换句话说，就是白天接触，夜间攻击，有时这种狼群般的撕咬会持续一夜甚至几夜，直到搭载的鱼雷消耗殆尽为止。

为了将他的作战理论贯输给新的德国潜艇部队，邓尼茨形象地作了这样的比

喻："你们见过阿尔卑斯山上的狼群吗？见过狼群厮咬的情景吗？狼群在觅食时是分散行动的，以便增加发现猎物的机会。一旦发现了羊群，并不立即发动攻击，而是用嗥叫招来同伴，然后再选择最佳地点群体出击，将羊群全部吃掉。因此，敌人的船队就是羊群，而我们的潜艇就是狼。德国潜艇必须集结成群，以群对群，大量地击沉敌人的舰船，这样才能使德国赢得下一场战争！"

图 5-7 "羊群"——集结航行的商船队

1937 年秋，在波罗的海举行的国防军演习中，邓尼茨第一次采用了潜艇协同战术，潜艇群成功跟踪和攻击了敌方一支舰艇编队和护航运输队；1939 年 5 月又在西班牙半岛和比斯开湾以西的大西洋上进行了潜艇集群战术的演习，同样取得了圆满成功。一系列演习的结果表明，集群战术的原则和具体细节问题已基本解决。至此，邓尼茨亲手训练的 U 艇和年轻的"狼群"已露出尖利的獠牙和狰狞的目光。

三、崭露头角

战争爆发前，不管是英德两国的国家决策层还是海军执行层，都对在可能爆发的战争中潜艇兵力的重要性缺乏足够的估计，即使在战争爆发当年，也就是 1939 年 1 月开始的德国海军雄心勃勃为期 6 年的造舰计划（"Z"计划）中，与大中型水面作战舰艇相比，潜艇兵力的建造比重仍然处于相对次要的地位。按照邓尼茨战前基于英德两国海军总体力量对比而提出的建造构想，潜艇兵力的数量结构应达到不少于 300 艘的总体规模。但是因为种种因素的制约与影响，直到 1939 年 9 月开战时，邓尼茨拥有的潜艇总数仅仅为 57 艘，其中有 46 艘可以立即投入作战，但只有 22 艘能抵达大西洋海区作战，按照 1/3—1/4 的出动概率计算，意味着平均只有 5—7 艘潜艇能在大西洋作战海区与敌周旋。多年后，邓尼茨甚至无奈地在回忆录中写道："在一场战争中一个兵种的武器数量少到如此程度实在罕见。这样少的武器只能起到刺痛敌人的作用，而不可能使一个世界大国、第一流的海军强国求和。"

战争初期，即使在这种不利的情况下，由邓尼茨亲手组建并严格训练的 U 艇和"狼群"，干出了三件令大英帝国瞠目结舌的"惊天之举"。

第一件是击沉"雅典娜"号事件。在 9 月 3 日，即英国对德宣战的当天，预先展开在海上的 U-30 号潜艇在赫布里底群岛以西海域发现了该船，"雅典娜"号是一艘排水量为 13500 吨级定期往来英美之间的客轮，当时船上有 1102 名乘客和 315 名船员。U-30 号潜艇艇长伦普上尉通过潜望镜观察，见其偏离正常商船航线，又实行灯火管制，便认定是一艘英国的武装商船，随即决心将其击沉。19 时 40 分，在 1200 米距离上，U-30 向该船齐射 3 条鱼雷，其中一条鱼雷命中，猛烈的爆炸几乎将"雅典娜"号拦

图 5-8　U-30 号潜艇

图 5-9　浓烟滚滚的"雅典娜"号

腰折断；9 月 4 日 11 时许，"雅典娜"号沉入海底，这是第二次世界大战中第一艘被击沉的船舶，船上有 112 人丧生，其中 28 人是美国人。

9 月 30 日返回基地后，伦普向邓尼茨作了口头汇报，邓尼茨担心美国会以此为借口加入战争，命令销毁航海日志，严格保密。由于"雅典娜"号沉没时 85 名无辜妇孺丧生，激起了英美乃至世界舆论的一致谴责，但德国矢口否认，并声称这是英国故意炸沉的，目的就是栽赃德国，想将美国也拖入战争。一时间，"雅典娜"号的沉没成为悬案，直到战争结束，才真相大白。

第二件是击沉"勇敢"号航母。在"雅典娜"号被击沉后，英国认为德国很可能已开始实施无限制潜艇战，为确保大西洋航线安全，英国海军出动航母执行反潜巡逻任务，"皇家方舟"号前往西北部海域，"勇敢"号和"竞技神"号则前往西南部海域。

9月17日黄昏，"勇敢"号航母在4艘驱逐舰掩护下，赴爱尔兰以西海域进行反潜巡逻。当接到发现德军潜艇的报告后，"勇敢"号立即起飞舰载机，并抽调2艘驱逐舰前去搜索。不久，正当这艘22500吨级的舰队航母接收返航的舰载机着舰时，被德军U-29号潜艇发现，艇长舒哈特上尉立即决定实施攻击，该艇迅即突破英军的警戒圈，向"勇敢"号齐射两枚鱼雷，两雷全部命中，仅仅20分钟后，"勇敢"号就爆炸沉没，全舰1200名官兵包括舰长琼斯海军上校在内的514人阵亡。U-29号潜艇随即遭到了英军驱逐舰的深水炸弹反击，但该艇成功摆脱攻击安全返回。

第三件影响最大，战果最辉煌，是U-47号潜艇偷袭了英国皇家海军最重要、防御最严密的斯卡帕湾海军基地。这条航道狭窄、水流湍急、暗礁密布的海军基地，东临北海，西接大西洋，是英国皇家海军在不列颠群岛上的主力舰队锚地，战略地位极其重要。这里是德国海军的"伤心之地"，也是日耳曼人的"耻辱之地"。"一战"结束后，公海舰队的主力舰艇被"囚禁"于

图 5-10　U-29 号潜艇

图 5-11　"勇敢"号航母也是世界上第一艘被击沉的航母

图 5-12　U-47 号潜艇

图 5-13　后人描摹的"皇家橡树"号爆炸时的场景

此，并悉数自沉，堪称提尔皮茨雄心勃勃创建公海舰队以来几十年间的"奇耻大辱"。一直以来，邓尼茨都想尝试让一艘德国潜艇潜入这一水域并给予英国皇家

海军沉重一击，德国海军情报部门为此做了大量的准备工作，并通过德国空军和部分巡逻潜艇搜集到了部分关于斯卡帕湾的情报资料。

图5-14　邓尼茨（左）与普里恩（右）

在与参谋人员几经研究之后，邓尼茨终于下定了决心，这一历史性的重任落到了时年31岁的U-47号潜艇艇长普里恩的肩上。普里恩于1933年加入德国海军，曾参加西班牙内战，在他的首次战斗巡逻中就取得击沉3艘敌舰、总吨位66000吨的战果，并因此获得二级铁十字勋章。在邓尼茨的回忆录《十年与二十天》中记录了他当时的考虑："我必须做一次尝试，我的选择倾向于海军上尉普里恩，他是U-47号潜艇的艇长。在我看来他完全具备执行任务所需的个人品质和专业技能，看上去再合适不过。我把所有的有关资料都递给了他，告诉他可以选择接受，或者放弃……"

1939年10月8日，U-47号潜艇满载鱼雷缓缓离开基尔港，沿着事先谨慎制订的航线经由威廉港驶往北海。此次作战任务代号为"P"，由于机密程度太高，邓尼茨本人也仅向海军司令雷德尔进行了口头汇报。在潜艇出航时，甚至没有按照惯例举行任何送行仪式。

图5-15　U-47号艇突入斯卡帕湾示意图

10月13日深夜，在普里恩的指挥下，U-47号潜艇克服了阻塞沉船和海流的影响，极为惊险却又极为成功地潜入了斯卡帕湾，分别于14日0时58分和1时16分，对"皇家橡树"号战列舰进行了两次鱼雷攻击。虽然由于鱼雷引信问题，第一次攻击未果，但是第二次

图5-16　"皇家橡树"号战列舰

攻击齐射的 3 枚鱼雷准确地命中起爆，撕破了"皇家橡树"号 29000 吨的巨大舰体，海面上烈焰冲天浓烟滚滚，并在 10 分钟后迅速沉没，包括英国皇家海军第二舰队司令布拉格若夫在内的 24 名军官和 809 名舰员丧生，只有 375 人生还。水面布满燃油的斯卡帕湾，瞬间成了一个巨大的海军坟场。普里恩的这次复仇之旅，也让在屈辱、贫寒、恐惧中挣扎了 20 多年的德国海军，终将胸中恶气一吐为快，也从这次"惊天壮举"中找回了久违的自信。

图 5-17 "纳尔逊"号战列舰

图 5-18 随"纳尔逊"号战列舰出海的温斯顿·丘吉尔

其实最为刺激的，还要数 1939 年 10 月 30 日，U-56 号潜艇对"纳尔逊"号战列舰的那次不成功的鱼雷攻击，因为当时丘吉尔本人就在"纳尔逊"号战列舰上。如果 3 枚鱼雷引信工作正常的话，那么"二战"的历史很可能会改写。为此，在纽伦堡审判结束后很长时间，耄耋之年的邓尼茨依旧对听到的那段新闻报道记忆犹新。

"U-56 号潜艇这次行动的失败是军事上的一个重大失误！"

四、初露锋芒

从 1939 年 9 月至 1940 年 6 月，邓尼茨麾下的"海狼"击沉敌对国家的舰船总数达到了 242 艘，总吨位约 85 万吨。从总体上看，这些损失对英国而言，还是能够承受的，因为同一时期里新建造的船只吨位完全弥补了损失，而且英国的反潜战总体情况还不算坏，击沉了德军 24 艘潜艇，并将德军潜艇逐渐逐出近岸海域。虽然取得了击沉"勇敢"号航母和"皇家橡树"号战列舰这样可喜战绩，极大地鼓舞了军心士气，但是从作战组织形式的角度来看，邓尼茨的U艇仍处于单打独斗和各自为战的阶段，战前寄予厚望的"狼群战术"并未得到充分施展。

随着德军相继占领了法国、挪威等大西洋沿岸国家，原先极其不利的海上态势顿时改观，德国海军迅速在法国和挪威沿海各港口建立潜艇基地，U艇从位于比斯开湾的洛里昂、布勒斯特、圣纳泽尔等港口出发，可以直接进入大西洋，作战海域得到了极大的拓展，武器装备和后勤保障效率大幅提高。虽然U艇总数基本与前期持平（53艘），但在大西洋上战斗巡航的U艇数量却较前期增加了一倍（平均每天有10—15艘潜艇在海上活动）。邓尼

图 5-19　U艇在大西洋上大开杀戒

图 5-20　盘踞在港口内的"狼群"

图 5-21　U-47号潜艇艇长普里恩

图 5-22　U-99号潜艇艇长奥托·克雷齐默尔（U艇头号王牌）

图 5-23　U-100号潜艇艇长约阿希姆·舍普克

茨的对潜指挥机关也前移至法国洛里昂。这一切改变，都为"狼群战术"的集群化运用创造了基本条件，也预示着大西洋上将掀起一场全新的风暴，邓尼茨"狼群"的第一个黄金时期即将到来。

从 7 月开始，英国从航线起始点两方向扩大护航范围，从英国开往加拿大和美国的运输船队，由英国海军的护航军舰护送至西经 17 度，至 10 月又扩大为西经 19 度。但大西洋航线上中间一段是没有护航的，这一海域也是德军潜艇活动最猖獗的海域。8 月 17 日，希特勒下令对英国实施全面海上封锁，潜艇有权击沉任何进入封锁海域的船只，中立国船只只要进入封锁海域，同样是合法的攻击目标（这实际上就是"无限制潜艇战"）。U 艇部队被束缚的手脚彻底解放了，精英艇长们开始大显身手，积极投入到了"吨位战"当中，其间涌现出了一大批名噪一时的"王牌"，普里恩（U–47 号潜艇艇长）、克雷齐默尔（U–99 号潜艇艇长）、舍普克（U–100 号潜艇艇长）就是其中的代表，也被誉为邓尼茨的三大王牌。在这一黄金时期，9 月间 HX–72 护航船队、10 月间 SC–7 护航船队之战就是其中的典型战例。

9 月 20 日，U–47 号潜艇发现了从加拿大开往英国的 HX–72 运输船队，该船队编有 41 艘运输船、1 艘驱逐舰和 4 艘护卫舰。此时 U–47 号潜艇只剩下了一条鱼雷，所以无力采取攻击，只好一面跟踪船队一面召唤附近潜艇尽快赶来。天黑后首先赶到的 U–99 号潜艇对船队实施了攻击，击伤 3 艘运输船，其中 1 艘后终因伤势过重而沉没，其余 2 艘因伤掉队后被其他潜艇击沉。天亮前，U–48 号潜艇也进行了攻击，击沉了 1 艘运输船。

9 月 21 日入夜后，U–100 号潜艇突入船队中间，艇长舍普克充分发挥其高超的驾驶技术，连续进行了长达 4 个小时的攻击，一连击沉 7 艘运输船，护航军舰对其竟一筹莫展，毫无办法。

9 月 22 日清晨，英军 2 艘驱逐舰赶来加强护航力量，并将正企图进行攻击的 U–32 号潜艇驱走，这才结束了船队噩梦般的航程。此次护航战中，德军潜艇尤其是 U–100 号潜艇表现出色，总共击沉了 12 艘运输船，计 7.7 万吨。

10 月 17 日凌晨，U–48 号潜艇发现了从加拿大开往英国的 SC–7 船队，该船队由 30 艘运输船和 5 艘护卫舰组成，艇长布莱克劳特少校果断实施攻击，击沉了 2 艘运输船，并向潜艇司令部报告了船队的航速、航向、船只数量等情报。天亮后 U–48 号潜艇被英军的水上飞机发现，随即遭到了深水炸弹的攻击。水上飞机并且引导驱逐舰对潜艇所在海域进行了连续深水炸弹攻击，潜艇虽然没有遭到损伤，但被迫长时间潜航，以致失去了与船队的接触。这让正忙于调兵遣将的邓尼茨心急如焚，好在U-38号潜艇及时赶到，重新发现了船队，这才使邓尼茨能够迅速调集U-46、U-99、U-100、U-101和U-123号潜艇在船队航线前方组成了巡逻线，张网以待。

17日晚，U-38号潜艇首先发难，抢先发起攻击，击伤1艘运输船，但U-38号潜艇很快就被护航军舰驱走。

18日黄昏后，船队闯入了潜艇巡逻线，遭到了上述5艘潜艇的围攻，船队的队形被彻底打乱，德军潜艇乘机大开杀戒，击沉了19艘运输船，击伤5艘，其中U-99号潜艇战果最为辉煌，击沉6艘击伤

图5-24 这幅油画描述的是1940年10月18日，正在编队准备对SC-7商船队发起"狼群"攻击的德国U-99、U-100、U-101和U-123号潜艇

1艘。天亮后，U-99、U-101和U-123号潜艇都用完了所携的全部鱼雷而返航。

19日夜间，另两支HX-79和OB-229护航船队也经过这一海域，同样遭到了德军潜艇的猛烈攻击，HX-79船队损失12艘船只，OB-229船队损失2艘船只，参战的潜艇大都用完了携带的鱼雷陆续返航。

这两支护航运输船队总共有30艘商船被击沉，损失吨位达14万吨。

6月，击沉58艘，28.4万吨；7月，击沉38艘，19.6万吨；8月，击沉56艘，26.8万吨；9月击沉57艘，29.5万吨；10月，击沉63艘，35.2万吨。英国的船只损失直线上升！

就这样，在1940年7月至10月间——U艇的第一个黄金时期里，德国海军以6艘潜艇的代价，击沉英国及中立国运输船217艘，总吨位达到110万吨。

面对如此惨重的损失，英国首相丘吉尔只得向美国总统罗斯福求援，并于1940年9月2日美英达成协议，英国提供在巴哈马群岛、牙买加群岛、安提瓜岛、圣卢西亚岛、特立尼达岛和英属圭亚那等地的海空军基地99年的使用权，纽芬兰的阿根夏和百慕大岛基地也无偿提供给美国使用，换取美国50艘超龄服役的旧驱逐舰。9月5日，美国海军沿美洲大陆海岸设立中立海区（也称"安全海区"），

由大西洋舰队组织对中立海区的巡逻和为航行船只提供护航，同时宣布将驱逐中立海区里参战双方的作战舰艇。这也在客观上标志着美国中立地位的改变。至此，美国参战已进入了倒计时，战略力量的天平即将倾斜。

图 5-25　描述当年英国"军舰换基地"历史事件的邮票

五、王牌的陨落

王牌艇长，几乎是"二战"中德国海军精英中的精英的代名词，更是战争初期邓尼茨几乎凭借 U 艇部队一己之力与大英帝国海军抗衡的核心支柱。从 1939 年 9 月战争爆发伊始，在短短的 1 年 5 个月的时间里，涌现了一大批名噪一时的王牌艇长，如 U-47 号潜艇艇长普里恩、U-99 号潜艇艇长克雷齐默尔、U-100 号潜艇艇长舍普克、U-46 号潜艇艇长英多拉斯、U-101 号潜艇艇长弗洛恩汉，尤其是前三人被誉为邓尼茨的"三大王牌"。

图 5-26　U-99 艇长奥托·克雷齐默尔

1940 年，德军海军在付出损失潜艇 31 艘的代价后，取得了击沉471 艘运输船，总吨位约 218.6 万吨的可观战绩，将扼在大英帝国咽喉上的绳索越拉越紧。但是，战争是一个双方力量此消彼长的动态过程，从 1941 年 1 月开始，英国海

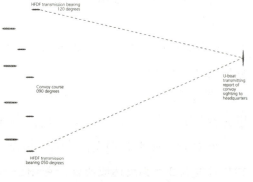

图 5-27　使用 HF/DF 设备与声呐的盟军护航舰队，往往能利用三角测定法测定 U 艇位置，迅速攻击或驱赶

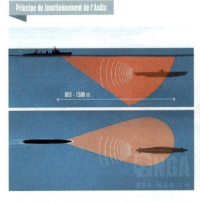

图 5-28　ASDIC 声呐探测距离示意图

图 5-29　英国皇家海军"桑德兰"水上巡逻机

军在护航军舰上装备 HF/DF 高频测向仪，这种装置可以根据潜艇发出的无线电波准确测定 U 艇方位；同时装备的还有改进型 AS 雷达，这些装备大大有利于发现潜艇的踪迹。U 艇发现船队后，只要发报报告情况，就会被高频测向仪测出位置；实施夜间水面攻击战术，则会被新型雷达发现；潜入水下，又难逃声呐的搜索，这样一来潜艇作战中自身安全性和隐蔽性难以保证。而且英军开始为侦察机配备雷达，使之能尽最大可能扩大侦察范围，正是由于英军远程侦察机数量的增加和性能的提高，U 艇活动受到了极大压制。

图 5-30　"狼群战术"示意图

　　而此时，邓尼茨也开始实施经过改进的"狼群战术 2.0 版"，即以 6 至 8 艘甚至更多数量的潜艇在护航运输船队可能经过的海域以 40—50 千米间隔一字展开，形成潜艇巡逻线（或称"艇幕"），只要其中任何一艘 U 艇发现船队，就立即报告岸基对潜指挥机关，再由岸基对潜指挥机关组织附近 U 艇展开连续的夜间水面攻击，不仅提高了 U 艇的作战效率，还最大限度地保证了潜艇行动的隐蔽性。随着这一战术的使用，2 月的战绩略有上升，达到击沉运输船 37 艘，计 19.7 万吨。但比起上一个黄金时期，战果还是有所下降。因此，邓尼茨于 3 月起调集最精锐的潜艇前往英国西北海域，企图发起一次大规模的破坏作战，再现辉煌。

3月6日晚，U-47 号潜艇在冰岛以南 370 千米处发现了从利物浦开往美国的 OB-293 护航运输船队，立即向岸基对潜指挥机构报告，并准备投入攻击，但被英军护航军舰发现并遭攻击，被迫潜入水下，因此失去了与船队的接触。但岸基对潜指挥机构迅速将情况通报给附近的潜艇，U-70 和 U-99 号潜艇闻讯而来，于 3 月 7 日凌晨相继投

图 5-31　英国皇家海军"部族"级驱逐舰
"哥萨克人"号

入攻击，先后击沉 2 艘运输船，击伤 3 艘。U-70 号潜艇被英军护卫舰发现，遭到猛烈的深水炸弹攻击，终被击伤而被迫上浮，浮出水面后又遭到英舰的炮火轰击，幸存者纷纷弃艇逃生，几分钟后 U-70 号潜艇就沉入海里。

3月7日拂晓，U-47 号潜艇再次发现船队，全速追赶准备攻击。入夜后，正企图实施攻击，却被近在咫尺的英军"黑獾"号驱逐舰发现，只得紧急下潜，"黑獾"号驱逐舰猛冲过来，投下一连串浅定深深水炸弹，潜艇遭到剧烈震动，螺

图 5-32　击沉 U-47 号潜艇的英国皇家
海军"黑獾"号驱逐舰

旋桨主轴被击伤，因此航行时发出很大的噪声，被"黑獾"号驱逐舰声呐准确捕捉到，又是一番深水炸弹攻击，最终将其击沉。邓尼茨的三大"王牌艇长"之一，奇袭斯卡帕湾的传奇人物普里恩上尉和全艇官兵一起葬身海底。

3月12日，德军侦察机在格陵兰以南 550 千米海域发现 HX-12 护航运输船队，该船队是从加拿大开往英国的，编有 41 艘运输船，由 5 艘驱逐舰和 2 艘护卫舰担任护航，护航船队司令是"沃克"号驱逐舰的舰长唐纳德·麦金泰尔海军少校（出身于战斗机飞行员，是一名经验丰富的反潜战专家，毕业于波特兰海军反潜学校）。

邓尼茨随即将这一情况通知了在该海域活动的 5 艘潜艇，3 月 14 日拂晓，得信的 5 艘潜艇以 U-99 号潜艇为核心组成潜艇巡逻线，准备迎击 HX-12 船队。

3月15日拂晓，德军U-110号潜艇在冰岛西南约370千米处的海域发现了船队，向上级报告后，一直在后跟踪船队。

入夜后，相继赶来的U-99、U-100和U-110号潜艇轮番对船队发起了攻击，攻击一直持续到3月17日凌晨，U-100号潜艇在击沉了1艘因伤掉队的油船全速追赶船队时，被"沃克"号发现后遭到了10余枚深水炸弹的攻击，同时"范诺克"号驱逐舰也赶来助阵，在数番深弹攻击后，U-100号潜艇终于在劫难逃，在浮出水面时被"范诺克"号的雷达发现，U-100号潜艇艇长舍普克上尉（"三大王牌"艇长之一），被"范诺克"号的迷彩涂色所迷惑，

图 5-33　击沉 U-99、U-100 号潜艇的"范诺克"号驱逐舰

误判英舰距离，几秒钟后，"范诺克"号狠狠地撞上了U-100号潜艇，舍普克在舰桥上被活活撞死，潜艇也随后迅速沉没。

就在"范诺克"号开始打捞德军潜艇幸存艇员时，担负警戒掩护任务的"沃克"号通过声呐偶然发现了在附近浮起的U-99号潜艇，在6枚深弹的攻击下，瞬间U-99号潜艇即被重创，被迫浮出水面，后因伤势人重已经开始下沉，包括艇长克雷齐默尔（"三大王牌"艇长之一，U-99号潜艇的战绩是击沉44艘，总吨位28.2万吨，也是"二战"中德国海军U艇中的头号王牌）在内的大部分艇员被俘。

在10天中，德军潜艇部队一下子损失了3艘王牌潜艇，对于邓尼茨和他的潜艇部队，都是非常沉重的打击，连德军潜艇部队一直引以为豪的高涨士气都受到了严重挫伤。

六、南征北战

尽管在"黑色的3月"中损失了堪称无价之宝的3位"王牌艇长"，令邓尼茨痛心不已，但"凶狠的狼群"依旧取得了击沉运输船总吨位24万吨的可观战果。

在接下来的时间里，4 月 24 万吨，5 月 32 万吨，6 月 31.5 万吨，加上其他兵力的破坏战果，这一季度英国损失的船只吨位高达 170 余万吨，也被英国称为战争中最艰难的一个季度。

随着东线苏德战场的开辟和南线北非战场的胶着，U 艇的作战区域同时向南北两个方向延伸，覆盖了从北极圈、地中海到南大西洋的大部分海域，虽然广阔的大西洋和地中海对邓尼茨的"狼群"进行了部分的分散和稀释，但是 U 艇集群化作战的优势仍旧得到了充分的展现，扼在大英帝国咽喉上的绳索依旧没有松开。

图 5-34　北极海域作战的 U 艇

"巴巴罗萨计划"开始后，德军统帅部根据空军的强烈要求命令潜艇部队抽调 4 艘潜艇担负气象侦察任务，并抽出 6 艘潜艇前往北极海域和波罗的海，袭击苏联的运输船只。尽管德军在大西洋上的潜艇数量减少了，但 6 月德军潜艇的战绩仍达 31.5 万吨，这主要归功于 4 月间派往弗里敦海区活动的 6 艘潜艇，这些潜艇由于不断从补给船上得到燃料、鱼雷等物资，海上活动的时间大为延长，不但攻击英国单独航行的船只，还攻击了从塞拉利昂开往英国的多支护航运输船队，取得了不小战绩，尤其是 U-107 号潜艇，在一次战斗航行中取得了击沉 14 艘船只，计 8.6 万余吨的战果，创造了德国在整个战争期间单艘潜艇单次战斗航行的最大战果。

就在大西洋破交战进行得如火如荼，胜利天平出现向纳粹德国有利倾斜趋势之时，美国人的举动又给战局的进程增添了一系列的变数。从 7 月初开始，美国海空军开始进驻冰岛，为航经附近海域的运输船队护航，批准为英国建造 100 艘 1500 吨驱逐舰、20 艘扫雷舰和 4 艘救生船的计划，同时允许修理在横渡大西洋时受损的英国船只；8 月下旬开始，美国海军制定了大西洋护航计划表，承担起纽芬兰至冰岛之间的护航责任，全面承担起大西洋航线西段的护航任务。由于 U 艇在统帅部的指挥下"南征北战"、疲于奔命，在大西洋活动的数量有所减少，再加上英军加强护航的努力和运输船队航线北移，使 U 艇战绩开始下降，7 月仅击沉运输船 22 艘，9.4 万吨；8 月仅击沉运输船 23 艘，8 万吨；9 月，击沉 53 艘运输船，20.2 万吨，从总体上看，这段时间是相对平静的，双方都在积蓄力量、积极求变。

1941 年 9 月，鉴于北非战场局势日益严峻，在希特勒的命令下，U 艇进入地中海，支援隆美尔的非洲军团，从战略上讲是无可厚非的，但却遭到了邓尼茨从战术角度上的坚决反对，一方面因为地中海海域狭小，潜艇活动区域较小，也容易被岸基航空兵或水面舰艇发现，难以高速机动抢占有利攻击阵位，无法取得较大战果；另一方面直布罗陀海峡自西向东的海流异常强劲，进入地中海是顺流，比较顺利，但要逆流而出，势必要开足马力，U 艇自噪声大容易暴露，再加上英国海军直布罗陀基地的严密封锁，甚至可以说一旦进入地中海，就像笼中的老鼠一样。

图 5-35　地中海区域活动的一艘 U 艇被深水炸弹迫出了水面，然后又遭到一架"解放者"轰炸机的攻击

后来的战争进程并未出乎邓尼茨的预料，9 月至 11 月，20 艘潜艇进入地中海，其中 5 艘在通过直布罗陀海峡时被英军发现而遭击沉，其余 15 艘到达地中海后，积极开展活动，先后击沉"皇家方舟"号航母和"巴勒姆"号战列舰。其中在击沉"皇家方舟"号航母后，英国首相丘吉尔显示出了前所未有的伤感，后来他在回忆录中写道："一切挽救这艘船的企图都失败了，于是在我们的许多战事中战绩显赫的一代名舰，就在距离直布罗陀只有 25 海里航程时沉没了。这是我们地中海舰队所受到的一系列惨重损失的开端，也暴露了在那里我们以前从来不知悉的弱点。"

虽然大中型舰艇损失惨重，但是英国人却最终实现了自己的战略目的，有力保障了地中海海上交通线的顺畅，也为北非战场蒙哥马利扭转战局创造了基本的物质条件。反观德国海军，进入地中海的 U 艇全部都是刚下水的新艇，装备精良，配备了最先进的鱼雷，但由于受到作战海域的限制，除了少数几次较有影响的战绩外，几乎没有什么大的作为，反而削弱了德军在大西洋主战场上的总体力量。德国海军投入地中海和直布罗陀海峡以西海域的潜艇最多时达 40 至 50 艘，几乎相当于德军投入大西洋潜艇的一半，尽管在一定程度上支援了北非战场，尽管也牵制了英军部分护航力量，但北非战场毕竟不过是欧洲战场的分支，投入过多的潜艇反而影响了直接关系战争命运的大西洋破交作战。可以设想，如果这部分潜艇全数投入大西洋，必将给英军的大西洋航线带来巨大威胁和沉重打击。

U 艇的南征北战虽说是战略全局的客观要求，但是不顾一切地在次要战场上分散、消耗、浪费了邓尼茨手中新补充的、为数不多的战略资源，在未实现主要目的（切断英国地中海交通线）的情况下，削弱了大西洋战场——这一主要战略方向，没有抓住前期创造的有利态势继续扩大战果，不能不说是一个重大的战略失误。

七、欢乐时光

12 月 11 日，也就是太平洋战争爆发后的第三天，纳粹德国对美宣战。对于德国而言，此时与美国宣战，还是显得太突然了，尚缺乏必要的准备。但希特勒决定派遣潜艇前往美国沿岸袭击美国运输船只，但邓尼茨能立即投入作战的 U 艇数量仅有 91 艘，考虑到除去 11 月和 12 月遭受的损失，还有相当一部分 U 艇正在"地中海的囚笼"里鏖战，一部分在"北极圈的边缘徘徊"，在兵力部署上捉襟见肘，至少需要一个月时间完成兵力调配和变更部署。即使在这样困难的情况下，12 月 16 日，还是派出 5 艘排水量为 1100 吨的远洋潜艇远征美国沿海，这次任务代号"击鼓行动"。考虑到当时德军能投入作战的 91 艘潜艇中，在地中海有 23 艘，直布罗陀海峡附近有 6 艘，挪威外海有 4 艘，其余潜艇不是在船坞维修，就是在返回基地的途中，这 5 艘潜艇已经是德军潜艇部队所能派往美国的最大数量了！

尽管美国海军早就介入了大西洋上的护航作战，掌握了 U 艇的基本战术，但参战之初，美国海军反潜措施远远没有真正落实，沿海地

图 5-36　1941 年夏季，卡尔·邓尼茨在法国圣纳泽尔港的潜艇基地为即将出航的潜艇送行，在美国参战后立即开始筹划向美国海岸发起进攻

图 5-37 "击鼓行动"中被德军潜艇击沉的美国"南方之箭"号油轮

图 5-38 这幅画作表现了哈尔根指挥的 U-123 在夜间使用甲板炮攻击商船的场面

区没有实施灯火管制,航线上灯标和航标照旧大放光明,夜间航行的船只仍旧开灯行驶,美国沿海基本没有编组护航船队。简直还是在和平时期! 1942 年 1 月美海军无论在组织上,还是在反潜兵力训练和数量上,都远远没有做好反潜准备,甚至指挥机构内部都没有设立专门的反潜机关,反潜兵力仅有包括 76 艘驱逐舰、56 艘扫雷舰、14 艘猎潜艇、11 艘炮舰和 23 艘近海巡逻艇在内的约 280 艘各型舰只,反潜飞机也只有区区 72 架。

在美国沿海活动的 5 艘 U 艇由于数量较少,也就没有采取集群攻击战术,而是实施单艇游猎,通常白天在远离商用航线的海域养精蓄锐;夜幕降临后则在航线上以水面状态搜索目标,一旦发现猎物,往往接近至鱼雷最小射程的距离才发射鱼雷,以确保不浪费鱼雷。在这样的作战背景下,这仅有的 5 艘 U 艇取得了极大的收益,尤其是 U-123 号潜艇(艇长为哈尔根海军少校),创下了击沉 8 艘运输船,计 5.3 万吨的纪录。哈尔根在航海日志中感慨地写道: "如果有 10 艘或 20 艘潜艇的话,我敢保证一定会取得更大的战绩!"

在看到首批到达美国海岸的 U 艇取得了如此令人瞩目的战果,邓尼茨于 1 月 15 日又抽调第二批 5 艘潜艇前往美国东海岸。整个 1 月份,U 艇在大西洋总共击沉运输船 48 艘,计 27.7 万吨,几乎全是最后两周在美国沿岸海域取得的。

在尝到了甜头之后,邓尼茨又分别于 2 月 10 日、3 月 14 日、4 月 8 日派出 3 批 38 艘 U 艇前往美国。这些"水下狼群"在歌舞升平的美国沿海取得了极其恐怖的战果:1942 年前 3 个月,在没有损失 1 艘 U 艇的情况下,取得了击沉运输船只 242 艘,共计 134 万吨的巨大战果! 这一时期也被称为 U 艇的第二个黄金期和美国"狩猎"季节,而丘吉尔首相则伤心地将这时期的美国海岸叫作潜艇乐园!

时任加勒比海海防区司令的
胡佛海军上将,1957 年在信中以
友好的口吻对刚获释的邓尼茨说:
"1945—1956 年这段时间（指邓
尼茨的服刑期）使你的神经感到紧
张,但 1942 年初你的 U 艇在加勒
比海实施令人惊讶不已的袭击时,
同样也扰乱了我的神经。"这也真
实反映了当时德军潜艇对美国的巨
大打击。

英国对美国海岸的惨重损失,
极为不满。迅速向美国提供了 24
艘武装拖网渔船和 10 艘护卫舰,
这些舰船上都安装了新型的声呐。
美国也开始在沿岸地区普遍实施灯
火管制,并关闭航线上的灯标,在
近海组织护航运输船队,白天由军
舰护航,夜间则驶入有军舰保护的
锚地停泊,以减少运输船在夜间航
行时的损失。

图 5-39 英国皇家海军"花"级护卫舰,这种排水量不
到 1000 吨的舰艇产量高达 267 艘,在战争初期"至暗
时刻"中扮演了至关重要的作用

图 5-40 防御严密的盟军护航船队

5 月中旬,随着美海军开始在整个东海岸都建立起了护航船队体系,并根据
英国海军的经验,建立并完善护航船队体系的组织,从最早的局部护航,逐渐扩
大为整个近海护航体系,并开始组织岸基航空兵为船队提供空中掩护,还从大西
洋舰队向东部海疆区调拨了一批反潜舰艇,编成 6 个护航队,每队包括 2 艘驱逐舰、
2 艘武装拖网渔船和 3 艘其他船只,以加强东部海岸的护航力量。从 5 月中旬开始,
U 艇基本被逐出美国东海岸各主要航线被迫转进到还没有建立起护航船队体系的
墨西哥湾和加勒比海活动,力求以最小的代价换取最大的战果。

尽管 6 月"水下狼群"在加勒比海、大西洋以及其他作战海区取得了击沉
144 艘,计 70 万吨的空前战绩。但是邓尼茨敏锐地发现了英美海军武器装备的

更新和作战组织形式的变化，并致信德国海军总司令雷德尔，要求根据战争的发展重新确定潜艇所承担的任务，特别是提出在对手装备了新型雷达后对潜艇威胁越来越大的不利情况下，强烈要求建造具有高航速的"瓦尔特"级潜艇（"瓦尔特"级潜艇因潜艇工程师瓦尔特所发明的高效发动机而得名，这种发动机通过氧化氢与海水反应产生动力，这样就能彻底改变柴油发动机必须定时上浮出水，以给蓄电池充电的传统方式，能够长时间在水下进行高速航行），并将建造这种潜艇的重要性提高到决定战争胜负的高度。

随着美海军近海护航体系和分段护航体系的全面实施，使1942年7月至1942年12月盟国在美国海岸的损失减少到39艘，占全部护航船队编成中9064艘次船只的0.5％，大大低于横渡大西洋的护航运输船队1.4％损失率，充分证明了有效的护航体系在近海航行中对于保证船只安全所起的重要作用。鉴于美国沿海已建立起护航体系，很难以较小代价取得较大的战果这一实际，邓尼茨果断改变战术，将潜艇作战的重点再次转移回北大西洋。至此，U艇在美国沿海疯狂肆虐的欢乐时光宣告结束。

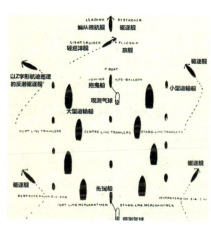

图5-41　美海军护航编队示意图

1942年，U艇共击沉同盟国运输船1160艘，总计626.6万吨，是整个战争期间年度最好战果。占德军潜艇、飞机和水面舰艇击沉运输船总数1664艘的69.7％，击沉吨位总数779万吨的80.4％。而同盟国全年新建船只总共不过700万吨，只相当于损失总吨位的89.8％。由于运输船的严重损失，英国全年物资进口量下降到3400万吨，比1939年的进口量下降了近三分之一。英国供运输船使用的燃料储备极其匮乏，全国库存仅30万吨，还不够3个月的正常消耗。

相比之下，U艇全年损失87艘，但凭借大量新服役潜艇，总数不仅没有减少，反而增加到393艘，其中212艘完成了战斗训练，能够随时出海作战。因此1942年的大西洋之战，德国毫无疑问是胜利者，但还远远没有到达取得决定性胜利的时候。

八、最后的疯狂

1943 年 1 月 14 日，美国总统罗斯福与英国首相丘吉尔在北非卡萨布兰卡举行首脑会议，一致认为由于同盟国运输船在 1942 年中的惨重损失，与德军潜艇所进行的护航战的胜负直接关系到整个战争的结局，因此将消除潜艇威胁列为压倒一切的最重要的战略任务，并采取了一系列的措施，成立了美、英、加海空军特别联合指挥部，专门指挥反潜海空作战，全力增加远程岸基飞机和舰载反潜飞机的生产，将

图 5-42 出席卡萨布兰卡会议的罗斯福和丘吉尔

航空兵视为反潜的战略力量来发展。1 月 30 日，邓尼茨接替遭解职的雷德尔，出任纳粹德国海军总司令兼潜艇部队司令。就任海军司令后，他更是将潜艇部队的发展作为海军发展的重点，以"海上狼群"为主要组织形式的大西洋破交作战，被德国海军乃至德军统帅部置于绝对优先的地位，大西洋上新的风暴兴起在即！

2 月间，德军共有 3 个艇群，总共 42 艘潜艇活跃在大西洋航线上，对多支护航船队实施了攻击，取得了击沉 63 艘运输船，共计 35.9 万吨的战绩。其中，2 月 20 日至 25 日，活动在大西洋中部海域的"矿工"艇群发现了从英国开往美国的 ON-166 护航船队，该船队共有 49 艘运输船，由 5 艘护卫舰和 2 艘驱潜快艇护航。附近海域活动的 10 艘 U 艇闻讯赶来，在纵横达 1100 海里的广阔海域连续进行了五天五夜的跟踪、攻击，共击沉 14 艘运输船，计 8.5 万吨，自身仅有 1 艘 U 艇被击沉。

进入 3 月后，尽管遭遇了强烈的风暴，但是恶劣的天气并未阻止 U 艇掀起的破交狂潮。3 月 6 日至 10 日，邓尼茨组织由 26 艘 U 艇组成的庞大艇群，对从加拿大开往英国的 SC-121 护航船队发起了大规模"海上围猎"，SC-121 船队由 59 艘运输船组成，尽管得到了 1 艘驱逐舰、3 艘护卫舰、1 艘驱潜快艇和 1 艘救生船的掩护和从冰岛起飞的反潜航空兵的支援，但是因为恶劣天气掉队的船只大部成为尾随而至"狼群"的猎物。最终，SC-121 船队共有 13 艘运输船被击沉，计 6.2 万吨，而 U 艇则无一损失，可谓一次彻底的完胜。

3月16日至20日，邓尼茨在获悉大西洋上同时发现HX-229和SC-122两支船队后，同时将大西洋上的3个艇群共计37艘U艇悉数投入，对船队实施了持续4个昼夜的集群攻击。此次破交作战，是"二战"期间德军最大规模潜艇破交战之一，尽管U艇在后期遭到了盟军反潜飞机和护航舰的有效压制，但是仍取得了巨大的战绩，总共击沉21艘运输船，计14万吨，自身仅损失1艘U艇。

图5-43　航行在北大西洋上的盟军护航船队，每支船队由30—50艘商船组成

自战争爆发以来，英美海军一直采取的护航船队体制在此次作战中受到了挑战，两支船队中几乎每一艘运输船都遭到过潜艇的攻击，损失比例达到了惊人的21%。一直以来被认为是对抗潜艇最有效的护航船队体制开始受到质疑，不少人甚至认为护航船队已经无法对付德军的"狼群"攻击战术，主张放弃这一方法。

也是在3月，U艇共击沉运输船108艘，共计62.7万吨，几乎彻底切断了英国与美洲大陆的海上联系。照此发展下去，英国军事工业生产所需的原料、燃料和粮食等战略物资的供应将会断绝，毫无疑问，U艇将成为德国取得战争胜利的利器。英国海军部在战后总结中特别指出："德国人的破坏程度从来没有像1943年3月前20天中那样达到最高峰，几乎把新旧大陆之间（指美洲与英国本土）的交通切断了。"

就在同盟国开始感到绝望的时候，转机也同时降临了。

卡萨布兰卡首脑会议的各项措施逐渐得到落实并发挥作用，同年3月，在华盛顿召开大西洋护航会议，盟国决定集中统一使用反潜兵力，一系列新型舰载声呐和高频测向仪陆续装备部队，英国研制出代号为"硫化氢"的新型高分辨率厘米波ASV-III雷达，能够发现海面罐头盒大小目标，其工作频率超出了U艇装备的梅托克斯雷达（"比斯开湾十字架"）接收范围，使U艇无法及时获得雷达告警下潜躲避打击；加紧生产对潜艇威胁极大的反潜"刺猬弹"、机载航空火箭弹、反潜自导鱼雷等反潜武器；加强对德军潜艇基地、修理船坞和生产厂家的

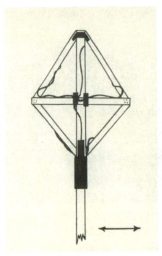

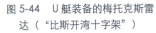

图 5-44　U 艇装备的梅托克斯雷
　　　　达（"比斯开湾十字架"）

图 5-45　广泛装备英美海军反潜舰艇的"刺猬弹"发射器

战略轰炸；组织岸基远程反潜飞机和舰载反潜飞机，扩大航空反潜力量，消除大西洋上的"黑窟"（盟军反潜兵力无法覆盖的真空地带）；改进护航船队的兵力配置，优化运输船队的运量调配，以节约兵力增加运量；在对德广播中实施心理战打击德军潜艇部队官兵的士气；等等。

　　在所有措施中，最重要的是建立了攻击型反潜战斗群，又称反潜支援大队或反潜特混舰队（英国海军上将马克斯·霍顿勋爵指挥），反潜战斗群由护航航母、驱逐舰、护卫舰等军舰组成，这些军舰上均配备最先进的探测设备和威力最强劲的武器装备，武器、雷达、声呐等部门的骨干均是一些经验丰富的老手，这样的战斗群不担负护航任务，其使命只有一条，那就是消灭德军潜艇！这就改变了以往护航军舰遇到了潜艇后，如果不能一举将其击沉，那就不能与之周旋到底的两难境地，因为一旦追踪时间过长，船队的警戒圈就会出现缺口，容易让其他潜艇乘虚而入。而反潜战斗群则没有保护船队的后顾之忧，只要发现潜艇就穷追不舍，直到将其击沉为止。这种进攻性反潜手段彻底改变了过去防御性反潜的被动地位，变守为攻，满盘皆活。

　　这些措施逐渐开始发挥作用之后，1943 年 3 月德军潜艇的辉煌胜利，如同昙花一现，又如垂死之人的回光返照；英美两国在 3 月间所经历的惨重损失，就像是黎明前最黑暗的时刻，而在这之后就是光明！

九、后继乏力

3 月下旬起，在大西洋上活动的 U 艇陆续返回基地进行补充和休整。留在大洋上活动的 U 艇数量很少，以至于在 4 月最初的 1 周里，作战海区几乎成了真空地带。一时间，大西洋上风平浪静，与 3 月间殊死争斗简直是天壤之别！

从 4 月中旬起，随着大批潜艇经过补充和休整后再度出海，北大西洋上又集结起空前数量的潜艇，邓尼茨满怀信心，准备再创 3 月那样的辉煌战绩。但在整个 4 月份，德军潜艇只击沉了 56 艘运输船，吨位也下降至 32.7 万吨，只相当于 3 月份的 52%，而损失的潜艇却达到 15 艘之多。4 月下旬，尽管遭到了很大损失，但邓尼茨仍然决定在大西洋上集中了 60 艘潜艇，准备全力攻击盟军船队。

从 5 月 4 日夜间到 6 日凌晨，ONS-5 船队遭到了两个艇群 40 多艘 U 艇的连续攻击，但是盟军护航舰队的表现与以往护航作战迥然不同，在"卡特琳娜"式水上反潜飞

图 5-46　正在对 U 艇实施攻击的"卡特琳娜"式反潜机

机的支援下，反潜舰艇凭借其装备的先进雷达和"刺猬弹"接连对准备抵近"狩猎"的 U 艇展开了一次次勇敢的攻击，其中"奥瑞比"号驱逐舰则以"海上白刃战"的形式，直接撞沉了 U-531 号潜艇。虽然 ONS-5 船队在 U 艇的疯狂攻击下，被击沉 12 艘运输船，共计 5.7 万吨，但 U 艇亦被击沉 6 艘，击伤 4 艘，这样惨重的损失在开战以来还是第一次！这场"二战"大西洋战场上规模最大的潜艇破交战以德军的惨败而告终。

图 5-47　邓尼茨接替雷德尔出任纳粹德国海军总司令

此次作战结束后，邓尼茨在作战日志中写道：敌军装备在飞机和舰艇上的雷达不仅极大妨碍了潜艇的作战，而且还由于敌军掌握了潜艇位置而设法加以规避。潜艇隐蔽性上的优势已经丧失了。敌军航空兵几乎能对整个北大西洋航线上的船队

提供空中掩护，以往没有空中掩护的空白区敌军也于不久利用岸基飞机或舰载机加以填补。当大量飞机出现在船队周围海域上空时，潜艇就受到压制而不得不下潜以躲避攻击，这样就会落在船队后面，失去有利的战机，甚至不可能取得任何战果，特别当敌实施海空协同护航时，更是如此。

图 5-48　一艘 U 艇正在快速逃逸

正如邓尼茨写到的那样，盟国在冰岛、纽芬兰、格陵兰等地均部署有大量的岸基航空兵，其中远程飞机作战半径达 1100 千米至 1400 千米，而护航船队也始终在航空兵作战半径以内航行，从而能够及时得到有力的空中掩护。反潜舰艇利用装备的雷达、高频测向仪和声呐等设备能先敌发现，发射深弹和新型的"刺猬弹"一旦命中对于潜艇造成的损伤极大。而 U 艇只要使用无线电进行联络，就会暴露位置，随之就将遭到攻击，其优势也荡然无存。

图 5-49　被深水炸弹击中的 U 艇

在 5 月 11 日至 14 日，对 HX-237 船队和 SC-129 船队的攻击中，盟国共损失 5 艘运输船，计 2.9 万吨，而 U 艇损失却相当惨重，共有 5 艘被击沉，1 艘被重创。这次护航战，充分显示了水面舰艇和岸基航空兵、舰载机协同反潜的巨大威力，护航航母及其舰载机逐渐开始在护航战中发挥出越来越大的作用。

整个 5 月份，盟国有 50 艘运输船被击沉，损失吨位 26.4 万吨，而 U 艇则损失惨重，41 艘被击沉，因此 5 月被德军潜艇部队称为"黑暗的 5 月"。5 月 24 日邓尼茨在日记中哀叹道："到目前为止，我们的损失已经到了无法容忍的地步。"

5 月份活动在大西洋上的德军潜艇共有 118 艘，作战中损失高达 41 艘，战损率达 34.7%。在此之前，德军每损失 1 艘 U 艇可以击沉运输船 10 万吨，而这一指标在 5 月份急剧下降为 0.64 万吨！

面对如此严峻的局势，邓尼茨只得承认失败，于 5 月 23 日下令 U 艇部队全面撤出大西洋航线，南下至危险性较小的亚速尔群岛附近海域，待技术条件成熟之后再重返大西洋。这就意味着德军曾猖獗一时的"吨位战"和"狼群战术"开始走向覆灭。这一天也就成为大西洋护航保交战发生伟大转折的史诗般里程碑！

为进一步削弱 U 艇的整体作战实力，将"海狼"扼杀在"狼穴"当中，盟军充分利用在英吉利海峡附近确立的空中优势，从 4 月份开始，使用进攻型反潜力量，尤其是反潜航空兵，对邓尼茨 U 艇的"老巢"——比斯开湾进行了遮断式反潜封锁作战，截至 8 月初，在持续 97 天的封锁作战中，共击沉 U 艇 26 艘，击伤 17 艘，给予德军潜艇部队沉重打击，史称"比斯开湾潜艇大屠杀"。

图 5-50　一名正在标绘中的女性标图员，挂图中线条最密集的地方正是比斯开湾

1943 年是大西洋反潜战关键性的转折之年，从年初 U 艇的辉煌胜利到年底的日落西山，真可谓"其兴也忽焉，其衰也忽焉"。而对于盟国而言，黎明前最黑暗的艰苦时期已经过去，胜利的曙光已经来临！全年，盟国损失运输船 466 艘，约 220.3 万吨，尚不及 1942 年的一半。而 U 艇损失则高达 237 艘，被迫放弃了集群攻击战法，使同盟国能够从下半年起，比较安全地将大量的人员、装备和物资横渡大西洋，运抵英国。这些人员、装备和物资，也为 1944 年 6 月盟军顺利实施诺曼底登陆，开辟第二战场奠定了坚实的物质基础。可以说，大西洋航线护航战的胜负，对于战争的胜负是具有决定意义的。

十、垂死挣扎

早在 1943 年 5 月，邓尼茨就曾向希特勒汇报了潜艇战面临的极其不利的局面，由于盟军空中力量的急剧增强和新式定位仪器的大量使用，潜艇面临着极大的危险，希望能在技术条件解决后再恢复在大西洋的破交作战，但希特勒绝不允许放弃潜艇战，因为即使进行战略防御，U 艇在大西洋上的活动也要比在欧洲沿岸进行被动防御要好，而且潜艇战牵制了盟国大量的兵力兵器，一旦放弃潜艇战，盟军用于护航的大量兵力兵器将被转用于其他任何地方，其产生的结果都将是难以想象的。在这种情况下，邓尼茨决定不惜巨大的牺牲和代价，将大西洋上的破交作战"硬着头皮干到底"。

进入 1944 年后，U 艇的日子越来越难过，如何消灭敌人的问题已不再那么重要，生存问题已成为压倒一切的头等大事。此时盟军岸基航空兵飞机数量已超过 3000 架，每艘 U 艇平均要对抗 20—30 架飞机，除去在冰岛、爱尔兰、纽芬兰、

图 5-51　执行反潜任务"威灵顿"式轰炸机

百慕大群岛、格陵兰岛和亚速尔群岛等地建立的完善的基地网，护航航母的舰载机的空中掩护几乎覆盖整个大西洋航线，再加上护航航母的舰载机和水面舰艇所组成的攻击型反潜特混舰队，都有效挫败了德军的"狼群战术"，盟国的运输船队终于可以在大西洋上安全航行。

在 1944 年的最初 3 个月中，盟军横渡大西洋的 105 支船队的 3360 艘运输船，只有 3 艘被 U 艇击沉，而德军则付出了 36 艘 U 艇被击沉的惨重代价。邓尼茨也被迫下令取消了对横渡大西洋船队的攻击行动。

到 5 月底，邓尼茨在美国沿海只部署了 2 艘潜艇，在非洲沿海也不过 2 艘，海上活动的 U 艇数量已

图 5-52　盟军运输船队在大西洋上畅行无阻

经下降到最低，而且都只在为生存而奋斗，根本谈不上取得什么战绩。邓尼茨在大西洋上部署了 3 艘 U 艇，而且都只是负责报告天气预报，在比斯开湾各港口集结了约 70 艘 U 艇，准备用于抗击盟军即将在法国的登陆。

为抗击盟军在法国诺曼底的登陆行动，6 月 6 日当天，邓尼茨调集 36 艘 U 艇，企图冲入密布盟军登陆输送舰船的英吉利海峡，但是在由岸基航空兵、舰载航空兵和水面舰艇所组成的立体反潜防线面前，U 艇 5 沉 5 伤，仅有 9 艘安装有通气管的 U 艇进入英吉利海峡，其余 17 艘未安装通气管的 U 艇直到 6 月 15 日，仍滞留在比斯开湾附近海域。6 月 7 日至 9 日，突入英吉利海峡的 U 艇多次使用音

响自导鱼雷对海峡中的盟军舰艇实
施攻击，但由于盟军舰艇都安装了
拖曳式的"福克瑟"噪声发生器，
先后发射的 10 枚音响自导鱼雷无
一奏效。

7 月，为拖延盟军后续登陆物
资输送的步伐，部分 U 艇冒着被击
沉的巨大风险，突入英吉利海峡攻
击了盟国登陆输送船队，击沉运输
船 2 艘、登陆舰和武装拖网渔船各
1 艘，击伤运输船和油船各 1 艘，
德军潜艇损失高达 8 艘。尽管德军
潜艇在攻击船队时付出的代价非常
大，但邓尼茨认为每击沉 1 艘运输
船，船上所运载的武器、物资和人
员随船沉没，是对盟军最沉重的打
击。因为要是在陆地上消灭 1 艘运
输船上所运载的武器、物资和人员，

图 5-53 安装有通气管的 U 艇作战示意图

图 5-54 遭盟军飞机扫射的 U 艇

必将付出更大的代价。所以他向出击的潜艇卜达特别训令：勇敢地接近船队。为
了减少敌人最后的成功机会，在登陆之前就要给以打击，即使因此损失潜艇，也
应在所不惜。考虑到这一训令出自一贯注重 U 艇及其艇员安危的邓尼茨之手，
可以想象出他内心的极度痛苦，这也从一个侧面反映出德国海军的困境已经到了
何种地步。

8 月底，眼见盟军登陆场已越来越巩固，U 艇部队的拼死战斗已无力回天，
邓尼茨命令尚在英吉利海峡活动的 5 艘潜艇撤回挪威。在抗击诺曼底登陆战斗中，
德军潜艇在力量对比众寡悬殊的情况下，不计代价地投入攻击，总计击沉 12 艘
运输船、4 艘登陆舰和 5 艘护航军舰，击伤 5 艘运输船、1 艘登陆舰和 1 艘护卫
舰，但 U 艇损失惨烈。面对此情此景，邓尼茨痛心不已，他在日记中写道："潜
艇部队官兵所表现出来的坚韧不拔的精神，令我感动，我惭愧比不上他们！"

1944 年，U 艇在大西洋上的作战行动遭到了强力的遏制，共击沉运输船 131

艘，总吨位约 51.1 万吨，但损失潜艇总数则达到了无法忍受的 264 艘！大西洋上的殊死搏斗渐渐平静，但邓尼茨仍顽强坚持着代价高昂的潜艇战，他的心中还有一丝希望，那就是只要性能优异的新型 Z1 潜艇服役参战，目前的困难局面就会得到扭转！

事实上，盟军统帅部再也没有给邓尼茨和他的"狼群"以任何翻盘的机会，将对新型 U 艇的生产工厂的空袭，与对 V—1、V—2 火箭生产发射基地一样列为最优先的攻击目标，对其制造工厂和工厂附近的水陆交通线进行异常猛烈的战略轰炸，对 Z1 型潜艇的生产造成了灾难性的影响，使其在 1945 年初建成服役的计划被大大延迟。

图 5-55 新型 U 艇下水，但是再也没有形成"气候"

在 1945 年 1 月至 4 月间，为削弱盟军西欧战场的进攻步伐，邓尼茨的"狼群"先后多次发起带有某种"自杀性色彩"的攻击行动，虽然偶尔取得些许战果，但是每次作战付出的代价往往是 10 余艘 U 艇的有去无回。4 月底，邓尼茨企盼已久的第一艘 Z1 型潜艇终于建成并出海参战，但为时已晚，于事无补。

十一、最后的"彩虹"

1945 年 5 月 1 日，已有 91 艘 U 艇展开于海上，还有 12 艘 Z1 型潜艇可以投入实战，从这一趋势看，邓尼茨的"狼群"似乎正在慢慢恢复，正如他所期望的那样，重整旗鼓似乎就要实现了。但是，老天已经不会再给邓尼茨留下任何机会，因为就在前一天，苏联红军攻克柏林，希特勒自杀，根据其遗嘱，指定由海军总司令邓尼茨接任德国元首兼武装部队总司令。

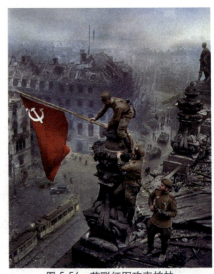

图 5-56 苏联红军攻克柏林

5月4日，邓尼茨下令潜艇部队停止战斗。

5月5日，U-853号潜艇在美国布洛克岛附近海域击沉1艘运输船，这是U艇"二战"中在美国沿海所取得的最后战果。

5月7日，英国空军1架"卡特琳娜"式水面反潜飞机在挪威卑尔根附近海域击沉德军U-320号潜艇，这是"二战"中被击沉的最后1艘U艇，而U-2336号潜艇在英国福思湾附近海域击沉的2艘运输船，则是"二战"中U艇取得的最后战果。

5月8日，德军统帅部代表凯特尔元帅在柏林近郊的卡尔斯霍斯特向同盟国递交了由邓尼茨签署的无条件投降书，盟军通过广播宣布这一消息，并要求所有在海上的德军潜艇浮出水面，报告具体位置并开到指定港口向盟军投降。

图 5-57　凯特尔代表纳粹德国向盟国递交无条件投降书

图 5-58　U 艇在波特茅斯海军船坞向盟军投降

5月9日，第一艘U艇回到基地，向盟军投降。在随后几天中，先后有156艘U艇返回基地，向盟军投降。

可是，战争的结束并没有使一切灾难性的后果戛然而止。德国海军潜艇部队深受纳粹思想毒害的官兵，认为邓尼茨下达的不得破坏武器与自沉军舰的命令是在受胁迫情况下发出的，并非出自他的真心，更何况在纳粹德国海军中，向敌国交出军舰有损军人名誉，加之在1919年6月第一次世界大战结束后，纳粹德国海军曾有过将"大洋舰队"主力战舰自沉的先例，德军潜艇部队私下传开了"一战"时自沉的暗语代号"彩虹"。与"一战"结束后斯卡帕湾公海舰队悲壮的自沉一样，纳粹德国的"狼群"没有给盎格鲁－撒克逊人以再次羞辱自己的机会，随着一道暗语"默虹"的发出，203 艘（也有史料称 220 艘）U 艇集体自沉，"U 艇"和"狼群"也就此成为一个历史符号。

在 1939 年 9 月 1 日战争爆发时，德国海军拥有 57 艘潜艇，战争中建成 1131 艘，总共有 1188 艘潜艇投入战争。

在历时 5 年 8 个月又 7 天的战争中，U 艇共击沉盟国和中立国的运输船 2828 艘（也有资料记载为 2603 艘），总吨位达 1468.7 万吨，平均每月击沉 41.4 艘，21.5 万吨。其中 1943 年 3 月击沉 108 艘，计 62.7 万吨，为最高月战绩。潜艇所取得的战绩占德国海军击沉运输船 5150 艘总数的 54.9%，总吨位 2158.1 万吨的 68.1%，U 艇的战绩也是"二战"中所有参战国海军潜艇中战绩最高的。

与此同时，U 艇部队也付出了巨大代价，共损失潜艇 778 艘，其中 719 艘潜艇是被盟国海空军击沉，其余 59 艘则是由于碰撞或事故等其他原因损失的。战争期间 U 艇部队服役的官兵总数约为 4.1 万人，阵亡和失踪的达 2.8 万人，被俘 0.5 万人，伤亡率高达 80%，是纳粹德国陆海空三军诸军兵种中伤亡率最高的部队。

盟国方面，大西洋海战中的人员伤亡难以准确统计，仅牺牲的运输船船员总数至少为 5 万人，英国海军牺牲的 7 万余人中大多数也是在同德军潜艇的战斗中英勇献身的，因此保守地说，同盟国的人员伤亡人数在 10 万以上。交战双方如此惨重的人员伤亡，这场贯穿战争全程的海上战役，其悲壮惨烈可见一斑！

可以这样说，盟国以极其高昂的代价，保障了大西洋航线的安全，取得了大西洋之战的最终胜利，不仅挽救了英国，也赢得了战争。5 年 8 个月的海上厮杀，双方在护航与破交作战中，无论是战略战术的比拼，情报分析与密码破译的较量，飞机军舰与潜艇的斗智斗勇，还是双方官兵的无畏与顽强，都在世界海战史上树起了一座丰碑，创造了很多堪称经典的战例，成为后人研究潜艇破交与反潜护航

图 5-59　1945 年 5 月 23 日邓尼茨在弗伦斯堡被盟军逮捕

图 5-60　邓尼茨拘留时的资料

的绝佳教材。而从此之后，潜艇也深受世界各国海军的高度重视，极大地影响到战后各国军事战略和海军战略的发展。

卡尔·邓尼茨作为德军海军潜艇部队的指挥官和"狼群战术"的始作俑者，于5月23日被英军逮捕，1946年10月在纽伦堡国际军事法庭作为"二战"主要战犯，受到审判，并被判处10年有期徒刑，1956年10月刑满获释，定居于汉堡。1980年10月在汉堡病逝，享年89岁。

"二战"后期出任英国海军大臣的坎宁安海军上将曾这样评论他："是自荷兰人戴路程以后对英国最危险的一个人！"这句话也是来自对手对他的最好评价。

"阴差阳错"的遭遇战

——珊瑚海海战

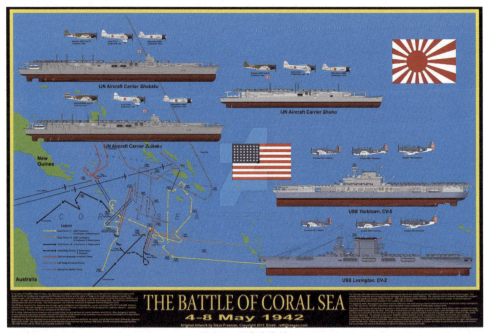

图 6-1　珊瑚海海战

　　珊瑚海，位于西南太平洋，澳大利亚东部，是世界上最大、最深的"海"，总面积480万平方千米，其中包括世界最大的珊瑚礁"大堡礁"（著名的旅游胜地、潜水爱好者的天堂），最深处新赫布里底海沟深度达9175米。其实，在那个信息尚不发达的时代，珊瑚海的闻名于世更源于1942年5月4日至8日爆发的那场人类历史上首次航母舰队交战，双方作战舰艇在"未曾谋面"的情况下"一炮未开"，"破天荒地"由飞机（主要是舰载机）主宰了海战场。交战双方共投入5艘航母，近300架作战飞机（200余架舰载机），30余艘护航舰艇。最终，美海军在付出两艘舰队航母一沉一伤（"列克星敦"号沉没、"约克城"号被重创）、"尼奥肖"号大型油船和"西姆斯"号驱逐舰沉没、损毁 66 架飞机、阵亡 543 人的重大代价后，击沉日海军"祥凤"号轻型航母、"菊月"号驱逐舰，重创"翔鹤"号舰队航母，击毁飞机 77 架，毙敌 1043 人。不仅成功挫败了日本海军连战连捷之后的膨胀野心，彻底粉碎了其分割美澳的战略企图，还在战略防御阶段稳定了军心，控制了战局，通过有效的作战行动为战区作战布势的调整赢得了时间，为战略态势的积极向好发展创造了条件。

一、战役背景

从 1941 年 12 月太平洋战争爆发以来，日军的战略态势可以用这样几个词来概括形容：咄咄逼人、地广兵稀、袭扰不断、以攻为守。

咄咄逼人：从 1941 年 12 月 8 日"奇袭珍珠港"将太平洋舰队的主心骨——7 艘战列舰打趴窝儿开始，日本海军一时间咄咄逼人、风光无限，在两洋之间（东印度洋、西太平洋）翻江倒海卷巨澜，在爪哇海战、马来海战和锡兰海战中将英美等西方国家的舰队打得溃不成军，还在菲律宾将麦克阿瑟的陆军部队逼入绝境，尤其是攻克了号称"东方直布罗陀"的新加坡，极大地震动了整个西方世界，一时间"旭日旗恐慌"喧嚣尘上。虽然形势一片大好，但是日本作为一个后起的、基础相对薄弱的、资源极度匮乏的工业国，向整个西方世界发动战争的根本目的在于攫取可靠的、不受制于人的战略资源。因此，在自认为基本取得"两洋"制海权之后，日本海军军令部将目光投向了南太平洋上的斐济、萨摩亚和新喀里多尼亚（代号"FS"作战），企图切断美澳之间的战略联系，力求在实现战略资源吸收转化的同时，完成在南太平洋的投子布势，这既是《帝国国防方针》几十年春秋大梦的美好憧憬，又是化胜为利、遏制英美反攻的现实需要。虽然山本司令官还有"更远大的抱负"（在中太平洋发动攻势），但是这却是目前的务实之举。

地广兵稀："一战"结束之后，原本属于德国殖民地的南洋诸岛（马里亚纳群岛、马绍尔群岛和加罗林群岛）划归日本，由 1940 年才设立的"第四舰队"在这块南北 1600 千米、东西 4300 千米的地盘上看家护院。受《华盛顿条约》的限制，该区域禁止修整军备，日本直到 1936 年退约后才开始进行战场建设，当时谁也没想到仅仅过了 5 年的光景就会跟盎格鲁－撒克逊人开战，而且一开打就在南洋面对着美国和澳大利亚两个强敌。在本该是最为重要的广阔南洋之上，日本人却配置着极其薄弱的海上力量："鹿岛"号训练巡洋舰和"一战"时的"天龙""龙田"号巡洋舰，以及部分辅助舰艇（水雷战队），真的是地广兵稀。不管连战连捷的帝国海军有多么狂妄，谁都知道仅仅凭借着这支连攻占小小威克岛都无法胜任的羸弱力量来实现分割美澳的战略目的是荒谬的，为此，山本司令官必须予以援手，才能帮一帮老战友井上成美和他那可怜的第四舰队。

图 6-2　第四舰队司令长官井上成美

　　袭扰不断：珍珠港事件后，美国人在太平洋上的日子真的很难过，菲律宾的溃败，威克岛、关岛的失陷，一下子将战略防御前沿由"一岛链"推到了"二岛链"之外，直接把大后方——夏威夷变成了作战前沿（所以从这个角度我们就更能理解美国人在战后至今的太平洋战略布势）。老谋深算的美国人按照战前 20 年间反复修订过的"橙色计划"，使用幸存下来的机动力量（珍珠港幸存下来的航母和重巡）向马绍尔、吉尔伯特群岛方向主动出击、袭扰并举，在力避被动的同时牵着对手的鼻子走。

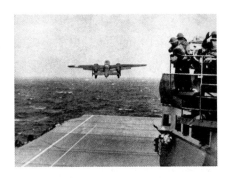

图 6-3　杜立特轰炸东京的行动将太平洋战争初期的反攻推向了高潮

最终，这一切在 1942 年 4 月 18 日达到了高潮，杜立特率领 16 架经过改装的 B-25B 型轰炸机由"大黄蜂"号航母起飞轰炸了东京，极大地震动了日本的朝野，也改变了战争的整个进程。与此同时，西南太平洋弗莱彻指挥第 17 特混舰队（以"约克城"号航母为核心）一系列打了就跑的袭扰行动，也使以拉包尔为基地的第四舰队"烦扰不断"，成为日军西南方向战略扩张的最大障碍。

　　以攻为守：为了改善"南洋诸岛"当面的战略态势和井上成美及其麾下第四舰队的艰难处境，日本陆海军罕见地继"FS 作战"之后再次达成了一致，这也就是以攻占莫尔兹比港和图拉吉岛为主要目的的"MO 作战"。必须看到，二者虽然在作战方向和作战地域上存在着重合，但却是截然不同的两回事。"FS"是彻头彻尾的进攻和战略分割（甭管他实现没实现，反正是进攻），而"MO"则是虚张声势的以攻为守，与其说是在美澳之间打入一个楔子，莫不如说是通过攻占莫尔兹比港，在澳大利亚的北面树立一道屏障，让麦克阿瑟以澳大利亚为基地的轰炸机收敛一点，减少对周边（萨拉莫阿、莱城以及拉包尔）日军基地的袭扰，也顺便改善一下第四舰队的生存环境。为此，山本"大度"地"雪中送炭"，给老同学送来了由两艘最新式航母组成的"五航战"（虽然是 3 个航空战队中水平最差的，但井上也算鸟枪换炮不再受欺负了），并向拉包尔陆海并举持续增兵。就这样，一场发生在西南太平洋上的海空大战已不可避免。

二、双方企图

4 月初，正当南云忠一率领 3 个航空战队的 5 艘舰队航母在东印度洋上所向披靡之时，身处煎熬忍耐之中的井上成美也在眼巴巴盼望着山本司令官能将机动部队大多数航母派往南洋，以支持他的"MO 作战"。但是联合舰队与军令部之间的激烈博弈却使对 6 艘舰队航母的方向分配和时间安排出现了"一波三折"的变化，这些"戏剧性"的变化对美日双方的战备规划和后续作战行动都产生了重大的影响。

起初，山本只答应给井上"加贺"和"祥凤"，但是井上不干，认为力量不足，想要二航战的"飞龙"和"苍龙"，但山本不愿影响即将执行中途岛作战任务"双龙"的休整，将"加贺"换成了五航战的"翔鹤"和"瑞鹤"，这样日本人即将用于珊瑚海方向的航母总数就达到了两大一小的 3 艘。但此时，美海军的情报部门却未能摆脱"加贺"号的阴影，认为日本人在珊瑚海将至少投入 4 艘航母。这一判断着实让尼米兹和整个太平洋舰队司令部感到压力巨大。因为尼米兹手中 5 艘航母中哈尔西正带着"企业"

图 6-4 日海军"加贺"号航空母舰

和"大黄蜂"号送杜立特轰炸东京，"萨拉托加"号正在西海岸抢修（挨了日本潜艇1枚鱼雷），能用于珊瑚海方向的只有菲奇的"列克星敦"和弗莱彻的"约克城"。现在对于尼米兹来说，关心的不仅是敌人的主攻方向（山本会不会同时在南太平洋和中太平洋同时动手），还有最可宝贵的时间，他必须保证在日本人向西南太平洋动手之前，哈尔西带着"企业""大黄蜂"号航母要能够"回得来、出得去、赶得上"。

图 6-5　美海军"列克星敦"号航空母舰

就在即将被海量信息淹没，陷入决策困境之时，美国海军夏威夷情报站站长罗彻福特——这位中途岛战役情报战领域的关键先生提前登场了，他的情报信息汇总为尼米兹基本勾勒出了日本海军后续作战的轮廓（除"加贺"号外），也帮助后者下定了在南太平洋投入重兵（其实就是"押上家底"）的决心，下面就看弗莱彻能不能顶住敌人的第一波攻击并帮助哈尔西粉碎第二波（按计划哈尔西要等到5月12日才能带着2艘航母赶到）。

图 6-6　美海军夏威夷情报站站长罗彻福特

正当尼米兹调兵遣将、弗莱彻厉兵秣马、哈尔西星夜兼程之时，鸟枪换炮的井上成美却沿袭了日本海军的好习惯——为了复杂而复杂的计划！跟后来的中途岛战役一样，如果联合舰队倾巢出动、一门心思来的话，无论是尼米兹还是麦克阿瑟都将无计可施，但是联合舰队非要屋上架梁、节外生枝，就这么一个并不复杂的登陆作战，愣是给井上成美这个"长期在帝国海军中枢行走的精英"弄得复杂无比，将20来艘船愣是给兵分四路。

一路是图拉吉岛攻略部队，一路是"MO攻略部队"，一路是掩护前两路的"MO掩护部队"（包括"瑞凤"号航母、4艘重巡、1艘驱逐舰），最后一路是用于执行航母警戒任务的"MO机动部队"（五航战"双鹤"和2艘重巡、6艘驱逐舰，指挥官高木武雄）。井上的算盘是分为三个阶段：第一阶段主要是建立一系列水上飞机基地，掩护志摩清英（就是后来莱特湾海战中在苏里高海峡"掉头就跑"的那个志摩）攻占图拉吉岛；第二阶段水上飞机进驻图拉吉岛，掩护"MO机动部队"绕过所罗门群岛东端进入珊瑚海并空袭汤斯维尔盟军机场(后取消)，"MO攻略部队"将于5月10日夺占莫尔兹比港；第三阶段"MO机动部队"在夺占莫尔兹比港之后，在珊瑚海中部等待盟军前来增援的舰队。在井上成美这个复杂计划当中，最为关键的前提条件就是盟军对他的计划未有察觉，并且在MO作战临近结束时敌航母才会赶到。在珊瑚海日本人遇到的情

图 6-7　美海军第 17 特混舰队指挥官弗莱彻

图 6-8　日海军"翔鹤"号航空母舰

况跟后来中途岛是一模一样的，因为此时美国人依靠出色的密码情报优势，已"基本同步掌握"了日本人的作战计划。为什么说"基本"呢？因为美国人掌握了敌人的进攻时间（5月的第一个星期）、主攻目标（莫尔兹比港）和大致的兵力（4艘航母比实际多1艘），但是并没有预料到敌人会从东面来了一个"左勾拳"（井上成美语）。

弗莱彻的设想是，分别以"列克星敦"和"约克城"号为核心，采取"环形阵"将护航舰艇分为两批进行编组，既考虑到防空火力的密度，又考虑到航母的防空机动。同时，鉴于日本人活跃的空中侦察，弗莱彻决定以不变应万变，将两艘航

母放在了珊瑚海的入口处，只等敌人上门就来个重锤猛击。但其最大的缺点是：只考虑到取捷径威胁莫尔兹比港的方向，而忽略了图拉吉岛以及敌人可能从东面来袭的可能（其实他即使想到了也鞭长莫及，能"把宝押好一头"已经不错了）。就这样，高木武雄和弗莱彻都带着或多或少的预先误判走到了战场，在剩下的战斗中胜利将属于能先逃过一劫，且少犯错误的一方。

图 6-9 美海军"约克城"号航空母舰

三、战役经过

（一）开局

从 5 月 1 日到 6 日，美日双方几乎是不约而同地在做 3 件事：机动、补给和侦察。首先，不管是从特鲁克还是拉包尔出发，抵达珊瑚海周边区域都需要穿越上千千米的漫长旅途。对于航速较高的战斗舰艇来说可能并不是那么困难，但是对于那些航速只有 8—10 节的运输舰船来说，无异于征途漫漫。对于美国人来说，即便是对于先期就在

图 6-10 恶劣海况下的燃油补给充满了风险

珊瑚海游曳的第 17 特混舰队来说，也需要不停地机动，因为侦察要机动、补给要机动，就连生存也需要不停地机动（此时珊瑚海日潜艇活动十分频繁），而机动就要产生消耗。这就引出了第二项工作——补给，在当时的技术条件下，对于最主要燃料——重油的消耗是十分惊人的，与和平时期以经济航速为主的估算模式大相径庭，尤其是驱逐舰等中小型舰艇，20 节航速的耗油量将是 15 节航速的

1.8 倍，25 节时是 3.9 倍，30 节时则是惊人的 8.4 倍！ 15 节能航行 10.5 天的油用 25 节只能航行 2.7 天！最要命的是对于整个舰队来说，燃油量要以油量最少的船 为基准，也就是说航行 2000 海里，就必须加一次油，因此防御最为薄弱的舰队 油轮就成为整个作战体系中极为重要的一部分。在这一点上美国人解决得比较好， 可是对于日本人来说就完全不一样了，再加上美国潜艇的"配合"，在整个战争 期间，缺油问题始终令联合舰队上下无比头疼。除此之外，在当时的技术条件下， 恶劣气象条件时的海上加油也并不是一件容易的事，为此美日双方的舰队都需要 不停地来找天吃饭，这也是后来影响双方战机把握的一个重要因素。最后，尽管 双方在珊瑚海周边星罗棋布的基地上都部署有大量的陆基飞机和续航力较大的水 上飞机，但是都存在对海上目标识别能力差、攻击能力弱的缺点，因此航母舰队 就必须事事靠自己，"察打一体"的侦察掩护行动更是每天的例行性任务（飞机 也在不停地摔）。

在这一阶段，美日双方在完成共同科 目的同时，还都秉持着不同的个性化内容， 按照计划日本人在攻占莫尔兹比港之前还 得节外生枝地攻占图拉吉岛，志摩清英在 5 月 3 日就兵不血刃地占领了空无一人的岛 屿，弗莱彻也很配合，在获悉日本占岛的 情报之后，毅然放下加油的"列克星敦"， 自己带着"约克城"北上，在 5 月 4 日一 天之内炸了志摩 3 个波次，让日本人过了 一个印象深刻的"青年节"。

虽然战果不大，但是却把敌人打得四 散而逃，算是取得了一个小小的开门红。 而高木武雄却由于要给驻拉包尔的台南航

图 6-11 志摩清英

空队运送 9 架必不可少的零式战斗机，因为大气原因耽误了一天半，在获悉图拉 吉岛遭袭时，只能眼巴巴地鞭长莫及。

直到 5 月 6 日，弗莱彻和高木武雄都通过零散的、不完整的，甚至是错误的 侦察情报，一知半解地判明了对方航母舰队的情况。基于航空侦察、无线电测向 和密码破译情报的综合，弗莱彻坚信：敌人会从北方来——实际上北边的是"祥

图 6-12 今日图拉吉岛海域 "菊月" 号
驱逐舰的残骸

图 6-13 高木武雄

凤",而 "双鹤" 会从东面来,并将于 5 月 7 日或 8 日袭击莫尔兹比港,做好次日迎击敌人的准备。高木认为:敌航母舰队已位于珊瑚海活动,正在向南机动,准备次日发起攻击。实际上,受不完整情报、恶劣天气等多重因素的影响,在 6 日 19 时 30 分日落时,弗莱彻和高木在 60—70 海里的距离上擦肩而过,与弗莱彻一门心思向北不同的是,高木已基本判明了美航母舰队的大概位置和次日动向,准备在 7 日发起致命一击。由此可见,战略层级的情报优势并不能与对时效性要求很高的战术情报画等号,相反还会由于自身存在的不可避免的偏差而产生对前线指挥官的误导。

就这样,珊瑚海送走了最后一个平静的黄昏,明天等待弗莱彻和高木武雄的将是暴风骤雨。

(二)进攻

5 月 7 日尚未天光大亮,美日双方分别派出了各自的 "斥候",高木派出了 12 架,弗莱彻派出了 10 架,不同的是日本人是自东向西南,而美国人是由南向西北。5 时 20 分,"翔鹤" 号的 2 号侦察机率先发现目标,报告:"发现敌航空部队,航向 15 度,航速 20 节。" 又于 5 时 58 分报告:"敌航母位于我航母182 度,距离 163 海里,航向 0 度,航速 16 节。" 五航战司令官原忠一据此下

定决心，6 时 15 分，由 18 架零式
战斗机、36 架舰爆机、24 架舰攻
机组成的攻击机群起飞。但是问题
马上就来了，6 时 10 分，同样是"翔
鹤"派出的 6 号侦察机报告："发
现美军油船。"后于 6 时 40 分报告：
"航向 90 度，航速 10 节。"此时
五航战的指挥层谁也没把油船和航
母联系到一起，直到两架侦察机开
始返航后，8 时 40 分最先发现"航

图 6-14 日海军舰载机正朝报告中的美军航
母的方位飞去

母"的 2 号侦察机报告："我所接触的航母实为运输船之误。"想象不到，听到
这个消息后，高木武雄和原忠一是怎么个表情？开弓没有回头箭，炸错就炸错了
吧，即使想处分谎报军情的飞行员，也得等他回来再说。

就在日机发现航母后的 15 分
钟，也就是 5 时 35 分，"约克城"
号的飞行员基斯·泰勒报告："发
现敌 2 艘重巡洋舰。"6 时 15 分另
一架侦察机的飞行员约翰·尼尔森
报告："米西马岛以北发现 2 艘航
母和 4 艘重巡洋舰，航向东南，航

图 6-15 日海军"古鹰"号重巡洋舰

速 18—20 节。"此时日航母与弗莱彻相距 225 海里，几乎是迎面而来，按理说
弗莱彻没啥好犹豫的，可直接下令攻击机群起飞。但是，鉴于美航母舰载战斗机
和鱼雷机作战半径只有 175 海里，弗莱彻和菲奇（第 17 特舰航空指挥官）决定
等一个小时再发起由战斗机、俯冲轰炸机和鱼雷机一同参加的完全体攻击。7 时
15 分，在提心吊胆等了 1 个小时后，哥俩再也熬不住了，不管作战半径够不够，
直接下令"列克星敦""约克城"号攻击机群分两个波次起飞（间隔 15 分钟），
第一波 10 架 F-4F、28 架 SBD、12 架 TBD，第二波 8 架 F-4F、25 架 SBD、10
架 TBD。就在"约克城"号的攻击机群起飞时，情报军官向弗莱彻报告："特
混舰队可能已被敌人发现。"这时候弗莱彻面临的情况也是开弓没有回头箭，管
他有没有被发现，就看这一锤子是不是砸上并砸准了。

都说在战争中万事皆有可能，在珊瑚海确实如此。就在刚刚发现敌航母、立下头功的飞行员尼尔森驾机着舰之后，大家一拥而上打听关于航母的花边新闻之时，尼尔森却一脸惊讶地说："航母？什么航母啊？！"原来是因为通信编码设备故障，"2 艘驱逐舰"被发成"2 艘航母"。当听完他的详细汇报之后，估计弗莱彻真的要被气疯了。他在 8 时 31 分对菲奇说："攻击

祥凤级航空母舰

图 6-16　日海军"祥凤"级航空母舰

机群受到误导，可能找错了目标。"此时，已经不是开弓没有回头箭的问题，而是箭会射向哪里的问题，他面临着是召回攻击机群还是让他们往北飞碰运气的两难。我们总说在关键时刻最能考验一个指挥官的决心意志，在这个时候最忌讳的就是犹豫不决，弗莱彻必须作出自己的决断，哪怕会是错的。最终，作出了继续飞碰运气的决断，这一次运气也站在了他的一边。

就在弗莱彻艰难地做选择题的时候，传来了一个好消息和一个坏消息。好消息是：莫尔兹比港的航空指挥官报告"在北方发现敌 1 艘航母、10 艘运输船和 16 艘战舰"，经判断与尼尔森误报的"航母"位置基本重合，也就是说他撞上大运了。一个坏消息是：身处大后方的"尼奥肖"号油轮被炸了。这也就是说，敌人的航母不在或不全都在北方。那么敌人的航母在哪里呢？

原来，五航战的"双鹤"就在弗莱彻的东偏南方向 350 海里之外。日本人的攻击机群也在发现"尼奥肖"和"西姆斯"号之后，继续向周边海域延伸搜索，他们不相信就这么几只小鱼小虾，但是几经搜索后确实一无所获，9 时 26 分"翔鹤"号的飞行队长高桥赫一报告："未发现敌航母，攻击目标为敌油船。"

图 6-17　遭到大批日机攻击的"尼奥肖"号迅速起火燃烧

就这样，"尼奥肖"和"西姆斯"号先后遭到了 36 架舰爆机的轮番蹂躏，"西姆斯"号迅速沉没，而"尼奥肖"号由于油舱空载，在失去动力燃起大火后，孤零零地漂浮在海面上（人员撤离后，最终被己方驱逐舰用鱼雷击沉）。

图 6-18　描绘美军舰载机痛击"祥凤"号航母的油画

正当高桥带着 36 架舰爆机肆意妄为之际，孤木难支的"翔凤"号先后遭到了 75 架美机的轮番攻击，尽管做出了灵活的机动和顽强的抗击，并击落击伤了 3 架美机，但仍被 13 颗航弹和 7 枚鱼雷命中，这艘排水量 10000 余吨，搭载各型作战飞机 20 余架的轻型航母迅速沉入了海底。这也是日本海军开战以来损失的第一艘航空母舰，弗莱彻终于为 6 个月前珍珠港的奇耻大辱出了一口恶气。

就这样，五航战和第 17 特舰的第一个回合转瞬结束了，双方都在重整旗鼓、补充油弹，琢磨着如何把吃的亏找回来。

（三）防守

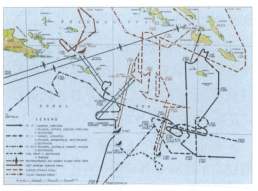

图 6-19　珊瑚海海战示意图（5 月 6 日至 9 日）

在攻击机群返航着舰后，有两个问题始终困扰着弗莱彻，一是敌人的航母舰队究竟在哪里？二是敌人将在什么时候发起攻击？其实从根本上讲，这两个问题是一回事，就是——敌人在哪里？如果说战争就是一个消除威胁的过程，那么消除威胁的最好办法就是尽快找到并消灭他！但此时取得了开门红的第 17 特舰却很茫然，因为不知道去哪里找敌人，往北吧，即使敌人在北方也不会在那里不动等着挨打；往南吧，所有预先情报和作战中获取的信息都否定了这一可能；剩下的只有东方。可是时间和天气都不允许，因为舰载机准备好就已是

14 时 30 分（当地时间），距离日落只有不到 4 个小时，同时海区气象极为恶劣，"多风暴，乌云覆盖率约 90%，雷雨频频，云底高和能见度均为零"。在这样的时间窗口和气象条件之下，如果贸然出击的话，无异于自杀。虽然击沉了 1 艘敌轻型航母，但是 "MO 攻略部队" 登陆输送舰船和 "双鹤" 仍未出现，总体形势仍旧是敌强我弱，在准备了一桌饭却来了两桌客人的情况下，如果因此出现不必要的非战斗减员，那么很可能在次日的战斗中功亏一篑。这样的风险，当时弗莱彻不敢冒。

为了彻底将 "MO 攻略部队" 的登陆船团拦截在莫尔兹比港外，弗莱彻于 7 日凌晨将英国海军少将克瑞斯指挥的第 17 特舰支援群（3 艘巡洋舰和 3 艘驱逐舰）派往了西北方向，以备不时之需（实际上就是在 2 艘航母失去作战能力之时，仍有最后一搏之力）。在上午的战斗中，谁也没顾上去管这个配角，但是午后一系列监听和侦察情报显示 "敌人冲着配角去了"，尤其是 15 时 26 分（当地时间）收到了克瑞斯的电报 "刚刚遭到 27 架轰炸机的袭击"，弗莱彻和菲奇的心一下子悬了起来。不对呀，敌人航母在东，第 17 特舰在北，克瑞斯在更靠西北的方向，在北面敌人航母已经被击沉的情况下，究竟是谁炸的他？只能是敌人的陆基轰炸机。

图 6-20　指挥第 17 特舰支援群的英国海军少将克瑞斯

实际上克瑞斯还少算了 7 架，他总共遭到了 3 批 34 架敌我混杂轰炸机的攻击。为什么这样说呢？因为他首先遭遇的第一批是由拉包尔起飞的第 4 航空队 12 架 "一式陆攻机" 的鱼雷攻击，第二批也是由拉包尔起飞的隶属于元山航空队的 19 架 "九六式陆攻机" 的航弹轰炸，借助雷达的早期预

图 6-21　正遭受日机空袭的第 17 特舰支援群（中间为 "澳大利亚" 号巡洋舰）

警和指挥得力，航速较高的巡洋舰和驱逐舰有效规避了日机的攻击，击落敌机 5 架，自身无一损伤；最为戏剧性的却是第三批轰炸他的是"自家"的 B-17"空中堡垒"，好在 B-17 飞得高、投弹不准，没有造成任何损失。

在没有空中掩护的情况下，克瑞斯指挥编队有惊无险地左躲右闪之后，干脆向西机动，一方面远离敌人、减小威胁，另一方面等入夜之后再向东机动，在次日的战斗中截住敌人前往莫尔兹比港的登陆编队。

正当弗莱彻左顾右盼、克瑞斯闪转腾挪之际，高木武雄和原忠一也没闲着，当天上午向南扑空的五航战正展开侦察，飞行员们都在琢磨着怎么把怒火发泄到敌人的航母上。但是航空侦察将克瑞斯护航编队的重巡洋舰误认为航空母舰的错误报告却给高木造成了敌航母舰队一分为二的错觉，"远在天边"的井上成美也一再要求高木前去进击，但是此时五航战却没法说打就打，因为一是离西北方向敌人太远，又必须迎风放飞战机（此时风向东南）；二是攻击机群尚未从南方返航，他只能眼睁睁地干等。1 个小时过去了，高木再也等不住了，直接带着"双鹤"高速奔向西北。期间不断起飞侦察机搜索，但都一无所获，直到 16 时认为两军相距 360 海里，到 18 时 30 分可以缩小到 200 海里，这样舰攻机、舰爆机的作战半径就够得上了。16 时 15 分"翔鹤"号的飞行队长高桥赫一率领 12 架舰爆机、15 架舰攻机起飞，请注意，由于是夜袭，所以五航战派出的都是经过夜间攻击训练的最优秀机组，还没有战斗机护航（怕战斗机飞不回来），日本人也给攻击机群起了个十分形象的代号"薄暮攻击队"。

图 6-22 "翔鹤"号飞行队长高桥赫一（图中穿飞行服背对镜头者）正在向"薄暮攻击队"队员布置任务

虽说是经过夜战训练，但是在当时的技术条件下，"薄暮攻击队"的精英飞行员还得靠自己的一双眼睛去找，等他们飞到预定海域一看，傻眼了，越来越暗的大海上空空如也。怎么办？再转下去就得迷航，在漆黑的大海上迷航可不是闹着玩的，干脆撤吧。可是美国人在雷达的帮助下，没有放过他们，借着夕阳，18 架 F-4F 上去就把这一波 9 架日机中的 8 架给揍了下来，剩下的那 1 架见势不妙边跑边报告："攻击队因敌战斗机（攻击）而全灭。"飞在后面的"薄暮攻击队"指挥官高桥一看，这仗没法打了，赶紧撤吧。同时命令各机把鱼雷炸弹都抛掉，通过减小载荷来降低油耗，延长留空时间。

这时已是日落的尾声，美国人的战斗机也没有穷追不舍，而是见好就收地依次陆续缓慢着舰。与此同时，航母上的对空雷达却发现有不明飞机冲着编队飞了过来，起初以为是敌人要实施鱼雷攻击，可是放近一看不是那么回事，这一架架不明飞机在打着航行灯的同时，还用手提信号灯"挤眉弄眼"，眼尖的防空炮手认出来了，这是敌机！在确认编队上空没有自己人之后，"约克城"号的高炮像焰火一样迸发，见势不妙的日机迅速逃之夭夭。日机这个走错门的反常事件说明就在第 17 特舰附近就有敌人的航母，可能还不止 1 艘！同时，"列克星敦"号的对空雷达发现，在第 17 特舰正东 30 海里处，

日机盘旋了一阵，一架接一架地消失。"列克星敦"号舰长谢尔曼认为，日航母可能就在那里，提议用轰炸机和鱼雷机出击；还有的人认为，可以用金凯德的巡洋舰（或驱逐舰）前出夜袭。说实话，近距离发现敌航母这样的诱惑确实难以抗拒，但是弗莱彻考虑的却是找不到怎么办？先且不说 SBD、TBD 的飞行员没有经过夜间攻击训练，即使能摸黑开火，"列克星敦"号的飞行甲板也已经是停满了返航战机，一时半会儿飞不起来啊。此外，如果派巡洋舰（驱逐舰）去的话，如果没找到目标天却亮了，就都将成为日机的活靶子。因此，弗莱彻忍着极大的诱惑，顶着巨大的压力，理智地放弃了

图 6-23 "列克星敦"号舰长谢尔曼

这次机会渺茫的冒险。事后好多年，弗莱彻的这个决定引发了众多的争议，但是有两个人的话至情至理：一个人叫尼米兹，他说："不做这样的攻击尝试是明智之举，他当时并不了解敌军的构成，他不分散兵力的做法很正确。"另一个人是"约克城"号的飞行队长特纳·考德威尔，他说："真要是出击的话，我们中间肯定有很多人会丧命的……"

就这样，5 月 7 日的战斗随着黑夜的降临而落下了帷幕。这一天的战果让井

上成美受到了联合舰队宇垣参谋长的训斥和事后调查，而幸运的弗莱彻也明白，幸运的光环不可能总在他的头上，次日的事实也的确如此，无论是运气还是天气都没站在他的一边。

（四）惨胜

从 5 月 7 日的交战结果来看，弗莱彻和高木武雄尽管都遭受了从天而降的打击，但都未伤筋动骨，不是他们会乾坤大挪移，而是运气好，有人为他们挡了枪。给"双鹤"挡枪的是"MO 掩护部队"的"祥凤"，给第 17 特舰挡枪的是"尼奥肖"和"西姆斯"，对了还有克瑞斯指挥的支援队。但是到了 5 月 8 日天光大亮之时，五航战和第 17 特舰就再也找不到帮助"挡枪"的"同伴"，只能"自求多福"了。

经过 7 日一整天的反复纠缠，美日双方对彼此的活动位置、攻防能力都有了一个基本判断，因此在 6 时 30 分（东京时间，下同）晨光初照之前，双方都迫不及待地派出了自己的斥候。这一次掌握先机的却是日机。8 时 02 分，"约克城"号的对空雷达在西北 18 海里处发现目标，并后续监听到盯梢者发出的报文："英国人，英国人，英国人！"与此同时"列克星敦"号也

图 6-24　"约克城"号（前者）和"列克星敦"号攻击机群准备出击

发现了该目标，舰长谢尔曼甚至准确预测到日机的临空攻击时间为 11 时整。就在弗莱彻焦虑之时，"约克城"号的侦察机飞行员约瑟夫·史密斯也在乌云和风暴的间隙中找到了对方的航母舰队，报告："8 时 20 分发现 2 艘航母，4 艘巡洋舰、多艘驱逐舰，方位 006，距离 120 海里，航速 15 节。"（实际距离应该为 190—200 海里。）120 海里！这个距离对于航空兵来说几乎是顶着胸膛开枪，没啥好说的，直接卜令攻击机群起飞，干吧！就这样，9 时整，第 17 特舰出动了 117 架战机中的 75 架（15 架 F-4F、39 架 SBD、21 架 TBD），分两个波次向北杀奔"双鹤"而来。几乎与美机起飞的同时，五航战也出动了 96 架战机中的 69 架（18 架零式战斗机、33 架舰爆机、18 架舰攻机），直奔第 17 特舰而来。

值得一提的是，此时珊瑚海的风向是东南，双方的航母都在迎风高速航行放飞战机，第 17 特舰在南、向南航行、机群向北飞，五航战在北、向南航行、机群向南飞，这样就造成了日航母与美机相向而行、迎头相撞的态势，也恰好进入了 F-4F、SBD、TBD 的作战半径，阴差阳错地给了弗莱彻先动手的机会。

10 时 57 分，由"约克城"号起飞的第一波攻击群（6 架 F-4F、24 架 SBD、9 架 TBD）开始对"双鹤"展开了攻击，预有准备的五航战一边组织升空的零式战斗机和舰艇防空火力抗击，一边向附近的"雷雨区"高速机动，造成了"瑞鹤"在北，"翔鹤"在南，大部分护卫舰艇在北的态势，33 架攻击机眼见着"瑞鹤"钻入雷雨区够不上干着急，就把火都撒到了"翔鹤"的身上，在零式战斗机、高炮以及护航舰艇施放烟幕的共同作用下，投入攻击的 24 架 SBD 只命中了 2 枚 1000 磅航弹，而 9 架 TBD 的鱼雷则全部脱靶；五航战的零式战斗机飞行员的水平也远没有一航战那样的技艺高超，总共只击落了 3 架 SBD，另有 15 架被击伤（但都成功返航）。正当"翔鹤"挨了两颗重磅炸弹，正在"灭火自救"之时，没等五航战喘口气，由"列克星敦"起飞的第二波攻击群（9 架 F-4F、15 架 SBD、12 架 TBD）又到了，但这一波攻击却有些缩水，一个中队的 SBD 因为云层的影响，没有能够发现日舰，不得不弃弹返航，最终投入攻击的只有 3 架 SBD 和 12 架 TBD，在摆脱了零式战斗机和防空炮火的阻拦后，将 1 枚 1000 磅航弹砸在了"翔

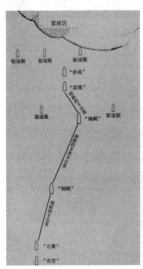

图 6-25　5 月 8 日上午 MO 机动部队编队示意图

图 6-26　正在高速转向机动的"翔鹤"号航母（已中弹起火）

鹤"的舰桥后方，而 12 架 TBD 的鱼雷仍旧毫无意外地脱靶。至此，弗莱彻的攻击波将"翔鹤"号"炸出了战斗序列"，但"瑞鹤"完好无损，五航战的威胁依然存在。

就在两波 SBD 痛击"翔鹤"的同时，高桥赫一带着 18 架舰攻机、33 架舰爆机也迫近昨夜曾"无限接近过"的第 17 特舰，虽然"约克城"号的警戒雷达在 37 千米之外就发现了敌方攻击机群，F-4F 和担负"反鱼雷机"任务的 SBD 也不断升空，但是由于日机占据了高度优势，美机不仅没有实现"将敌攻击机群分割"的目的，反而使那些担负"反鱼雷机"任务的 SBD 与零式战斗机迎头相撞，转瞬间 4 架 SBD 被凶狠的零式战斗机打得凌空开花，岛崎重和的攻击机群在仅仅付出 1 架舰攻机被击落的微小代价之后，几乎完好无损地穿透了第 17 特舰的防空外围，做好了消灭两艘航母的准备。

日本海军舰攻机 4 个小队从左右舷两个方向对舰体庞大、操纵不甚灵活的"列克星敦"号进行了鱼雷攻击，尽管多架舰攻机被航母和护航舰艇密集防空火力击落、击伤，但是一枚枚恐怖的鱼雷拖着长长的航迹将"列克星敦"号包围。在做出了力所能及的规避机动后，舰长谢尔曼眼睁睁地看着 2 枚鱼雷击中了这艘 1928 年入役、排水量达 41000 吨的老舰的左舷。与此同时，"约克城"号也遭到 1 个小队舰攻机的鱼雷攻击，这艘 1938 年入役、排水量 19800 吨的"新舰"却体现出了操纵灵活的优势，对 3 枚鱼雷进行了成功的规避。

正当第 17 特舰两艘航母规避来自低空的鱼雷攻击之时，来自天上的俯冲轰炸开始了，17 架舰爆机采取单机跟进的战术，对已经受伤的"列克星敦"号进行了连续攻击，取得了 2 枚航弹（与美航弹相比，日航弹较小，为 500 磅）直中，3

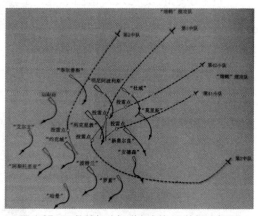

图 6-27　五航战舰攻机群突击第 17 特舰示意图

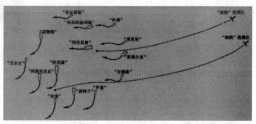

图 6-28　五航战舰爆机群突击第 17 特舰示意图

枚近失的战果，此时"列克星敦"号迅速出现了明显的横倾（左倾 6—7 度），航速下降为 24.5 节，虽然浓烟滚滚、燃油泄漏，但是从表面看上去，损失不甚严重。而刚刚躲过鱼雷攻击的"约克城"号又遭到了 14 架舰爆机的连续攻击，尽管舰长巴克马斯特根据日机投弹方向，不断地发号施令进行闪转腾挪，对包括数枚只差几英尺就将命中舰桥的十几枚航弹进行成功的规避，但还是在劫难逃，被 1 枚 500 磅的航弹命中，这枚并不大的航弹却造成了严重的杀伤，不仅穿透了飞行甲板造成 66 名损管官兵的伤亡，而且破坏了锅炉进气口，导致 3 台锅炉熄火，航速下降（32 节降到 25 节），最为致命的是震坏了"约克城"号的对空搜索雷达。

这时，在得到损管情况报告之后，刚刚劫后余生，望着外表无恙的"列克星敦"号的弗莱彻向尼米兹报告："敌军第一次攻击结束，我军无严重损失。"那么，弗莱彻的舰队真的没有遭到严重损失吗？

后来事态的发展大大超出了包括舰长谢尔曼在内所有人的想象，正当"列克星敦"号保持 24 节的航速不断回收、起飞战机时，12 时 47 分舰体前部深处突然发生了剧烈爆炸，大量浓烟从甲板的缝隙冒出，但直到这时，仍然没有人认为"列克星敦"号会有性命之忧，战机起降仍在进行，但到了 13 时 19 分发生第二次剧烈爆炸时，包括弗莱彻在内的所有人都开始"觉得不对劲了"。等到 14 时 45 分第三次爆炸发生后，电讯室已无法使用的"列克星敦"号打出了我舰需要救助的旗语，并开始准备撤离人员。占全体舰员总数 92% 的 2770 名舰员，

图 6-29 饱受"蹂躏"的"列克星敦"号浓烟滚滚（由日机拍摄）

图 6-30 弃舰前的"列克星敦"号航母（许多水兵已跳向海中，准备游往附近的救援舰艇）

直到日落时分才陆续疏散到各护卫舰艇上。在谢尔曼最终确认船上无人并离舰后，弗莱彻下达了驱逐舰用鱼雷击沉"列克星敦"号的命令。

在确认"约克城"号舰载机已所剩无几，且敌人无发起攻击征候的情况下，弗莱彻也取消了发起第二次攻击的计划，指挥第17特舰脱离了战场。此时，在没有完成毁伤效果评估之前，不管是弗莱彻还是高木武雄都无法对己方的胜负作出判断。但是有一点可以肯定的是，井上成美攻占莫尔兹比港的企图已经破产，而两艘舰队航母一沉一伤的第17特舰与筋疲力尽的五航战都已失去了继续大打出手的能力，剩下的问题是如何把船平安开回去。

（五）收兵

按理来说，在5月8日傍晚战斗结束之时，与五航战相比，可能第17特舰的情况稍好一些，"约克城"号还有35架作战飞机（15架 F-4F、12架 SBD、18架 TBD）处于完好状态，另外12架 SBD 经过紧急抢修也可投入使用，而"双鹤"上剩余的44架战机中很多也是弹痕累累。在双方都已损失过半且"难以为继"的情况下，尽快脱

图 6-31　劫后余生的"约克城"号航母

离战场才是明智之举，但战役的撤收和结束是一个极为复杂的过程，有些人偏偏不想这么干。在两艘美航母都已被击沉这样的思维定式的影响之下，山本司令长官命令井上："根据目前情况，请你竭尽你部的所有能力消灭敌人。"尽管该命令是以"请求"的口吻下达的，但是仍然在第四舰队司令部里引起了惊恐。尽管井上一字不差地下达了命令，但是无心恋战的高木武雄和原忠一却跟5个月前偷袭珍珠港得手后脚底抹油开溜的南云忠一一样，在作出了象征性的搜索行动之后，也偃旗息鼓、返航收兵了。

虽然说高木武雄无心恋战，但是他那象征性的搜索，还是对弗莱彻构成了巨大的压力。5月9日9时整，航空侦察报告："在方位310度，175海里处发现敌航母编队，航向110度，航速25节。"（实际上是飞行员将礁石误判为日航

母。）面临着敌人的穷追不舍，弗莱彻做好了最坏的准备，甚至表示："虽然我们已经过了很多难关，但这一次好像还是躲不过去了。不过上帝作证，我们要败得有美国人的尊严。"在向南一路狂奔的同时，还派飞机向远在澳大利亚的麦克阿瑟求援（不敢打破无线电静默），请求他立即出动轰炸机对敌实施打击。当麦克阿瑟那14架陆基轰炸机在预定海域直到天黑也没发现目标后，向南狂奔的弗莱彻总算从提心吊胆的阴影中解脱了出来。在夜间完成给油舱已经见底的驱逐舰加油后，于次日开向了汤加塔布。而高木武雄在9日加了一

图 6-32　17 特混舰队指挥官弗莱彻（当时肯定不会这样气定神闲）

天油之后，于10日再次开始在珊瑚海上搜索，虽然几经搜索，但除去处于漂浮状态的"尼奥肖"号之外，依旧一无所获。当天下午，已失去耐心的联合舰队正式推迟（实际上是取消）了莫尔兹比港进攻计划。五航战也在完成了向拉包尔输送9架零式战斗机的任务（这一任务对干扰"MO作战"影响太大了）后返回本土。

就在第17特舰抵达汤加塔布开始补给休整之际，在对受伤的"约克城"号修不修和去哪里修的问题上，尼米兹产生了犹豫。"究竟是留在南太平洋还是回来修？""是回珍珠港还是回西海岸修？"始终困扰着尼米兹的决策，但是很快罗切福特和莱顿的情报破译结果让他认识到有必要节约现有航母兵力用于将来的作战，有些战斗可能会发生在如今尚不完全明朗的地区（很快就明朗了）。经过与欧内斯特·金的多

图 6-33　珍珠港船坞中的"约克城"号

次博弈，在收到珍珠港海军船坞能够在相当短的时间内修复"约克城"号的答复确认之后，向弗莱彻下达了完成补给后向珍珠港返航的命令。尽管很多3个多月没有上岸的水兵们充满了在南太平洋岛国休整一阵子的美好憧憬，但是以"约克

城"号为核心的第 17 特舰仍然于 5 月 20 日踏上了归途，虽然此时尼米兹已经为应对山本即将发起的中途岛攻势启动了不可思议的举措，但是毫不知情的弗莱彻在抵达珍珠港的前一天向第 17 特舰全体官兵表达了他的谢意："时值我军自珍珠港出征一百天之际，我要感谢全体官兵成功的作战、卓越的航海技艺、杰出的轮机表现和贯穿于这一百个日日夜夜的优良作风。"

此时，第 17 特舰的所有人都以为苦日子结束了，但是一场真正的考验才刚刚开始，而弗莱彻和"约克城"号将在这场考验中发挥举足轻重的作用，这个作用甚至比珊瑚海之战还重要。

四、结局和影响

是役，美海军第 17 特混舰队 1 艘舰队航母、1 艘驱逐舰、1 艘大型油轮被击沉，1 艘舰队航母被重创，58 架舰载机被击落，32 名飞行员血洒长空；日海军共损失轻型航母、驱逐舰各 1 艘，1 艘舰队航母被重创，40 余架舰载机被击落，12 架被抛弃，52 名飞行员殒命大海。从损失舰艇数量、等级和吨位规模上看，高木武雄显然是占了上风，不仅迫使弗莱彻和他的舰队撤出了战场，还对其进行了追击（尽管很不情愿），并以胜利者的姿态回国，无疑取得了战术上的胜利。但从战略战役的视角来评判的话，我们就会得出与前者截然不同的结论。首先，这场海战结束后，登陆输送编队因缺乏空中支援掩护而撤返，井上成美并未实现其"MO 作战"——攻占莫尔兹比港，切断美澳联系的战役企图。其次，此时正值日攻美守，随着驻菲美军在科雷吉多尔要塞的投降，太平洋战场的军心士气也低落到了冰点，而珊瑚海海战却发出了"日本人没什么了不起的，是可以战而胜之"的强有力信号，这无异于在茫茫荒野中燃起了希望的篝火。最后，美国海军通过在珊瑚海这场航母舰队决战，与已防备了二十多年的敌人迎头对撞，十多年头一回真刀真枪地干了一仗，用鲜血和生命换取了宝贵的经验，也为后来在中途岛的出奇制胜、扭转战局提供了必不可少的隐性支撑。

这场历时不到两个昼夜的海战乍看起来并不像中途岛、马里亚纳海战那样惊心动魄，也不像瓜岛争夺战那样惨烈，更没有莱特湾大海战那样规模宏大、定鼎乾坤，但是却对太平洋战争和人类海战模式产生了极其深远的影响，美日双方数十艘水面舰艇相互间未见其人、一炮未发，完全由航母和舰载机主宰了整个战场，雷达和密码情报的重要作用已经凸显，舰队航母的新老交替已经开始（"列克星敦"和"约克城"号表现迥乎不同），彻底打破了人们对"航母＋舰载机"作战模式的怀疑和偏见，标志着一种全新的海战革命时代已经到来。

图 6-34 珊瑚海海战打破了对"航母＋舰载机"作战模式的怀疑和偏见

附录：启示与思考

（一）后勤保障

翻开"珊瑚海之战"这部宏大的海战史诗画卷，我们会发现在戏剧性一波三折的色彩斑斓之下，有一个弗莱彻和高木武雄都讳莫若深，却又不得不严格遵循的决策前提——燃油补给！自从费希尔爵士通过煤改油给大英帝国的无畏舰进行改装开始，燃油就已经成为战舰须臾不可或缺的生命源泉。在敌情、气象变幻莫测的南太平洋，美日双方谁的油舱里拥有更充足的燃油，

图 6-35 日海军航母正在进行海上燃油补给

谁就获得了高速接敌、快打快撤、狂奔保命的支配权，一旦离开了燃油补给——这一舰艇血液的生命循环，任何关于作战本身的奇思妙想都将化为空谈。如果说决定"一战"欧洲战场进程是火车时刻表的话，那么决定"二战"太平洋战场海上战斗结局的就是燃油刻度计。这个鲜活的事例，也为我们前辈"资源决定战场"的论断提供了机械化战争时代最好的注脚。

不管在冷兵器、热兵器时代，还是机械化战争时代，甚至是信息化战争时代，士兵的碗中要有粮食，弹仓里要有子弹，舰艇飞机车辆的蓄能器里要有能源。兵

力兵器的劣势往往可以通过指挥艺术来弥补，战场态势的不利有时也可以通过兵者诡道来改善，但是一旦离开了后勤和能源，人的主观能动性就无从发挥，奇思妙想的高招儿将无法实现，兵力兵器作战效能的优势也无法向胜势转换。其实从更接近事物本质的角度来看，谈战略更多的是在勾画蓝图设想远景，遵循的逻辑是"只要……就……"，而谈后勤是在数钱算物掂量粮食，遵循的逻辑是"只有……才……"。

战争中的一切从来都不会因为简单而容易，道理谁都会讲，但是错误也谁都会犯。在1973年第四次中东战争中，一举突破巴列夫防线的埃及军队高歌猛进、长驱直入，在好不容易出了一口恶气的喜悦之下，只顾着数子弹炮弹炸弹，忘记粮秣饮水油料，给了加利尔·沙龙见缝插针、釜底抽薪的可乘之机，把埃军后勤补给线给切断了，最终饥无食寒无衣、油箱空空如也的两

图 6-36　在第四次中东战争中埃及军队迅速突破以色列"巴列夫防线"强渡苏伊士运河

个军团成了以军手中的人质，战争初期形成的大好形势毁于一旦，被迫媾和签订城下之盟。

（二）战斗想象力

"战争是不确定性的王国，战争所依据四分之三的因素或多或少被不确定性的迷雾包围着……"这是克劳塞维茨在《战争论》中对阻力的形象描述。在他看来，战争是充满不确定性的领域，偶然性和敌人的抵抗都会产生阻力，这种可怕的阻力，处处同偶然性接触并且会引起一些根本无法预测的现象。在珊瑚海之战中，茫茫的大海和漆黑的夜幕，大海捞针般的侦察和阴差阳错地擦肩而过，恰如其分地诠释了这

图 6-37　克劳塞维茨

一点。要知道，在人类的战争史上，这可是第一次航母舰队之间的动态攻防作战，尽管在过去十余年的实践当中积累了不少经验，很多经验甚至被固化升华为军事准则（作战条令），但是这些经验战法在残酷的战争考验面前是否管用，对阵双方的主将都心怀忐忑。对于弗莱彻而言，他必须依靠漏洞百出的空中侦察伞，在偏远的西南太平洋来对付久经沙场、凶狠狡猾，善于远程奔袭、一剑封喉的强大对手。在这样的敌我对比和自身的能力现状之下，完全指望着拨云见日、昭然若揭之后再动手，是不现实也是不明智的。在此前一系列袭扰作战中，弗莱彻完成了热身，并摸索出一套舰载航空兵"侦察—打击"的方法，被 14 特舰参谋长德雷梅尔形象地称为摸黑开枪。

在那个侦察探测和指挥控制技术尚不发达的时代，初次登台亮相的舰载航空兵只能凭借凡胎肉眼去自点自打，虽然在战争中美国人率先实现了雷达小型化并将其成功搬上舰载机，但是其性能指标与目视观察相比也仅仅是聊胜于无，一切敌情还得眼见为实。实际上美国人

图 6-38　美海军舰载机群

手中真正的利器却是被大多数人忽略的实时语音通信，尽管作用距离和可靠性并不是那么完美，但是却为信息流转和情报比对印证提供了运转平台。与此同时，日海军舰载机使用的还是传统的电台，不仅普及率偏低，而且收发译码的效率较差，在珊瑚海之后的历次交锋中，多次出现贻误战机的情况。美国人另一个被忽略的重要举措就是"察打一体"的舰载机作战编组，美航母一般按照战斗机、俯冲轰炸机、侦察（轰炸）机、鱼雷机的类别编为 4 个飞行中队，代号分别是 VF、VB、VS、VT，这 4 个空中作战单位当中有 3 个是专职的，只有"VS"是兼职的。我们在电影《决战中途岛》中看到的麦克拉斯基和百斯特炸"赤城"和"加贺"时，飞行中队代号就是"VB-6""VS-6"（用的飞机都是 SBD）。正是有了这种信息流转和指挥控制的平台，以及充分发挥战机作战效能的形式手段，在 5 月 8 日的交战中，弗莱彻才敢于果断抛出胜负手，正是基于对技术手段和作战编组使用模式的自信，才给了他面对重重迷雾，壮着胆摸黑开枪的勇气。

英国著名战史学家威尔莫特曾这样形容珊瑚海之战："指挥官们必须在广阔

的战场上搏杀，这远超出以往的经验。战场上通信困难，真假难辨，然而双方的移动速度却突飞猛进，这极大地压缩了能用于作出决定的时间。"

战争实践作为一种创造活动，对于运筹帷幄的指挥员和出谋划策的参谋人员来说，既需要严密的逻辑思维，也需要丰富的想象力。战斗想象力是作战指挥的内在因素，指挥员指挥、决策所需判断力、预见力、洞察力，都离不开的战斗想象力。有人把战斗想象力视为一种透视的能力，指挥员凭借它能透视战场，也有人把战斗想象力看作指挥员灵魂的眼睛，依靠这样一双眼睛，指挥员能够见微而知著，洞幽而察微。因此，战斗想象力的大小，就是衡量指挥员素质和指挥艺术水平的一个重要标志。唯有张开想象的翅膀，睁开"灵魂的眼睛"，借助思维的光芒，才能拨云见日、去伪存真，在纷繁芜杂的表象之下，重构和再现出真实的战场图景。

（三）争取主动权

珍珠港事件犹如一声惊雷，一巴掌将美国人从"奔腾年代"打入"风雨飘摇"，珊瑚海海战是发生在美国至暗时刻的一场阻击战，是在太平洋上小打小闹之后的一场遭遇战，是美日双方为争夺太平洋战场主动权而进行的一场正规战。不管这一仗叫什么名字，都是在处于战略颓势背景下的积极作战行动。千万不要小看积极二字，它体现的不是立竿见影的短平快，而是蕴含着强烈进取意识的弧圈球。尼米兹在洞悉对手主攻方向和战略企图的基础上，通过主动的调兵遣将和谋局造势，不仅实现了兵力资源效益的最大化，而且在总体力量对比处于劣势的情况下，在适当的时间、适当的地点，用适当的力量将对手拖入了适当的战斗。

不论东方还是西方的兵学界，在战略、战役、战术各个层级，都对"主动权"体现出不加掩饰的孜孜以求，致人而不致于人的思想也成为公认的指导准则。毛主席在《抗日游击战争的战略问题》中更是强调："一切战争的敌我双方，都在力争战场、战地、战区以致整个战争中的主动权。"在战争初期最为艰难的岁月，被视为太平洋舰队主心骨——7艘战列舰全打趴窝儿了，但是美国人并未因此消极防御、分兵把口，放弃对战略"主动权"的争夺，而是按照战前制定的"橙色计划"，先用潜艇（贯穿整个战争），后用"航母＋重巡"的作战编组，展开了一系列打了就跑的袭扰作战行动，让对手感到如芒在背、不得安生，始终无法在任意的时间、任意的地点来发动任意的攻势。与此同时，还通过一系列包括战略空袭和情报密码战在内的有力措施，成功地对敌人手中宝贵的战略资源（航空母舰）进行了分散和削弱；通过牵着对手的鼻子走，来为出现战局转机赢得了时间。

在战役层面，弗莱彻充分考虑到战场态势敌近我远、敌北我南、我先敌后的特点，以及水文气象和燃油消耗、补给周期等实际情况的影响，有针对性地进行了兵力配置和作战进程的协调筹划，始终围绕守住莫尔兹比港这个核心任务，积极与友军和盟军展开协同配合，全程突出陆海结合的航空侦察，始终保持攻势防御，一旦掌握敌情动向，就迅速转入进攻。在攻击行动已发起，却出现敌情显著变化之时，并没有消极终止作战行动，而是根据对战役企图与核心任务的深刻理解，通过耐心的坚持和积极的等待，不仅没有扑空，还逮到了"大鱼"。同时，充分发挥己方雷达探测技术的不对称优势，尽早提供预警、缩短反应时间、及时判明敌军动向，部分地实现了战场单向透明，通过料敌在先实现了御敌在前，与早期的指挥控制系统一同起到了力量倍增器的作用。

在未来战争中，随着信息技术、新材料技术和人工智能技术的飞速发展，新概念武器将广泛应用于战场，战争中的迷雾将不断加重，作战节奏将不断加快，不确定性将持续加大，战场危险残酷指数将突破极限，尤其是人工智能技术将对指挥决策的观念认知、模式流程产生强烈的冲击，决策时间将被强力压缩，决策窗口变得极为短暂，夺取并保持主动权将愈加困难，也对指挥员和指挥机关提出了更高更快更强的要求。在技术水平基本相当的情况下，谁的决策更符合战场实际，谁的决策更遵循客观常识，谁的决策更具有战斗想象力和创造力，谁就将获得更加无可估量的收益。

掣电海空挽狂澜

——中途岛海战

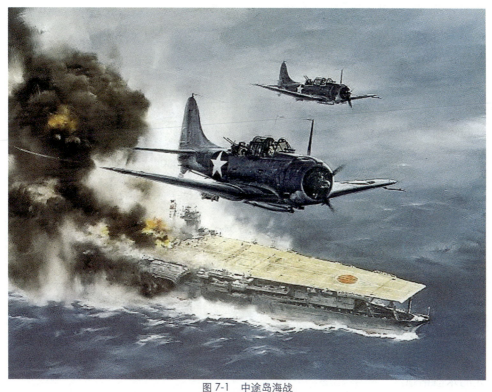

图 7-1 中途岛海战

1942 年 6 月 4 日 13 时 30 分（夏威夷时间），在位于中太平洋上"飞龙"号航空母舰的舰桥上，第二航空战队司令官山口多闻在下达完攻击机队起飞的命令后，一脸落寞、目光茫然地对身边的"飞龙"号航母舰长加来止男说道："刚才天空上还都是我们的飞机，现在决定机动部队命运的就剩下这 6 架战斗机和 10 架攻击机了。"

究竟在 6 月 4 日的上午发生了什么？

是什么让 9 个小时之前还踌躇满志、精英云集的机动部队航空兵们沦落到如此悲惨的境地？

是什么让山口多闻的目光如此绝望？

原来，就在 3 个小时 10 分钟之前，美国海军"企业"号航空母舰 SBD 无畏式俯冲轰炸机飞行队长麦克拉斯基，率领 30 架俯冲轰炸机，在预定海域未发现目标的情况下，作出了后来被尼米兹赞扬为"中途岛海战中最重要的决定"。通过锲而不舍地向北搜索，最终寻觅到日本海军机动部队的踪迹，完成了一次带有浓厚个人英雄主义色彩的决定性壮举，瞬时让日本海军两艘威风凛凛的舰队航空母舰变成了浓烟滚滚、熊熊燃烧的火球。这一"神来之笔"彻底改变了这场海战和整个太平洋战争的走向。

图 7-2　麦克拉斯基

那么在这场被很多战史学家们称为太平洋上转折之战的焦点战役中，作为指挥决策者的尼米兹与山本五十六是怎样进行构想谋划的？作为前线指挥官的弗莱彻与南云忠一是怎样斗智斗勇的？战场上那些偶然和必然的因素是怎样对战役进程产生影响的？这些都将是职业军人的永恒话题。

图 7-3　美海军太平洋舰队司令尼米兹

一、战役由来

在太平洋战争爆发后，日本海军取得了奇袭珍珠港、马来海战、爪哇海战等一系列战役的胜利，成功地在新加坡、菲律宾、马来半岛确立了自己的优势，趁势将太平洋上的威克岛、关岛收入囊中。作战中，俘虏英美军队总人数超过了

25万，击沉舰艇115艘，击落飞机461架，在地面摧毁的飞机数量则达到了惊人的1076架；日本军队伤亡人数仅为2.1万人，日本陆军损失飞机440架，日本海军损失122架，大中型作战舰艇损失为0。

面对着这样的形势，在下一步去哪里的问题上，日本陆军和海军发生了严重分歧，陆军主守，海军主攻，经过了一番讨价还价之后，在1942年3月7日大本营联络会议上拿出了一个"今后应该采取的战争指导大纲"，并提出："为了使英国屈服，美国丧失战意，应该采取继续扩大战果，保持长期不败的战争态势。"话说得很漂亮，但是意思很模糊，其实就是陆海军的意见分歧，最后统一不了做了个文字游戏——陆军和海军谁爱干什么就干什么。

海军决定采取攻势，那么使用什么力量向哪里进攻？军令部认为澳大利亚是美军的反攻基地，必须先要消灭，但是算下来要10个师团和300万吨的船舶运力，这是当时的日本无法承受的。后来，军令部不得不退而求其次，说要把美、澳分割开来，但是，联合舰队打死也不干！

图7-4 日海军中途岛战役计划图

联合舰队，或者说山本五十六本人就认为：一定要彻底消灭美军太平洋舰队。既然日本没有进攻美国本土的力量，就应该积极寻找美国舰队残余，力争与之决战，或者把美国舰队残余引诱出来决战。在他的授意下，联合舰队参谋长宇垣缠提出了方案，计划1942年6月开始进攻中途岛，这也是中途岛战役最初的由来。

就在日本人为了解除后顾之忧，忙着进攻驻科伦坡英国东方舰队的时候，美海军对马绍尔群岛、所罗门群岛、威克岛进行了一系列规模不大的袭扰作战，但并未引起

图7-5 杜立特率领16架B-25B型轰炸机由"大黄蜂"号航母起飞，对东京进行了轰炸

日本决策层的重视。关于向哪里打，什么时候打，使用怎样的力量打的问题始终处于争议当中，一直到 4 月 18 日，杜立特率领 16 架经过改装的 B-25B 型轰炸机由"大黄蜂"号航母甲板上起飞，对东京进行了轰炸，尽管造成的损失微乎其微，但是却极大地震动了日本的朝野，这次"来自香格里拉的轰炸""压倒了所有反对的声音"，也改变了战争的整个进程。中途岛作战计划不仅顺利通过，时间还提前了。作为对军令部的妥协，山本五十六同意全程参与 6 月攻打阿留申群岛的军事行动，并在攻打中途岛之前支援对太平洋西南部的局部入侵，这也就是后来的珊瑚海海战。

由此可见，进攻阿留申群岛是独立进行的，并不是中途岛战役的组成部分，而珊瑚海海战则是中途岛战役的前哨战。这两个军事行动，不仅没有实现预定的目的，还分散、消耗、浪费了山本五十六手中宝贵的战略资源，也为后来中途岛战役的惨败埋下了伏笔。

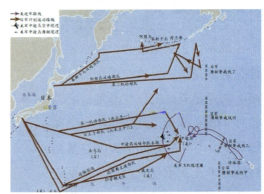

图 7-6　阿留申战役与中途岛战役

二、侦察与决策

（一）AF？AF!

——中途岛的海水淡化装置出现故障

——明白，已向中途岛派出供水船

——AF 淡水供应出现问题

——AF 缺乏淡水，补给舰队务必向 AF 登陆部队提供淡水

1942 年 5 月，美国海军夏威夷情报站站长罗切福特在夜以继日的监听中发现，日本海军的电文数量激增，似乎在酝酿着一次大规模进攻行动，众多电文中都出现了"AF"这样的字眼，那么"AF"究竟指的是哪里呢？记忆力超人的罗切福特从浩如烟海的日军电文中找出 1940 年 12 月的一份电报，电报内容是关于水上飞机从马绍尔群岛飞往珍珠港，途中需要在"AF"附近的一个小岛（法国护卫

舰浅滩）周边降落加油，其中还特别提到要注意规避来自"AF"的空中侦察。从时间和海图上分析，"AF"只能是中途岛。

为了把铁案坐实，在罗切福特建议下，尼米兹来了一次欲擒故纵式的钓鱼行动。首先，通过海底电缆令中途岛基地使用明码电报报告淡水设备故障，并让珍珠港方面煞有介事地回电：已向中途岛派出供水船。在天衣无缝的迷魂阵下，日军果然中招。不久，罗切福特情报小组截获到新的密码信息，日军通知中途岛攻略部队携带更多的淡水净化器，以应对 AF 淡水匮乏。这样，就确定了日军的主攻方向"AF"——中途岛！

同时，尼米兹充分利用这一情报信息优势，不仅掌握了日本海军作战计划的核心内容，甚至是主要的时间节点，还据此指挥舰队成功规避了对手的预先侦察，最大限度地实现了战役突然性。

图 7-7　美海军夏威夷情报站站长罗切福特

图 7-8　中途岛航拍照片（近处为修筑有机场的东岛，远处为沙岛）

这是现代战争史上情报战领域一个著名的经典战例，美国海军充分利用自身在信息密码领域的优势，在战略情报领域实现了单向透明，成功判定了日本海军的作战企图和主攻方向。为弗莱彻和斯普鲁恩斯在战役中以逸待劳、守株待兔提供了有力保障，为化优势为胜势打下了坚实的基础。

对手的底牌摸到了，尼米兹的牌该怎么打呢？

（二）艰难决断

在战争中，胜负定数千变万化，要想取得最终胜利，仅仅靠窥得先机是远远不够的，还需要指挥决策者因势利导、知人善任、当机立断。正如《孙子兵法》中所说的那样："故兵无常势，水无常形；能因敌变化而取胜，谓之神。"

大战之前，尽管窥得了对手的底牌，但是由于敌我整体力量对比的悬殊，尼米兹仍旧捉襟见肘，陷入了巧妇难为无米之炊的窘境，一系列难题摆在了他的面前。

首先是战略判断。尽管美海军掌握了山本的战役企图和主攻方向，甚至进行了必要的真实性验证，但是仍旧无法排除这是对手实施战略欺骗，甚至是预设陷阱的可能（美军无法判定日方是否对密码被破译有所察觉）；华盛顿方面对日海军可能再次袭击夏威夷，甚至是美国西海岸，都充满了强烈的隐忧（太平洋上美国人就剩下"约克城""大黄蜂"和"企业"号 3 艘能动的航空母舰），派出高参马克·道斯到太平洋舰队司令部现场督导；美海军作战部长欧内斯特金确信南太平洋极有可能成为日海军的主要目标，甚至要求尼米兹派遣"大黄蜂"和"企业"号南下支援。一时间，令出多门，让尼米兹压力很大。

图 7-9　美海军太平洋舰队司令尼米兹

图 7-10　"企业"号航空母舰

其次是临阵换将。敌情如火，尼米兹一边要冥思苦想、判明敌情，一边还要与钦差分析利害，可是坏消息还是一个接一个传来。罗切福特才报告完"日本人刚刚更换了 JN—25 密码"，就又接到报告"哈尔西病了"。这个更坏的消息顿时让他陷入了无人可用的困境。"蛮牛"是他的坚定支持者，刚刚指挥特混编队完成了袭击马绍尔群岛和"杜立特轰炸东京"掩护任务，是美国海军中为数不多的拥有航母作战经验的指挥官，一时间难以找到合适的接替人选。为此，他不得不亲自征求"蛮牛"本人的意见，当听到后者推荐斯普鲁恩斯——这个从未指挥过航母的巡洋舰指挥官接手特混编队指挥权时，从善如流的他却犹豫了起来（因为斯普鲁恩斯资历太浅了）。思忖再三之后，尼米兹本着疑人不用、用人不疑的原则，果断临阵换将。这一战，也让雷蒙德·斯普鲁恩斯名垂青史。

虽然作战决心已定、指挥员已换，但是尼米兹还面临着无船可用的窘境。5月27日，弗莱彻带着珊瑚海之战中遭受重创的"约克城"号步履蹒跚地回到了珍珠港，按照修理工期要进坞至少3个月时间，可是日本人留给他的时间只有72小时，因为根据掌握的情报日本海军潜艇侦察幕将于6月1日部署展开完毕。同时，要想与拥有4艘舰队航母的敌人相抗衡，"约克城"号又是必不可少的。为此，他当机立断，命令"约克城"号28日进坞，"萨拉托加"号的舰载机上舰，30日第17特混舰队出海。就这样，"约克城"号抢在日军潜艇侦察幕展开之前踏上了征途，不仅增加了76架舰载机（其中包括37架俯冲轰炸机、14架鱼雷轰炸机），还在胜利天平上为6月4日实现惊天逆转增添了一枚重要的砝码。

图 7-11　斯普鲁恩斯

图 7-12　珊瑚海海战后正在干船坞中修理的"约克城"号航空母舰

三、战役经过

（一）战役序幕

溪云初起日沉阁，山雨欲来风满楼。

——《咸阳城东楼》许浑（唐）

"溪云初起日沉阁，山雨欲来风满楼"是唐代诗人许浑在《咸阳城东楼》一诗中用以形容夕阳西下，山雨即将来临，满楼风声飒飒时的壮阔景象，也是对唐王朝日薄西山，危机四伏的没落局势的形象刻画。此情此景用以形容 6 月 3 日夜间到 4 日清晨时的中途岛附近海域的情形再合适不过了。

从 6 月 3 日 8 时 43 分，美军一架 PBY"卡特琳娜"式水上侦察机偶然发现宫本定知的扫雷舰队开始，美日双方侦察与反侦察、袭扰与反袭扰的勾心斗角就开始了。

9 时 28 分，在中途岛以西 700 英里海域，另一架 PBY"卡特琳娜"式水上侦察机发现近藤信竹的中途岛攻略部队；14 时前后，9 架从中

图 7-13　美海军 PBY"卡特琳娜"式水上侦察机

途岛起飞的 B-17 轰炸机对田中濑三的登陆输送舰艇进行了轰炸，但没有命中；午夜 1 时 30 分，3 架装备有雷达的 PBY"卡特琳娜"式飞机向登陆输送舰艇发起了鱼雷攻击，一枚 MK—13 型鱼雷命中"曙丸"号油船左舷，造成 23 人伤亡，这是此次战役中美国海军命中对手的唯一的一枚鱼雷，"鹦鹉螺"号潜艇的鱼雷因为引信的问题命中没炸，航空兵空投的鱼雷压根儿就从未命中过。

在以上行动中，并未造成日海军多大损失，却说明机动部队的行迹已经败露，但是山本五十六和南云忠一根本就没当回事，继续按原计划行动，一前一后间隔着 600 海里向中途岛冲了过来。

为了在 6 月 4 日当天尽早发现对方舰队，美日双方都制订了相应的航空侦察计划。日方的侦察计划是由"一航舰"的航空参谋源田实设计的，他设计的"偷袭珍珠港"战役舰载机攻击计划非常漂亮。但是这次他设计的航空侦察计划却存

在着致命缺陷：首先是飞机数量不足，仅仅投入 7 架飞机用于最初的侦察行动，侦察海域的面积与瑞典的国土面积基本相当（176000 多平方英里），在搜索覆盖区域存在着严重的空白。此外，源田的计划过于依赖良好的天气、飞行员的素质和近乎完美的时间控制。一句话，实在太难了！后来，源田实在战后回忆录中写道："不得不承认该空中侦察计划是草率的。"

反观美海军方面，尼米兹恨不得将能用的飞机都派出去侦察，不仅将中途岛基地 31 架续航力大、留空时间长的 PBY "卡特琳娜"式水上侦察机悉数派出，还从航

图 7-14　源田实

母上出动了 56 架全副武装的 SBD "无畏"式俯冲轰炸机进行补充侦察。在航空侦察这个环节，美海军的成绩是 "A+"，日本人则是 "C−"。这样的力量投入对比太悬殊了！

由此可见，日本海军在中途岛的失败并不是偶然的。在战役开始之前，在侦察计划的准备方面，就已经先输一招，这也为后来的功败垂成挖好了坑。

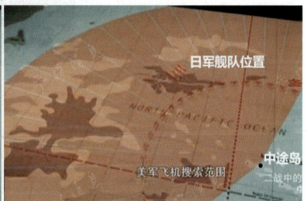

图 7-15　美日双方的航空侦察计划

（二）战役展开

　　故形人而我无形，则我专而敌分；我专为一，敌分为十，是以十攻其一也，则我众而敌寡；能以众击寡者，则吾之所与战者约矣……

　　　　　　　　　　　　　　——《孙子兵法》（虚实篇）

　　《孙子兵法》中的这段话精辟地阐述了集中兵力、避实击虚的重要意义。但是在 6 月 4 日，作为进攻方的日海军不但没有集中兵力，积极搜寻美海军航空母舰，进而消除所面临最大的威胁，相反还使用 108 架舰载机对中途岛进行突击。这样不仅使攻击行动后继乏力，还使自身陷入了"一个拳头打两个敌人"——这样异常尴尬危险的境地。

　　日军方面：

　　4 时 30 分，4 艘航母搭载的 108 架舰载机起飞完毕（仅用时 7 分钟）；

　　4 时 45 分，舰载机完成空中编组，向中途岛进发；

　　6 时 14 分，友永丈市指挥攻击机群开始对中途岛空袭；

　　6 时 45 分，空袭结束，开始返航……

　　一切都显得那样顺风顺水，机动部队似乎只要再出击一次就可以将中途岛彻底摧毁。但就在此时，潜在的危机信号却一个接一个出现。

　　4 时 30 分，"利根"号重巡洋舰的 4 号侦察机（由甘利洋司驾驶，他在侦察行动中扮演了关键人物的角色）起飞时间被严重延误，直到 5 时整才起飞完毕。

图 7-16　日海军攻击机群陆续起飞

　　5 时 20 分，4 号侦察机报告发现美军潜艇（SS-168 "鹦鹉螺"号）。

　　5 时 32 分，警戒驱逐舰发现敌侦察机。

　　5 时 55 分，4 号侦察机报告 15 架敌机来袭。

　　至此，南云机动部队顺风顺水的好日子算是过到头了，那么他的对手们在干什么呢？

　　此时美海军正按照预先的计划，倾尽全力地在大洋上展开搜索：

4时15分，22架PBY"卡特琳娜"式水上侦察机由中途岛起飞，对中途岛周边海域进行拉网式严密搜索。

4时30分，"约克城"号SBD"无畏"式轰炸机升空侦察，"企业""大黄蜂"号舰载攻击机甲板待命出击。

图7-17　PBY"卡特琳娜"式水上飞机是尼米兹手中的侦察利器

5时34分，PBY"卡特琳娜"式水上侦察机发现南云机动部队及空袭中途岛的攻击机群。

5时52分，PBY"卡特琳娜"式水上侦察机报告："发现两艘敌航空母舰和战列舰，方位320度，距离180英里，航向135度，航速25节。"

6时07分，弗莱彻命令斯普鲁恩斯，"向西南方向前进，一旦定位完成，就立即对敌航母实施攻击。"

就在南云和机动部队浑然不知时，一柄利刃已经高悬头顶了。等待他的将是无休无止的袭扰和最终的……

6时40分，"加贺"号飞行队长小川正一报告："对沙岛轰炸顺利，并且取得巨大成功。"

7时整，友永丈市在报告中简单明了地建议："需要第二次空袭。"

7时10分，"赤城"号警戒哨发现敌机（从中途岛起飞的6架TBF鱼雷机和4架B-26轰炸机）来袭；

图7-18　遭受日机轰炸的中途岛

7时15分，南云忠一下达了这场海战中决定双方命运走势的命令——鱼雷换炸弹！

南云为什么作出这样的决定呢？出征前，山本司令官不是一再强调要至少保持一半舰攻机携带鱼雷待命出击吗？是谁给了南云这么大的胆子？

这些质疑的答案还要从当时

的战场形势说起。就在机动部队中途岛第一波攻击编队返航的同时，7 架侦察机还在茫茫大海上侦察，正当南云和他的参谋们焦急等待、一筹莫展时，从中途岛起飞的 6 架 TBF 鱼雷机和 4 架 B-26 轰炸机开始临空轰炸了。虽然没有造成直接损伤，但是其中一架 B-26 轰炸机在 10 英尺的高度上掠过了"赤城"

图 7-19　B-26 对日南云机动部队展开决死突击

号的舰桥，差点让南云和机动部队整个指挥中枢全军覆没，造成了巨大的心理压力。与此同时，派出的侦察机迟迟未发现敌航母踪迹，而中途岛的空中威胁又如此严峻，如果继续执行山本"至少保持一半舰攻机携带鱼雷待命出击"指令的话，就无异于让小林道雄等一批精英飞行员们待在甲板上晒太阳，而让友永丈市带着不到 100 架飞机去和敌人血拼。这样的话，山本司令官的指令就会变得无比愚蠢。

其实，南云忠一面对的最大敌人不是轰炸机，也不是难以执行的指令，而是无法抗拒的时间。即使不考虑返航飞机的状况如何，让他们重新准备下一次空袭至少需要几个小时的时间，飞机要补充燃料和弹药、受伤飞机要修复、飞行员要汇报战况和补充体力、受伤飞行员需要替换补充，然后制订新的空袭计划、向飞行员下达任务、重新将飞机定位到飞行甲板然后起飞，这一切工作估计在下午之前都不能完成。在这种情况下，给敌人更多的时间舔舐伤口和恢复元气都是不可容忍的——不管怎样，尽早再度打击敌人才是正确的。毕竟敌人的飞机停在地面上，重新恢复战斗力的速度更快。

在 6 月 4 日早上战斗的寒光中，山本五十六先前振聋发聩的指令开始失效。接下来，南云忠一和机动部队将会为日本海军的傲慢和轻敌付出极为惨重的代价。

（三）战役第一阶段：峰回路转

锲而舍之，朽木不折；锲而不舍，金石可镂。

——《荀子·劝学》

在 6 月 4 日早上的第一轮较量中，南云充分感受到了中途岛空中力量的现实威胁，美军飞行员也通过惊人的战损，发现了一个可怕事实——日本海军航空兵如同传闻中的那样精技艺湛，机动部队的战斗机如同狼群一样凶狠。

7时40分，4艘航空母舰鱼雷换炸弹正进行得如火如荼，4号侦察机（没错，还是甘利洋司）报告："发现左方大约10艘军舰，方位10度（以中途岛为基准），距离中途岛240海里，航向150，航速20节以上。"这一消息令南云极为震惊，立即要求4号侦察机保持接触，迅速查明。

图7-20　凶狠的零式战斗机如砍瓜切菜般将来袭美机击落

此时，4艘航空母舰的甲板异常干净，所有飞机都在机库中加紧更换兵装作业，即使南云下令所有飞机立即起飞，也需要至少45分钟的时间在甲板上进行飞机的定位。时间不够啊！可就在南云左右为难之时，麻烦又来了。

7时53分，"雾岛"号施放烟雾，并报告："敌机来袭！"

就这样，紧赶慢赶，准备抢在友永丈市机群降落之前出动攻击机群的计划又泡汤了。因为航母在进行防空机动时，不仅剧烈的机动不允许进行甲板飞机定位，同时遍布于甲板上满载燃油和弹药的战机，都将成为一颗颗定时炸弹，敌机一旦命中，后果将不堪设想。

图7-21　亨德森

从8时整开始的40分钟内，共有3批由中途岛机场起飞的美机空袭了南云机动部队，第一批是由美海军陆战队亨德森少校（后来瓜达卡纳尔岛上发挥核心作用的机场就以他的名字命名）率领的16架SBD"无畏"式俯冲轰炸机（飞行员都是"英勇的菜鸟"），无一命中，大部被击落；第二批是12架B-17轰炸机，在20000英尺的高度投弹，由于高度太高，攻防双方都无法给对方造成实质性伤害；第三批是 11 架老式的 SB2U "拥护者"式轰炸机，甚至都没接近航空母舰，仅仅在外围袭击了"雾岛"号，在日舰的规避下，结果仍旧是无一命中。

三个照面过去，美海军不仅一无所获，还损失惨重。南云机动部队似乎可以缓口气吧？不行！就在机动部队忙于规避美机轮番轰炸的同时，"鹦鹉螺"号潜艇（SS-168）在水下发起了攻击，虽然没有命中，但是却给对手制造了极大的麻烦，牵制了机动部队多艘反潜舰艇（其中就包括"岚"号驱逐舰，后来友克拉斯基他们就是跟着"岚"号"顺藤摸瓜"找到 4 艘航空母舰的）。

图 7-22 "鹦鹉螺"号潜艇（SS-168）

8 时 30 分，美机空袭结束，南云迅速派出"苍龙"号搭载的 D4Y "彗星"高速侦察机，以查明美特混舰队的位置；

8 时 38 分，"约克城"号攻击机群起飞，35 架飞机（包括 17 架俯冲轰炸机和 12 架鱼雷轰炸机）向机动部队扑来；

9 时 10 分，友永丈市率领返航机群着舰完毕（108 架飞机中 11 架被击落，14 架严重受损，29 架受伤，整个机动部队攻击机损失接近 1/2）。

9 时 20 分，由"大黄蜂"号起飞的 VT-8 中队 15 架鱼雷机临空，勇敢地向航母发起了攻击，无一命中，其中 14 架被击落——"团灭"（由此可见零式战斗机的恐怖）；

9 时 38 分，由"企业"号起飞的 VT-6 中队 14 架鱼雷机临空，分两组发起攻击，还是无一命中，14 架飞机中 9 架被击落；

10 时 03 分，由"约克城"号

图 7-23 "企业"号航空母舰上搭载的 TBD "蹂躏者"鱼雷机

起飞的 VT-3 中队 12 架鱼雷轰炸机，临空发起攻击，这是在开战以来美海军舰载机发动的第一次得到战斗机掩护的（VT-3 中队 6 架战斗机，指挥官约翰·史密斯·萨奇，一举击落了 4 架零式战斗机，他发明的双机战术动作被称为"萨奇剪"），配合默契、高低空结合的协同攻击，虽然无一命中，且损失严重，但是却将 42 架零式战斗机

图 7-24　约翰·史密斯·萨奇和他的 F4F "野猫"式战斗机

吸引到了东南方向，为麦克拉斯基的神来之笔创造了条件（虽然损失太大了点）。

　　截至 10 时 20 分，美军飞机损失总数已超过 120 架。但是美海军此时依旧按照战前的预案和一有机会就连续打击敌人航空母舰的原则，锲而不舍地发动着连续攻击。此时，由"约克城"号起飞的 VT-3 鱼雷机中队正扑向"飞龙"号航母；"赤城""加贺"号的战斗机还在陆续升空，"赤城"号的飞行甲板上，飞木村惟雄指挥的零式战斗机小队起飞在即。后来的事实证明，这是"赤城"号航空母舰在这场海战中起飞的最后一架飞机。美军飞行员们锲而不舍的努力终于得到了回报，下面的舞台将属于这场海战史上最具有决定性意义的空袭了！

（四）战役第二阶段：掣电铁拳

　　善守者藏于九地之下，善攻者动于九天之上，故能自保而全胜也。

　　　　　　　　　　　　　　　　——《孙子兵法》（军形篇）

　　在 6 月 4 日 10 时 20 分之前的一个小时的时间里，美军舰载机又跟南云机动部队交手了三次，不仅一无所获，接近 2/3 的攻击机还被击落或打残，VT-3、VT-8 中队几乎全军覆灭，美海军舰载机的突击力量被严重削弱了。但是他们的牺牲并不是没有价值的，这极大地牵制和消耗了南云机动部队的空中防御力量，4 艘航母总共就搭载了 70 架战斗机，在除去中途岛消耗的和正在机库中加油补充弹药的，天上飞的也就 42 架零式战斗机了。燃油在消耗、弹药在消耗、飞行员在消耗，时间也在消耗，南云机动部队刚刚加满油的威力强大的舰攻机、舰爆机群都被牢牢压制在机库里，更换下来的炸弹、鱼雷都堆在机库甲板上，此时 4

艘航空母舰简直就是一个一触即发的火药桶。美军那些英勇的飞行员，用自己的牺牲，换来了对敌人的牵制和消耗，赢得了宝贵的时间。战争中从来都没有什么所谓的神来之笔，如果非要说有，那就是用坚忍、无畏和牺牲铸就的胜利基石。

麦克拉斯基指挥着 VB-6、VS-6 中队 30 多架 SBD "无畏" 式俯冲轰炸机从西南方向 "乘乱而入"，既没有驱逐舰施放烟幕，又没有重巡洋舰炮火示警，也没有引起 4 艘航母的注意，这是战役开始以来美军第一次从空中穿透机动部队外围舰艇的防卫，实现了战术突然性。

突然性是个要命的东西，但还不是致命的东西。就如同篮球比赛中快攻反击一样，他只造就了 "势"，要完成得分还要通过球员的 "技" 和 "器" 来实现。在麦克拉斯基指挥的这次行动中，飞行员的投弹水平是 "技"，30 架飞机和携带的航弹是 "器"。暂且不说技艺如何，先说 "器"。就在胜利在望之时，"器" 出问题，掉链子了。按照美

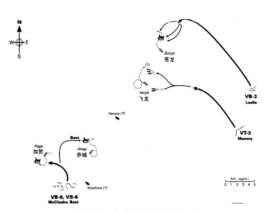

图 7-25　麦克拉斯基攻击示意图

海军航空兵的战术操作规程，在发起攻击前所有飞机都要检查投弹系统的状况，但是 VS-6 中队的指挥官加莱赫刚接通电动开关，投弹系统就失灵了，其中 4 架轰炸机携带的炸弹掉到了海里，VS-6 中队最终投入攻击的轰炸机只有 13 架。

说完了 "器"，再说 "技"。根据美军的军事准则（作战条令），每个航空兵中队每次只能攻击一艘航母，并且先头中队攻击距离远的那一艘。这主要是考虑到舰载机的性能、弹药命中和毁伤概率以及航母的防空作战效能等因素，还强调两支中队要同时攻击，使敌人难以应付。此时，麦克拉斯基按照军事准则应该命令飞在前面的 VS-6 中队攻击距离远的 "赤城" 号（右方），飞在后面的 VB-6 中队攻击距离近的 "加贺" 号（左方），但是他下达的命令却是让飞在前面的 VS-6 中队攻击距离近的 "加贺" 号。VB-6 中队的指挥官理查德·百斯特用无线电提醒麦克拉斯基 "请按照军事准则行动"，但阴差阳错的是由于两人几乎同时使用无线电通信，干扰了通信设备的信号，谁也没有收到对方的电报，最终的结果就是 30 多架轰炸机组成的庞大机群都奔着 "加贺" 号一个目标去了。

此时，"加贺"号面对的情况如同漫天飞雪！最终中弹 5 枚，彻底丧失作战能力，成为浓烟滚滚的一团火球。就在 20 多架 SBD 成群结队痛扁"加贺"号的同时，头脑冷静的 VB-6 中队指挥官百斯特看出不对劲来了，大家一窝蜂都奔着"加贺"号冲过去，"赤城"号没人管啊！在下降俯冲前的一瞬间，他将飞机成功拉了起来，并带领另外两架 SBD 在高空观察攻击效果。在看到"加贺"号瘫痪之后，他决心去攻击"赤城"号，虽然只有 3 架轰炸机，也只带了 3 枚 1000 磅的航弹，但是他还是想尝试一下（这一尝试的意义太大了，不仅使美海军牢牢确立了战场优势，而且还从根本上扼杀了山口多闻"翻盘"的可能）。

3 架飞机数量虽然不多，但还是打了"赤城"号一个突然，因为"加贺"号在西边，"赤城"号在东边，美机自东向西攻击"加贺"号，是远离他的，同时"赤城"号还在放飞木村惟雄的零式战斗机小队，因此直到百斯特的 3 架 SBD 临近俯冲时，防空警戒哨才发出警报。

不得不承认百斯特他们 3 个人技艺精湛啊！3 架飞机带着 3 颗航弹攻击了 3 次，命中了"一颗半"。

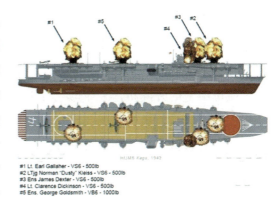

#1 Lt. Earl Gallaher - VS6 - 500lb
#2 LTjg Norman 'Dusty' Kleiss - VS6 - 500lb
#3 Ens James Dexter - VS6 - 500lb
#4 Lt. Clarence Dickinson - VS6 - 500lb
#5 Ens. George Goldsmith - VB6 - 1000lb

图 7-26　"加贺"号航母中弹位置图

图 7-27　百斯特命中"赤城"号航母情景图

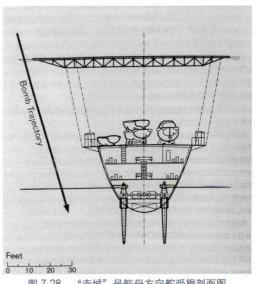

图 7-28　"赤城"号航母方向舵受损剖面图

为什么说命中了"一颗半"呢？在很多资料中，都记载"赤城"号中弹 2 枚，实际上百斯特投下的那颗 1000 磅炸弹直接命中了航母中部的升降机，并穿透飞行甲板在机库上方爆炸，最后一架飞机投下的那颗航弹没有直接命中，而是近失弹。但是这枚近失弹却起到了意想不到的作用——破坏了"赤城"号的方向舵！这一接近

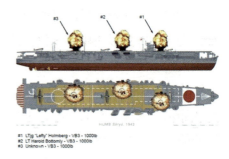

#1 LTjg "Lefty" Holmberg - VB3 - 1000lb
#2 LT Harold Bottomly - VB3 - 1000lb
#3 Unknown - VB3 - 1000lb

图 7-29 "苍龙"号航母中弹位置图

1/100000 的小概率事件，使遭受重创的"赤城"号虽然动力犹存，但是原地打转，直至最终沉没。

与此同时，由"约克城"号起飞的 VB-3 中队 17 架俯冲轰炸机，也趁乱对"苍龙"号进行了集火，命中 1000 磅航弹 4 枚，"苍龙"号瞬间起火爆炸，失去作战能力。

胜负就在一瞬间啊！从 10 时 19 分"加贺"号防空警戒哨发现 SBD 开始，仅仅过去了 25 分钟，3 艘巨大的舰队航空母舰就报销了。此时，南云忠一忙着带人转移，阿部弘毅（第八巡洋舰战队指挥官）忙着接手指挥权；山口多闻则不按命令动作，下令小林道雄带队起飞直接攻击美军航母（"约克城"号）去了。

这时，日美双方的力量对比出现了戏剧性的变化，由 4∶3 骤变为 1∶3，小林道雄和他的机队会力挽狂澜吗？

（五）战役第三阶段：落子收官

"我们的飞机现在正在起飞，即将去摧毁敌人的航空母舰。"

——山口多闻（联合舰队第二航空战队司令官）

阿部弘毅接管指挥权后，刚向联合舰队司令部报告完战况，不待上级指示，立即命令山口多闻发起攻击。命令的电文是 10 时 50 分收到的，而事实上 5 分钟之前，山口多闻就已命令 9 架舰爆机和 6 架零式战斗机起飞发起攻击，小林道雄机队也无愧于"A 级攻击机队"的称号，9 架舰爆机中 7 架突防成功，3 颗 250 千克航弹成功命中"约克城"号；此后友永丈市又带领 10 架舰攻机和 6 架战斗机向"约克城"号发起攻击，命中 2 枚鱼雷，迫使"约克城"号弃舰（日军飞行员认为击中的是另一艘航母）。

此时的形势越来越对南云机动部队不利，山口多闻的手头只剩下 4 架舰攻

图 7-30　小林道雄

图 7-31　"约克城"号航母被日机鱼雷命中瞬间

机和 5 架舰爆机，零式战斗机数量还比较多，13 架在天上，19 架在机库里。同时，美海军侦察机一直在搜寻他，14 时 45 分发现"飞龙"号，15 时 25 分"企业"号攻击机群起飞，十分巧合，组成攻击机队的飞机还是来自 VB-6、VS-6、VT-3 这 3 个中队，还有单枪匹马命中"赤城"号的百斯特。

就在夕阳西下，山口多闻正在琢磨着怎么趁着黄昏来一次偷袭的时候，美国人没有再给他机会，"飞龙"号前后遭到近 100 架轰炸机的空袭，虽然做出了这场海战中双方航母最优秀的规避，但仍旧在劫难逃，先后被 4 颗 1000 磅航弹击中，立即燃起大火，丧失作战能力。

按照常理来讲，4 艘舰队航母被击毁了，南云机动部队应该撤退收兵才对，但是这时南云忠一，也包括山本五十六都像输红眼的赌徒一样，急于扳回一城。

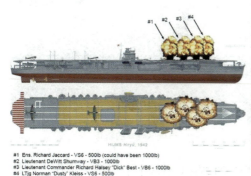

图 7-32　"飞龙"号航母中弹位置图

图 7-33　"飞龙"号沉没之前的山口多闻与加来止男

企图快速拉近与美海军特混舰队的距离，来一场夜战，并与近藤信竹的攻略部队合兵一处，第二天早上跟美军进行一次水面舰艇交战。

但是，谨慎的斯普鲁恩斯没有给南云他们打夜战的机会，指挥特混舰队迅速向东机动，避开了敌人锋芒，等待次日天亮后，杀敌人一个回马枪。

即使在这样一个胜负已分的形势下，联合舰队先任参谋黑岛龟人还在吵吵着要让轻型航母"凤翔"号赶来支援，几艘战列舰一起掩护登陆中途岛。山本五十六冷静却又无奈地制止了他的痴人说梦。

中途岛战役进行到这个时候，该打的打了，该炸的炸了，该沉的沉了，该撤的撤了，战役似乎应该落幕了。但是，"战役的撤收和结束是一个极为复杂的过程"，还有很多节目没有收场。

当日夜间，栗田健男指挥第七巡洋舰战队，在按照计划准备炮轰中途岛的航渡途中，在进行转向机动和反潜规避时，重巡洋舰"三隈"和"最上"号发生撞船事故，其中"三隈"号受伤严重，在 6 月 5 日天亮后被赶来的美海军舰载机击沉。

图 7-34 "三隈"号重巡洋舰

执行完水面炮击中途岛任务的"伊—168"号潜艇，则意外地发现了处于拖带状态的"约克城"号和 5 艘护航驱逐舰。在经过一番惊心动魄的搏斗后，击沉了"约克城"号航母和"哈曼"号驱逐舰。这也是日本海军在这次战役中唯一的斩获。

至此，中途岛战役才真正落下了帷幕。

图 7-35 击沉"约克城"号航母也成为这场海战中联合舰队唯一的斩获

是役，日本海军 4 艘舰队航空母舰、1 艘重巡洋舰被击沉，损失作战飞机 248 架（不含水上飞机），伤亡人数3500 余人；美国海军 1 艘舰队航母、1 艘驱逐舰被击沉，损失作战飞机 147 架，伤亡 307 人。

这是太平洋战争爆发以来 6 个月的时间里，日本法西斯军国主义分子所遭受的第一次沉重打击，咄咄逼人的嚣张气焰受到了强力遏制，尽管离最后的胜利还剩下战斗、苦难、英勇和牺牲的漫长 3 年，但这已是日本法西斯帝国覆灭的开始。

英国首相丘吉尔曾这样评价中途岛海战："在海战史上从没有过比这次战役更激烈、更震撼的事件，它让美国海空军将士们经历了一次光荣的考验，飞行员和水兵们的勇敢和献身精神，以及指挥官们的沉着和机智是这个成就的基础。"

四、未解之谜

在战争史上几乎所有经典战役都会伴随着很多未解之谜，人们总是习惯地去解释和总结重大战役的发生发展过程，通过分析其中最重要的瞬间来看清它背后所隐藏的意义。历史长河里充满了决定性意义的瞬间，比如拿破仑战争时期的滑铁卢、美国南北战争中的葛底斯堡和"二战"中的巴斯托尼……这些永恒的事件都是很难完美解释清楚的，不过通过对这些经典镜头的准确掌握，非常有助于我们全面地理解整个战役，避免发生曲解。

谜题一：中途岛战役美军击败的是具有压倒性优势的敌人吗

沃尔特·劳德爵士在他那著名的著作《中途岛之战——难以置信的胜利》（1967 年出版）中写道："不管从什么标准来说，他们都处于劣势。他们没有战列舰，而日军却拥有 11 艘。他们虽有 8 艘巡洋舰，而日军却有 23 艘。他们只有 3 艘航空母舰（其中 1 艘受损），而日军却有 8 艘……他们不可能会赢。然而他们却做到了，还因此改变了战争的进程。不仅如此，在鼓舞人心的著名战役中又多了一个名字——中途岛。像马拉松、无敌舰队、马恩河，还有其他一些战役一样，中途岛海战向人们展示了不可能是怎样变为可能的。即使面对着敌人压倒性的优势，人类精神中依然存在着某种因素——技术、信念和勇气的完美组合，将他们从失败的边缘带向巨大的成功。"

沃尔特·劳德是美国著名作家、历史研究者，他在 1967 年出版的《中途岛之战——难以置信的胜利》，在当时具有很强的代表性。虽然这一观点不是他首创的，但是却影响到了战后很多人对这场海战的评价，在西方几乎每一篇讲述这场海战的文章中都引用了他的看法，大家对此深信不疑。

但是，我有不同的看法。

因为在1942年5月，日本联合舰队在兵力数量上占有着相当大的优势，但是在6月4日当天同时发起了阿留申和中途岛两个方向的作战行动（相距约1600海里），根据日海军作战计划，山本五十六所在的主力舰队不可能与美军发生交战。那么6月4日当天南云机动部队与美海军参战力量的对比是：

水面舰艇——20：25（斯普鲁恩斯、弗莱彻的第16、第17特混舰队）

舰载机——248：233（不含中途岛陆基作战飞机120多架）

潜艇——0：1（SS-168"鹦鹉螺"号潜艇）

一句话，在6月4日4时30分到10时30分这6个小时的时间里，在真正决定胜负的海域，在战舰和飞机数量上处于劣势的是日军，而不是美军！

当然，我们必须承认南云机动部队在作战飞机性能（例如零式战斗机和舰攻机）、飞行员经验，以及航母的进攻火力方面占有着极其明显的优势。但是仅仅凭借着性能和技能方面的隐性优势，就认定实力天平的倾斜方向是不准确的，也是不严肃的。这一点对于我们在战时、和平时进行作战筹划、力量评估和战术计算具有非常重要的指导意义。

图7-36　在与美机的交战中零式战斗机显示出了明显的优势

那么，在具有兵力数量占优势，部分装备性能、参战飞行员经验和组织指挥能力居于劣势的情况下，美海军是凭借什么取得胜利的呢？尼米兹，也包括弗莱彻、斯普鲁恩斯，首先他们就赢在了战前准备和计划上，凭借着单向透明的情报优势，不仅最大限度地调集、配置了现有全部力量，更重要的是准确判明了敌人的作战企图、手段和步骤，从事后的战斗经过来看，6月4日的整个战役进程基本上符合战前尼米兹的构想。虽然美海军航空兵由于作战经验、组织协调能力等方面的"先天不足"，损失了大量的飞机和飞行员，甚至部分贻误了战机，但他们依然凭借着作战技能和勇气，成功地控制了战场。但是从更广阔的视角来看，

"3+1 > 4"并不能被看作是一个难以置信的奇迹。

美海军最难能可贵之处在于——在参战舰队的表现没有完全反映其作战规划的情况下，依然取得了胜利。这场战役美海军的指挥决策者尼米兹非常清楚，他所面临的敌军力量是完全能够承受的，即使输掉了战争，他作出的预先判断和下达的命令依然是合理的。因为他们拥有着军事情报的优势、大致相等的实力，还有出其不意。

谜题二：南云机动部队是因为运气不好而遭到美军轰炸机突袭的吗

运气，也可以理解为偶然性。在战争中，往往不管战前计划制订得多么完善，情况考虑得多么周密，预案看上去多么有效，等到战争爆发后总会或多或少出现意想不到的情况，甚至会形成尴尬的局面，导致失败的结局。这种情况就是运气，就是偶然性。但老话说得好，好运气是自己挣出来的，不走运也是自己找出来的。要是因为没想到，运气还可能帮你，要是遇到了一次还不长记性，那么谁都帮不了你了。南云的"一航战"，在中途岛战役之前的两个月，就获得了吃一堑长一智的机会，但是压根儿就没人当回事；中途岛战役之前一个月，"大和"号上的兵棋推演也准确地预见到后来出现的灾难性空中威胁，但是又被人为干预了。这么一来，失败就"无解"了。

1942年4月5日至9日，在印度洋上的"锡兰海战"中，中途岛战役的主要场景就已经"完全按剧本彩排"了一遍。早在3月28日，英国东方舰队成功部分破译了日本海军密码，已经获悉4月1日南云机动部队将空袭科伦坡，3月29日东方舰队司令官萨默维尔就带着舰队离开科伦坡，前往锡兰岛的西南方向规避，并计划打南云机动部队一个回头，来个夜间袭击。

4月4日南云机动部队被英军飞艇发现，但南云没采取任何措施。

4月5日渊田美津雄指挥128架飞机轰炸科伦坡扑了个空，随后请求第二次攻击，就在鱼雷换炸弹的时候，发现了2艘英国海军重巡洋舰。更换一次兵装计划用时1.5小时，一来一回就要3小时，此时

图7-37 "康瓦尔"号重巡洋舰被日机击沉

的航空母舰防御能力基本为零，如果敌轰炸机临空的话，那么将束手无策。后来，因为敌人只有 2 艘重巡洋舰（"康瓦尔""多塞特纳郡"号），所以只给部分舰爆机更换了兵装，两个小时后 53 架舰爆机起飞，52 架飞机（1 架故障）攻击，46 架命中，仅耗时 20 分钟就结束战斗，将 2 艘重巡送入海底（可见当时"一航舰"的飞行员技术的高超，也说明没有空中掩护的军舰在飞机面前多么脆弱）。

4 月 6 日，在轰炸锡兰岛上的港口亭可马里的时候，与前一天一样，在准备第二次攻击时，侦察机发现附近海域英国海军"竞技神"号航母，又是一阵手忙脚乱地更换兵装，67 架舰爆机将 37 枚航弹倾泻到"竞技神"号上。就在舰爆机刚刚起飞后，9 架英国轰炸机临空，这跟 6 月 4 日中途岛一模一样，只

图 7-38 "竞技神"号航母被日机击沉

不过晚来了十几分钟，要不是英国飞行员水平太菜，"赤城"号航母和"利根"号重巡就都要被击沉。如果被击沉或者击伤的话，日本人可能会清醒一些，但是恰恰是因为"一航战"毫发未损，所以机动部队甚至不知道自己已经从鬼门关

上晃悠了一圈。直到战后，日本人才从美国人那里知道，其实"赤城"号应该沉没在印度洋，让它活到中途岛已经让日本人赚了。

所以说中途岛战役的结果是注定了的，战役爆发前，日本海军在中途岛所有的失利原因都已经暴露无遗，只是因为被胜利掩盖着而没人看到而已。

要说联合舰队没有一个明白人的话也不全对，至少在当时小泽治三郎就注意到更换兵装所需的时间和面临的危险，并上交了专门报告，可联合舰队除了先任参谋黑岛龟人之外，再没有任何人认为这次基

图 7-39 小泽治三郎

本上属于小规模的空袭战斗存在什么问题。

其实，最有意思的却是 1943 年 8 月海军军令部下发的一篇名为《航空母舰的舰队防空问题》的论文，文中在对日美双方的舰队航空兵空袭火力和防空能力进行分析后指出，航空母舰是舰队中最脆弱的目标，要想保护日军航母不受美军舰载机攻击，至少需要 100 架战斗机（而当时"一航舰"的战斗机总数只有 70 架）。也就是说，"一航舰"在中途岛的毁灭是理所当然的！这篇研究报告最邪门的还不在内容，而在成文的时间，是 1941 年 10 月，作者是海军大学教官高木大佐。联合舰队人人都在问："为什么一年前不发下来？"

这一切荒谬发生的根源还得从日本海军的军事文化上去找。日本人"重攻轻防"观念早已有之，甚至还有一定的"客观原因"。防御是一个消耗很大的东西，战前山本五十六就提出过"没有 3000 架零式战斗机无法开战"的观点，但问题是日本人根本没地方去弄这么多飞机。也正因为战斗机是"防御性武器"，所以在海军中"战斗机无用论"才很有市场，包括山本本人，还有大西泷治郎、源田实都是这一理论的支持者，因此，高木的论文不可能得到重视。甚至可以说，山本不死，这篇论文根本不可能下发。这，才是日本海军真正的悲哀。

谜题三：是"决定命运的 5 分钟"导致南云机动部队失败的吗

作为亲身参加了偷袭珍珠港和中途岛海战两场战役的渊田美津雄，在《中途岛海战》一书中曾这样写道：

"在敌鱼雷机队进攻时，我四艘航空母舰一直在继续进行反击敌人的准备。飞机一架一架地从机库中提上来，迅速在飞行甲板上排好。必须分秒必争。10 时 20 分，南云中将下令，一旦准备工作完成，飞机立即起飞。在'赤城'号飞行甲板上，全部飞机都已经发动了。庞大的航空母舰开始逆风航行。五分钟内，全部飞机都可起飞。

"五分钟！谁能料到在这短暂的瞬息之间，战局发生彻底改变呢？

"能见度良好，云层高 3000 米，偶尔散开，给敌机的接近提供了很好的庇护。10 时 24 分，从舰桥话筒里，发出了开始起飞的命令。飞行长摇动着小白旗，第一架零式战斗机开足马力，飞离了飞行甲板。突然，警戒哨喊道：'俯冲轰炸机！'我抬头张望，看到 3 架黑色敌机朝航母垂直俯冲下来。"

这几段话简直就是电影剧本的经典素材，可以一字不改地成为战争大片的经典台词，从我知道"中途岛战役"开始的二十多年时间里，这段描述简直就是不容置疑的经典场景。虽然这里连用了三个经典，但渊田所描述的这一幕却是假的！事实上，当美军轰炸机发起"致命一击"时，南云机动部队的 4 艘航母中没有任何一艘的攻击机队做好了起飞准备！

为什么美国的战争史学家乔纳森·帕歇尔、安东尼·塔利(《断剑》一书的作者）敢于"翻"渊田美津雄——这一现场亲历者的"案"？因为他们手头掌握着最原始的记录和数据。

在中途岛战役结束之后，由于种种原因，4 艘参战航母的航海日志等原始文件都没有保存下来，但是舰载机大队的作业记录却被保留下来了。作业记录显示，6 月 4 日当天"赤城"号的飞行作业是：

08：37—09：00，回收中途岛返航的舰攻机队

09：10，回收巡逻战斗机

09：51，回收战斗机

10：06，战斗机升空

10：10，回收战斗机

从记录中可以看出，从 8 时 37 分开始，"赤城"号飞行甲板就一直在进行起飞和降落的操作（主要是起降担负巡逻任务的战斗机），间隔在 20 分钟左右。到 10 时 10 分已经回收了 3 批战斗机了。而 15 分钟之后，就遭到了美军轰炸机的致命轰炸。

按照日本海军航母操作规程，舰载机起飞前的准备作业是一个十分复杂的过程，最少需要 45 分钟（一般是 1 个小时）。在这段时间内航母的飞行甲板是封闭的，因为飞机要在舰艉进行定位、暖机等准备工作，在这个时候飞机的降落是完全不可能的。如果南云想在 10 时 20 分发动进攻，那么他就要提前 45 分钟，也就是 9 时 35 分就要开始攻击机的起飞准备。即使没有遭到美海军 SBD 轰炸的"飞龙"号航母，此

图 7-40 战机回收时"赤城"号航母的甲板需要"空空如也"

时也在规避 VT-3 中队鱼雷轰炸机的攻击。自顾不暇之时，是不可能起飞任何攻击机队进行反击的。

时间——这一决策和行动最需要的东西，就像是机动部队的血液，已经慢慢地被美军无情地抽空了。现在机动部队——这个病人已经不可能恢复了。

一句话，渊田美津雄所说的"决定命运的5分钟"不过是个掩盖历史真相的"传奇故事"。

谜题四：这次战役让日本海军精英飞行员损失殆尽了吗

在中途岛战役中，南云机动部队损失了4艘航空母舰和搭载的248架飞机（未包括重巡洋舰搭载的水上侦察机），损失飞行员121人。太平洋战争开始前，日本海军储备的舰载机飞行员总数超过2000人，中途岛战役中损失的飞行员人数所占比例并不高，与后续1942年8月进行的东所罗门群岛海战（损失110名飞行员）、1942年10月进行的圣克鲁斯群岛海战（损失145名飞行员）相比，损失飞行员人数大致相同。实际上，在东所罗门群岛海战中对日海军精英飞行员的消耗才使舰载机飞行员的战斗水准发生了质的下降，而圣克鲁斯群岛海战则标志着日海军战前储备的精英飞行员损失殆尽。

图 7-41　日海军战前储备了大量飞行精英

在中途岛海战损失人员中，真正对联合舰队航空战力产生显著影响的却是航空飞行技术人员，总共721名航空机械师阵亡，超过了其总人数的40%。在日本海军航空作战的序列中，这些技术人员是容易被忽视的，但是在航空母舰与舰载机之间的协同配合环节中，这些身经百战的技术人员却发挥着不可替代的作用。虽然此役后，暂时没有对作战效能产生明显影响，但正是由于这些无法替代的技术人员的损失和培养补充工作的后继乏力，致使在战争中后期，也就是1944年的时候，对舰载航空兵的作战能力的消极影响才逐步显现出来。

另外，这些飞行员、航空技术人员的损失也带来了一个无法忽视的重要后果

——组织管理知识的丧失。不要以为征集3000人、150架飞机和2艘航空母舰，就能组成像"赤城"与"加贺"、"飞龙"与"苍龙"那样高效的作战体系。在珊瑚海海战时，刚入列的"翔鹤""瑞鹤"号就曾因为飞机重装作业速度迟缓而严重影响作战进程，其中"瑞鹤"号因为作业速度慢，为尽快腾出甲板，接收返航机群，而不得不将12架甲板上来不及收入机库的珍贵战机丢弃入海，造成了不必要的非战斗损耗。

中途岛战役大量人员装备损失的另外一个隐形结果就是：破坏了日本海军航母技战术的统一性，统一的操作规则是指导日本海军舰队建设的中心原则，从一开始就是指导日本海军舰艇建造的政策，从对马海战开始就成功服务于日本海军。在偷袭珍珠港时，6艘航母组成的3个航空战队，构建了平衡合理的攻击阵型，"一航战"是久经考验的老兵，"二航战"是劲头十足的战士，"五航战"是充满希望

图7-42 在后续瓜岛海空激战中美海军彻底打断了日本海航的脊梁

的新兵，3支航空战队的组合在速度、攻击、补给等方面完美地集合在了一起。性能相近的航母进行编组的最大好处就是统一化的操作使用，减少了指挥协同方面的麻烦。但是"一航战"和"二航战"的覆灭永远地摧毁了日本海军令人羡慕的平衡能力和配合水平。

一系列力量与结构的失衡，直接导致了作战中的后继乏力和战争形势的整体逆转，正如"月满则亏，物盛则衰"一样，日本海军航空兵在经历了"膨胀—扩张—辉煌"之后，"相持—防御—溃败"的趋势已不可避免。

附录：启示与思考

正如前文所提到的那样，在中途岛战役的关键时间、关键地点和关键行动中，真正在数量上占优势的不是日军，而是美军！美军最难能可贵之处在于：克服了

诸多"先天不足"，在损失严重的情况下，依然凭借着技能、勇气和意志，成功控制了战场，并取得了最终的胜利。距离这场太平洋上的"转折之战"，已经过去了整整79年，但是我们依然会感受到太平洋上呼啸的风、翻腾的浪、燃烧着的空气和参战者身上流淌着的血。

思考一：要根据自身实力合理界定战略目标

在中途岛战役中，日本海军之所以会频出一个拳头打两个敌人和分散削弱主要方向力量配置这样的昏招儿，是因为他们在进行战略任务规划设计时，盲目过高地估计了自身所占的优势，在战略目标的合理定位上出了问题。

在战争和现代社会生活中，目标设定的高低取决于力量所能到达的边界，有多少干粮走多少路已成为不争的铁律。在总体环境与条件既定的情况下，预定目标与实施手段之间的组合决定了计划实施的成效。一般认为，战略取得成功需要以目标与手段之间达成平衡为前提。利德尔·哈特就曾指出，"战略的成功主要取决于目标和手段之间的合理估计与协调"。

西方战略学界普遍认为：武装力量持久可靠控制的区域才是国家战略力量到达的边界。但是在珍珠港、珊瑚海和中途岛，在整个广袤的太平洋上，日本有限的军事实力遭到了无情的消耗和悄无声息的稀释，最终在中途岛到达了力量膨胀的边缘和顶点。如果说一切胜利的取得都建立在依靠珍珠港式侥幸突然基础上的话，那么无异于构建于沙基之上的海市蜃楼。中途岛之战，与其说是美海军勇气的胜利，不如说是正态概率分布的回归和国家战略能量全面释放的结果。所以说，纵观战争史上的古往今来，战术靠欺骗，战役靠突然，战略靠持久！

思考二：锲而不舍地从绝望中找希望

在中途岛战役中，美军航空兵在战役中前期遭受了重大损失，飞机损失数量超过120架，其中鱼雷轰炸机损失非常严重，但是作为战役指挥者的尼米兹并没有过多地干预，前线指挥员弗莱彻和斯普鲁恩斯也没有动摇退缩，麦克拉斯基、百斯特等战地指挥官更是连续出击、百折不挠。在这样锲而不舍的将士齐心用命之下，才从绝望中找到了希望，实现了战场形势逆转，创造了不可思议的奇迹。

在战争中，当战事出现胶着，损失不断出现，伤亡持续增加，前景愈加晦暗不明时，指挥员的决心意志是否坚定，锲而不舍的进取意识是否强烈，都将成为左右战役进程，甚至是决定最终结局的关键因素。如果把战役全局视作一碗水的话，那么指挥员的意志也许就是一滴水，在关键的时刻，一滴水可以使一碗水溢出来！

其实，对我们每个人而言也是如此。无论外界环境优劣，不管运气好坏，都不抛弃、不放弃，不为逆境所困，也不为顺境所惑，按照自己预先的计划、稳扎稳打、步步为营。每天前进一点，到来年的这个时候再回过头来看，你就会发现已经走出了很远的距离。其实，真正的人生不就是让你感到绝望的同时，又透过一条缝隙让你看到点希望吗？

图7-43 在中途岛海战中"独中两元"的百斯特

思考三：要善于从胜利中找隐患找问题

1942年4月5日至9日，在印度洋上的"锡兰海战"之后，除小泽治三郎注意到更换兵装所需的时间和航母面临的空中威胁，军令部和联合舰队的高层中，没有任何人对此给予高度重视。就这样带着问题和隐患来到了中途岛，又"按照剧本再犯一次错误"，最终招致全军覆没。

祸兮福所倚，福兮祸所伏，福与祸并不是绝对的，它们相互依存，可以互相转化。比喻坏事可以引出好的结果，好事也可以引出坏的结果。在事物发展过程中，矛盾对立双方不是一成不变的，相反的东西具有着同一性，在一定条件下是可能发生相互转化的，成语"相反相成"说的就是这个意思。

思考四：要辩证分析评估真正"知己知彼"

在中途岛战役中，美日双方的作战平台数量是基本持平的，日本海军在舰载机组织指挥与作战技能方面占有着明显的优势。例如，第一波中途岛攻击机机群108架战机起飞时间用时7分钟、完成空中机群编组用时15分钟，而美海军同样规模的机群完成时间至少为1小时；在攻击效率方面小林道雄9架舰爆机中7架突防成功，7架飞机命中"约克城"3弹，友永丈市10架舰攻机命中"约克城"2雷，这是非常惊人的；零式战斗机的优势更为恐怖，由"大黄蜂"号起飞的

VT-8 中队几乎全军覆灭，15 架鱼雷机在突防和攻击中被击落了 14 架。那么为什么南云机动部队在拥有十分明显的优势下只发动了 2 次成功的航母攻击行动（还是由"飞龙"号单独完成的）？为什么"赤城"号被直接命中 1 枚航弹就彻底丧失战斗力？为什么 4 艘航空母舰使用自身防空火力仅击落 1 架美机？

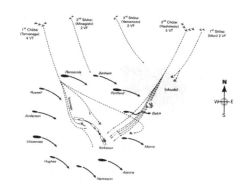

图 7-44　友永丈市率队穿越防空火力圈突击"约克城"号示意图

这些问题确实令人费解，但是正如现代战争已经证明了的那样，决定作战体系整体效能底线的不是长板而是短板。如同冰山露出海面仅有一角那样，日本海军的短板和弱项是客观存在的，在战前装备建设发展中已经埋下了失败的种子，只不过在战争初期，由于作战对手相对较弱以及战斗持续时间和强度的有限而没有得

图 7-45　美海军已建立起较为严密的舰艇防空火力体系

到直观充分地反映。例如，在对空预警方面美海军舰艇已装备并熟练使用雷达，可为编队提供 10—15 分钟的预警时间，而日海军该能力为零，仅仅依靠目力观察和哨舰前出警戒；在舰艇损害管制控制方面，美海军已经能熟练使用二氧化碳气体对航空燃油管路进行预先保护，并且实现损管训练技能普及化，而日海军在损管控制装备和人员技能方面存在着严重缺陷；在舰艇防空火力方面，美海军已经初步构建起早期指挥控制系统，火力密度和自动化程度比较高，而日军在火力密度方面差距很大，同时火力控制方案不仅效率低，而且生成时间太长，基本不具备快速反应能力。

我们常说，在作战筹划、指挥、决策各个环节要做到心中有数，那么什么是"数"呢？"数"是度量，是评估，是对敌我双方力量以及综合形势的判断，是实现"知己知彼"目标的具体化手段，是筹划决策的重要依据。但在实践中，常常会受到一些非理性意识的干扰，只看到自身优势的放大效应，而忽视了问题短板的衰减效应；只看到了自身优势的"攻击破坏性"，而忽视了问题短板的"结构脆弱性"；只看到了自身优势的几何叠加，而忽视了问题短板的一触即溃。被表面的浮华迷失了双眼，失去了客观的心态和眼光，在激情亢奋中浑然不觉地陷入了"不知彼、不知己、每战必贻"的危险境地。

我们每个人都有自己的优点，甚至是非常突出的、独一无二的特长，但是也存在着若隐若现的、不愿意发现和承认的缺点。在特定的社会活动和环境下，优长可能会被削弱，缺点则可能会被放大，乐观的心理预期可能严重受挫甚至根本无法实现。在这时，是故智者之虑，必杂于利害。杂于利，而务可信也；杂于害，而患可解也（《孙子兵法·九变篇》）的作用就显现了出来。在虚幻的浮华面前，底线思维与辩证评估不啻为一面知彼知己的明镜和一剂催人警醒的良方。

"机动部队"的最后惨胜

——圣克鲁斯海战[1]

圣克鲁斯群岛，是一个位于南太平洋所罗门群岛东南端的火山岛群，由多个面积为5—500平方千米的岛屿组成，即使在今天这样一个信息高度发达的"地球村"里，如果不是2020年6月7日发生了5.7级地震的话，一个南太平洋上的荒蛮之地依然会是被世界遗忘的角落。但是，就在1942年10月——这个"二战"中晦暗不明的艰难时段，美日双方在这里进行了一场十分重要的航母舰队决战，史称"圣克鲁斯群岛海战"（日本人称之为"南太平洋海战"）。这也是太平洋战争中的第4场航母舰队交战和瓜达卡纳尔岛争夺战中的第4场海战，与珊瑚海、中途岛和东所罗门海战中那种非接触式交战模式如出一辙，双方舰艇之间不仅一炮未发，而且只闻其声、未见其人，所有攻击行动都由舰载（岸基）作战飞机包办代替。

战罢，美海军1艘舰队航母、1艘驱逐舰被击沉，1艘航母、1艘战列舰、2艘巡洋舰和7艘驱逐舰被击伤，损失作战飞机80架、飞行员26人；日海军一船未沉，仅1艘舰队航母、1艘轻型航母、1艘巡洋舰和1艘驱逐舰被击伤，损失作战飞机110架、飞行员182人；1942年10月25日，驻瓜岛美军在埃德森岭（后来被美军称之为"血岭"）挫败了日本第17军发起的总攻，并牢牢固守住核心要地亨德森机场，确保了美军在瓜岛及周边海域的空中优势（这对取得瓜岛争夺战的最终胜利至关重要）。

在圣克鲁斯群岛海战中，日本海军机动部队在付出惨重代价后，总算取得了

1　1942年10月爆发的圣克鲁斯海战，是太平洋战争"战略相持阶段"，美日双方位于南太平洋进行的一次大规模航母舰队交战。在这场惨烈的海战中，美国海军太平洋舰队的"死对头"南云忠一终于率领已近"穷途末路"的机动部队，取得了一场"最后的惨胜"。而在这场"海上运动战"中付出沉重代价的美国海军，也通过"丢车保帅"实现了瓜达卡纳尔岛周边海空域控制权的保持与恢复，并从根本上决定了瓜岛争夺战——这场"吹响太平洋反攻号角"转折之战的全局走向。

一次惨胜，与珊瑚海海战一样，在取得战术胜利的同时，未能实现最初的战役目的。同时，由于宝贵的飞行人员大量消耗和受损舰艇、舰载机部队恢复战斗力进度的缓慢，以及瓜岛周边海域的局部制空、制海权的"得而复失"，都使瓜岛争夺战的走向发生了重大转折。这场虽败犹胜的海战，也为美军在太平洋战争相持阶段，通过实现"由守转攻"打下了坚实的基础。

图 8-1　美海军"大黄蜂"号航母被击沉

一、晦暗不明的前景

1942 年，对于整个反法西斯盟国来说是极为晦暗和压抑的，在欧洲大陆，纳粹德国的车轮正在向东疾驰，斯大林格勒保卫战正如火如荼，进行到最紧要的关头；在大西洋上，肆意恣睢的"水下狼群"正将成百上千艘商船送入海底，英美盟国正焦头烂额、一筹莫展；在北非，"沙漠之狐"的精锐之师将大英帝国打得节节溃败，刚刚退守阿拉曼战场的蒙哥马利已无路可退。

在太平洋战场上，在中途岛实现逆转的美军，乘胜于 8 月在瓜达卡纳尔岛登陆，试图在敌强我弱的背景之下，通过以攻为守的积极行动，在南太平洋打开一个缺口，按照战前"橙色方案"计划的路径和步骤，吹响反攻的号角。

当时，全世界的目光都集中在瓜达卡纳尔——这个南太平洋鲜为人知的小岛上，在范德格里夫特的指挥下，陆战一师艰难地顶住了日

图 8-2　美海军陆战一师师长亚历山大·范德格里夫特
（拍摄于 1942 年瓜达卡纳尔岛的帐篷中）

图 8-3 "大黄蜂"号航空母舰（1942 年 4 月 18 日，杜立特轰炸东京时拍摄）

图 8-4 时任南太平洋战区美海军指挥官罗伯特·戈姆利中将

图 8-5 "蛮牛"威廉·哈尔西

本人疯狂的进攻，确保了核心目标亨德森机场的安全；尽管遭到了"金刚""榛名"号战列舰 973 枚大口径炮弹的"夜火洗地"，90 架战机损毁过半，跑道被严重破坏，但是在"海蜂"们（美国海军工兵的"昵称"）的大力支持下，"仙人掌"航空队也表现得如同其名号所显示的那样坚韧顽强，通过高强度出动和精准攻击，让瓜岛周边活动的日本陆海军惶惶不可终日。下面，就要看美国海军的了！

虽然 6 月在中太平洋取得了中途岛战役的胜利，但是在转战南太平洋，尤其是 8 月 7 日发起瓜岛登陆战后，美国海军尽管在东所罗门群岛海战中获胜，但却并未阻止日本陆海军向瓜岛持续增兵的步伐。在 8 月的海战中，"企业"号航母被日机重创，不得不紧急抢修；8 月 31 日，"萨拉托加"号航母意外地被"伊−26"潜艇发射的鱼雷击伤，需返厂维修 3 个月的时间；9 月 15 日，"胡蜂"号航母在瓜岛周边海域，被"伊−19"潜艇发射的 3 枚鱼雷击中，由于电力系统遭严重破坏，损害无法有效控制，导致火势不断蔓延，最终于当晚沉没。

在惨遭接二连三的飞来横祸之后，整个南太平洋上，堂堂的美国海军就剩下"大黄蜂"号航母这一根独苗了。好在此时美国强大的造船维修潜力得到了及时充分的释放，紧赶慢赶之下，"企业"号航母终于满血复活，在 10 月 10 日接收新的飞行大队之后，于 10 月 24 日返抵南太平洋，与"大黄蜂"号和其余舰艇合兵一处。拳头，总算是攥起来了！

岛上的阵地守住了，航母和舰载机也有了，是不是就万事大吉了呢？不行，还需要能指挥会打仗，并且有坚定意志的人！就在瓜岛战事无比胶着，陆上交战你来我往，日本持续增兵，海军舰艇接二连三被击沉重创之时，南太平洋战区的"当家人"——麦克阿瑟和戈姆利，都对瓜岛的战局发展表示悲观（从某种意义上讲，海军中将戈姆利"失去了继续有效指挥战斗的意志"）。

在这种情况下尼米兹虽犹豫再三，但几经权衡，并在征得欧内斯特·金的同意之后，最终决定临阵换将，由"蛮牛"哈尔西接替戈姆利来扭转瓜岛战局。这一决定将"蛮牛"和戈姆利这两位友情长达 40 年的安纳波利斯橄榄球队队友置于无比尴尬的境地，面对瓜岛的烂摊子，严重缺乏思想准备的"蛮牛"在水上飞机机舱里读完命令电文后，脱口而出："天呢！这不是在开玩笑吧，这是他们递给我的最烫手的山芋！"（这句话成了"二战"中的经典名言）。但是奋战在瓜岛上的官兵们在获悉"临阵换将"的消息后，却倍受鼓舞，如同打了兴奋剂一般（"蛮牛"的人格魅力"爆表"可见一斑）。

客观地说，哈尔西从戈姆利手中接过的确实是一个"烂摊子"，虽然在此前3 次瓜岛海战中美日双方互有胜负，但是日军大量人员、装备、物资持续上岛，21000 人的敌军数量已与美军基本持平，同时敌人白天飞机轰炸，夜间战列舰、巡洋舰炮击，不仅大大削弱了瓜岛美军的战斗力，而且大有反击得逞之势。如果"血岭"（埃德森岭）和亨德森机场再丢掉的话，那么瓜岛的形势将彻底没救了。在与范德格里夫特（陆战一师师长）几经磋商后，"蛮牛"向他承诺："你放心回去，我保证将向你提供我所能得到的一切。"这回，"蛮牛"和他的舰队真的没有退路了！

为了更好地激发军心士气，"蛮牛"发出了那份著名的电文："进攻！进攻！！进攻！！！"

二、"旗鼓相当"的力量

（一）日本海军联合舰队

日海军将参战部队命名为支援部队、下辖前进部队和机动部队，由近藤信竹

图 8-6 日海军支援部 图 8-7 日海军"隼鹰"号航空母舰 图 8-8 日海军"榛名"号战列舰
队指挥官近藤信竹

统一指挥。其中，前进部队指挥官由近藤信竹兼任，下辖航母编队和战列舰编队，航母编队包括"隼鹰"号航母和 4 艘驱逐舰；战列舰编队包括"金刚""榛名"号战列舰，"爱宕""高雄""妙高""摩耶"号重巡洋舰和 1 艘轻巡洋舰、12艘驱逐舰，舰载机 45 架。

图 8-9 编队航行的"祥鹤""瑞鹤"号航空母舰 图 8-10 由快速油船改装的"瑞凤"号轻型航空母舰

机动部队由南云忠一指挥，下辖航母编队和战列舰编队，航母编队包括"翔鹤""瑞鹤""瑞凤"号航母，"熊野"号重巡洋舰和 8 艘驱逐舰组成，舰载机157 架；战列舰编队包括"比叡""雾岛"号战列舰，"利根""筑摩""铃谷"号重巡洋舰和 1 艘轻巡洋舰、7 艘驱逐舰。

（二）美海军太平洋舰队

美海军参战部队编号为第 61 特混舰队，由第 16、第 17 两个特混舰队组成，由金凯德统一指挥。其中，第 16 特舰指挥官由金凯德兼任，下辖"企业"号航母、"南达科他"号战列舰和 2 艘轻巡洋舰、8 艘驱逐舰，舰载机 78 架；第 17 特舰由默里指挥，下辖"大黄蜂"号航母、2 艘重巡洋舰、2 艘轻巡洋舰和 6 艘驱逐舰，

图 8-11 美海军第 61 特混舰队指挥官金凯德　　图 8-12 美海军"企业"号航空母舰　　图 8-13 美海军"大黄蜂"号航空母舰

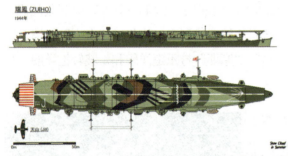

图 8-14 "瑞凤"号轻型航母载机数量少且型号单一　　图 8-15 美海军单艘航母舰载机数量优势明显

舰载机 85 架。

　　从参战舰艇，尤其是主要攻防作战力量——航空母舰的数量上看，日本海军拥有着数量上的优势，但是"翔鹤""瑞凤""隼鹰"三型航母在航速和舰载机搭载类型上存在着很大的差异，其中"翔鹤"号属于标准的舰队航母，最高航速 34.2 节，舰载机数量较多（60—70 架），类型也较为均衡；"瑞凤"号属于由潜艇母舰改装的轻型航母，最高航速 28 节，载机数量较少（23 架），且类型单一（基本为战斗机）；"隼鹰"号是由豪华邮轮改装而成的大型航母，但最高航速仅为 25.5 节，舰载机数量相对有限（45 架）。上述差异也决定了日海军无法像珍珠港和中途岛那样，将 4 艘参战航母进行统一编组，再加之单艘航母舰载机搭载数量相对较少（美航母单艘搭载战机约为 80 架），也从一定程度上影响了其战斗力发挥的均衡性。同时，双方在舰载机性能和战术组织方面各有优长，可谓势均力敌。因此，可以认为交战双方在"航母＋舰载机"这一核心作战力量上大体持平，日军略占优势。

　　此外，双方参战舰艇，尤其是大型舰艇的对空探测能力和防空火力抗击效能方面也存在着很大差异。与美海军全部舰艇均安装有搜索雷达及火控雷达不同的

图 8-16　美海军装备的 SC-2 型搜索
　　　　雷达（"南达科他"号战列舰）

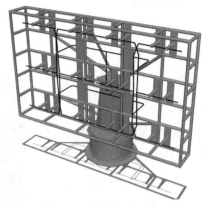

图 8-17　日海军舰艇装备的 21 号电探

是，日海军参战舰艇中仅有"翔鹤""隼鹰"号航母，以及"金刚""榛名""雾岛"号战列舰加装有类似美海军搜索雷达的 21 号电探，而其余舰艇均不具备对海对空雷达探测能力（看来日本人从中途岛长了点记性，但是还不够）。

在舰艇防空火力方面，美海军在原有早期指挥控制系统的基础上，基本实现了对高中低、远中近空域的覆盖，且火力密度和自动化程度比较高，而日海军舰艇严重缺乏远射程防空火炮，在火力密度和火力控制上明显不足，尤其是火力

图 8-18　日海军装备的 89 式 127 毫米双联装高射炮

控制方面不仅效率较低，而且基本不具备快速反应能力。

从上述对比和分析中可以看出，与 4 个多月前的中途岛海战相比，美海军航母特混舰队的体系作战效能日趋完善，F4F-4 战斗机和 TBF-1 鱼雷机等新型力量不断涌现，综合作战效能稳中有升。与之对应的是，日海军机动部队受综合国力所限，无法及时将取得的经验教训通过技术转化体现在武器装备的战斗性能提升当中，在时隔 4 个多月之后，依旧"原样御敌"，这不能不说是一种"无可奈何"之下的"悲哀"。

三、双方企图

（一）美军企图

自 1942 年 8 月 7 日瓜岛争夺战开始以来，美日双方展开的海空较量都是围绕着陆上作战而展开的，也是为彻底夺取瓜岛控制权而服务的。这也决定了圣克鲁斯海战目的的特殊性，即"挫败敌舰队进攻企图，夺取并保持瓜岛周边海域制空制海权，为瓜岛陆上作战的顺利进行提供可靠保障"。这一战役目的也与"蛮牛"哈尔西向范德格

图 8-19 "蛮牛"哈尔西在瓜达卡纳尔岛

里夫特"我保证将向你提供我所能得到的一切"的承诺完全一致。

为此，哈尔西集中了手头所有的机动力量，即由"企业"号和"大黄蜂"号航母为核心组成的第 16、第 17 特舰，于 10 月 24 日预先展开在圣克鲁斯群岛以北海域，并对附近海空域进行了"清场"，但是这一次非但没有像中途岛和东所罗门群岛海战那样走运，还造成了不必要的"非战斗减员"，"企业"号航母共损失 11 架舰载机（其中包括 6 架 SBD 和 3 架 TBF）。这对于先期抵达战场"以逸待劳"的美国人来说，似乎并不是一个好兆头，而事实上在后续海战中，"运气"也确实没有站在金凯德和默里一边。

（二）日军企图

与美国陆海军之间的良性"竞争—协作"不同的是，日军中"陆军马鹿"和"海军马鹿"之间始终存在着严重的龃龉，不仅政见不同，而且沟通不畅、协同不力，在前 3 次瓜岛海战中由于种种原因，始终未能很好地实现陆海协同。在这次海战之前，应该说山本司令官还是"很给面子"的，从日本本土和特鲁克出动了联合舰队除"大和""武藏"之外的绝大部分主力舰艇，企图消灭位于南太平洋活动的美海军航母舰队，毕其功于一役，彻底解除瓜岛周边海域的海空威胁，"省得这些'陆军马鹿'总是登门招人讨厌"。

为此，联合舰队集中了第3舰队的5艘航母（"飞鹰"号因起火受损未能参战）和大量战列舰、巡洋舰和驱逐舰，预先展开在所罗门群岛南部海域，除去空袭亨德森机场以支援陆军岛上进攻外，还做好了积极寻歼美海军来援航母舰队的准备。值得一提的是，这一次联合舰队一反常态地，根据合众社10月20日关于"美国海军正准备在南太平洋进行大规模的海上和空中作战"的报道，判断出了美军即将发起大规模进攻行动的时段，并准确预见到了决战日——10月26日！

图 8-20　山本五十六"一反常态"地给了辻政信"天大的面子"

图 8-21　因意外发生火灾未能参战的日海军"飞鹰"号航空母舰

四、血与火的考验

（一）序章：侦察与展开

10月25日夜间至26日拂晓的圣克鲁斯群岛北部海域，与4个多月前的中途岛十分相似。美日双方都力求通过一系列机动和侦察行动营造出于己有利的战场态势。在担负侦察任务的舰载机性能水平基本持平的情况下，美海军"一如既往"地祭出了续航力大、留空时间长、"察打一体"的"多用途利器"——PBY"卡特琳娜"式水上飞机（以下简称"PBY"）。

图 8-22　PBY"卡特琳娜"式水上飞机设计简洁，有着良好的水上起降能力

但与中途岛海战时不同的是，这次"蛮牛"并没有将航母部署于瓜岛南部海域，即无法获得驻瓜岛亨德森机场航空兵的空中支援。也许是出于对正处于胶着状态瓜岛争夺战的忧虑，以及他向范德格里夫特作出的承诺，或者是出于对第16、第17特舰舰载航空兵攻防能力的自信，他命令金凯德和默里北上前出，与战机数量略占优势的"宿敌"南云忠一来了一个正面硬扛。

图 8-23 红框所在位置为瓜岛亨德森机场（以中途岛海战中牺牲的陆战队飞行员亨德森命名）

历史有相似的经过，但结果却各不相同，这次率先发现对方的仍旧是"坐拥地利优势"的美军，在 0 时 22 分（圣克鲁斯当地时间，与东京时间存有 2 个小时的时差），2 架装备有雷达的 PBY 水上飞机在第 16 特舰西北方向 260 海里附近海域，发现了南云忠一的机动部队，并对"一艘航母"（"瑞鹤"号）进行了攻击，投下了 4 枚 500 磅炸弹。这次攻击虽然没有成功，但是却使南云忠一陷入了极大的恐慌，生怕"处于黑暗之中"的敌航母在前方设伏，像中途岛那样"故伎重演"，再来一次"请君入瓮"。他在遭空袭 40 分钟之后（即 1 时 30 分），下令本队向北转向进行规避，并命令将机库中所有战机挂载的鱼雷、炸弹悉数卸至弹药库。

应该说美日双方对预先侦察都是相当重视的，从 2 时 15 分开始，仅南云机动部队就先后起飞 7 架水上侦察机和 13 架舰攻

图 8-24 "翔鹤"号航母飞行甲板上待命起飞的攻击机群

图 8-25 "企业"号航母飞行甲板上待机的舰载机群

图 8-26 圣克鲁斯群岛海战中 SBD 成为摧城拔寨的"利器"

机进行侦察搜索（看来真的长记性了）；美海军除预先已展开的多架 PBY 水上飞机之外，3 时 12 分，还从"企业"号航母上起飞了 16 架 SBD（"两架一组"），并按照"察打一体"的模式（每架 SBD 均携带 1 枚 500 磅航弹）进行侦察搜索。从数量上看，侦察机确实撒出去了不少，但是要想实现先敌发现、先敌攻击，仅仅依靠数量上的优势却是远远不够的，还需要顺畅可靠的指挥通信。这一次，美国人就因为通信网络的阻滞延迟而起了个大早，赶了个晚集。PBY 是在 0 时 50 分发现南云机动部队的，但是由于信息的流转问题，直到 5 时 12 分，"企业"号的侦察机群起飞的同时，这份重要的电文才转到金凯德的手中。

图 8-27　一架 TBF "复仇者"式鱼雷机准备从"企业"号起飞

虽然，金凯德在 5 时 30 分就命令"企业""大黄蜂"号甲板待命的攻击机群立即起飞（分三个波次，起飞时间分别是 5 时 30 分、5 时 47 分、5 时 55 分），但是白白浪费的 4 个多小时和变相减少的 16 架 SBD，以及按照"添油战术"分批投入战斗的攻击机群，都使这次攻击的效果有所削弱。

与之形成鲜明对比的是，4 时 12 分，由"翔鹤"号航母上起飞担负侦察任务的 97 式舰攻机，向机动部队发出了"发现敌大部队，地点南纬 8 度 22 分，东经 166 度 42 分，航母 1 艘，其他舰艇 15 艘"的电报，虽然出现了短暂的困惑（电文"呼号"存有疑问），但在几经犹豫后，南云忠一还是在 5 时 10 分下令"翔鹤""瑞鹤""瑞凤"号航母攻击机群起飞。

就这样，在信息流转的"阴差阳错"之下，戏剧性的一幕出现了：率先发现对手的是美军，但抢先发起攻击的却是报仇心切的一航战。那么，在第一个回合的交锋中取得开门红的将是谁呢？

（二）高潮：兵来将挡

1. "猝不及防"的遭遇战

在各自的"斥候"发出对方主力舰队的目标信息后，美日双方的攻击机群相继出发了。南云的攻击机群基本按照"双鹤"舰载机部队的建制和舰攻、舰爆机的类别一分为二，而金凯德则是按照VB、VT、VF混合编组的形式将攻击机群一分为三。双方编组形式和攻击机群的波次区分，也对后来的空中遭遇战，乃至第一轮的打击效果造成了重要的影响。

图 8-28　F-4F 战斗机准备从"大黄蜂"号甲板上起飞

战争中充满了很多意外和巧合。此时，这种巧合就出现了：由"大黄蜂"号航母上起飞的第一波机群在出发一个小时后，与"翔鹤"号上起飞的一航战第一批攻击机相遇了，双方的飞行员们都在第一时间向各自舰队发回警报信息后，保持了必要的克制和心照不宣的默契，按照既定的计划航线搜寻对方的航空母舰。

图 8-29　占据高度优势的零式战斗机上来就给了美国人一个"下马威"

巧合这种情况的出现往往是不可预测的，有了第一次就会有第二次，就在双方第一波机群在空中相遇 5 分钟后，由"企业"号航母起飞的第二批 20 架美机（其中 F4F-4 战斗机 8 架）与由"瑞鹤"号起飞的第二批 30 余架日机（其中零式战斗机 10—15 架）相遇了，这一次由"瑞凤"号起飞、占据高度优势的零式战斗机可没有"双鹤"战斗机飞行员那样"安分守己"，背着阳光就向美机冲了过去。日机的突袭确实打了美国人一个猝不及防，顷刻间 VT-10 中队几架"软柿子"TBF 就被击落、击伤，等到担负护航任务的 F4F-4 加入战团之时，零式战斗机群又开始了第二轮"不要命"的攻击（日本人下手太狠，也太绝了）。这场"遭遇战"仅仅持续了约 10 分钟，美国人在未发现南云机动部队之前就"稀里糊涂"地损失了 3 架战斗机和 2 架鱼雷机，还有 3 架战斗机、鱼雷机被击伤，确实有点"窝囊"。

但他们的牺牲却并不是没有意义的，

图 8-30　回过神来的美国人也没客气，转手就击落了 4 架零式战斗机

在缠斗中4架零式战斗机被击落，剩余的5架也因受伤和弹药耗尽而丧失了继续为攻击机群护航的能力，这也直接造成了"瑞鹤"号航母的舰爆机群在后续攻击行动中由于失去了战斗机的掩护，而几乎"团灭"的"惨剧"。

就这样，空中遭遇战结束了，双方似乎打了个平手。下面，对航母突击的重头戏就要开始了。

2. 南云的"利箭"

（1）一航战的首次突击

6时53分，在连续飞行一个半小时之后，"翔鹤"号的舰攻机群终于发现了第17特舰的踪迹，此时"大黄蜂"号正在4艘巡洋舰、6艘驱逐舰的护卫下，以"环形阵"的配置向西北方向机动。此时，攻击机群指挥官村田重治当机立断，将20架舰攻机一分为二，从两个方向向"大黄蜂"号扑了过来；而跟在后面的"瑞鹤"号舰爆机队在指挥官高桥定的指挥下，呈单纵队展开不断爬升，准备后续的俯冲轰炸。

图 8-31　日海军攻击机群指挥官村田重治

在第一批次攻击机群起飞后，从6时02分到6时46分，第16、第17特舰先后有3批38架战斗机升空，但是在巡逻高度上出了问题：为了节约燃料和氧气，格里芬把高度定在了3000米，准备等雷达发现日机后再命令"野猫"爬升拦截。同时，在引导战斗机截击时出现了方向性的"误判"，再加上"北安普顿"号巡洋舰空情信息上报的时间延迟。等到"大黄蜂"号的雷达发现来袭日机时，一切都晚了，占

图 8-32　美海军 F-4F 双机编队

据高度优势（5000—7000米）的村田重治和高桥定完全实现了战术突然性。

此时的一航战，虽说已经不是珍珠港、中途岛时名副其实的王牌，但是老底子（当时的一航战、二航战）还在，有超过50%的飞行员参加了珍珠港、印度洋、

中途岛等一系列海战，经验相当丰富。上来就干脆利落地命中了 2 枚鱼雷、3 枚航弹（另有两架战机完成"自杀式"撞击），让"大黄蜂"号暂时丧失了战斗力。但是付出的代价也是极为惨重的，在第一批次攻击行动中，20 架舰攻机、21 架舰爆机中分别损失了 16 架和 17 架，超过半数经验丰富的飞行员阵亡，其中就包括那个"不

图 8-33 惨遭日机"蹂躏"的"大黄蜂"号航母

死王牌"村田重治。这样的战机损失数量是极为惊人的，几乎可以与中途岛海战时美海军 VT-8 中队那样的"团灭"相提并论，而优秀飞行员的大量损失，更是直接导致了一航战在发起"致命一击"时的"后继乏力"。

（2）一航战的二次突击

就在一航战第一批次攻击机群出发后，第二批次攻击机群就开始准备，一般情况下应该采取携带雷弹甲板待机的形式进行，但是鉴于对当日凌晨发生的 PBY 水上飞机突袭的顾忌，以及中途岛海战的惨痛教训，南云下令采取机弹分离的形式，待接到发现美航母舰队后再重

图 8-34 日海军舰爆机双机编队

新整备出击，可时间不等人啊，调试、挂载鱼雷的所需时间为 1 小时 10 分钟，这样就迫使"翔鹤"号的舰爆机队与"瑞鹤"号的舰攻机队一先一后分批出发，并直接影响到"多机型合同突击"的效果。与此同时，2 架担负侦察任务的 SBD 对"瑞凤"号轻型航母进行了突袭，被命中 1 枚 500 磅航弹（具体故事后面说）。这一幕似乎预示着 4 个多月前中途岛的悲剧将要重演，在这样的背景下，"双鹤"的第二批次攻击行动"玩命提速"：6 时 10 分，20 架舰爆机和 5 架零式战斗机先行出发；6 时 45 分，16 架舰攻机和 4 架零式战斗机才后续起飞跟进。

3. 金凯德的"铁拳"

（1）突击"瑞凤"

早在 3 时 12 分，"企业"号就按照"察打一体"的模式（每架 SBD 均携带

1枚500磅航弹），起飞了16架SBD（"两架一组"）进行侦察搜索。而这样一个从珊瑚海海战时就沿用下来的"成熟做法"也确实收到了奇效。4时40分，两架编号为"S-2"和"S-13"的SBD，幸运地发现了一艘落单的日舰，随后又在5时5分根据友机通报的信息改变航向，并发现了南云忠一机动部队的踪迹

图8-35　SBD轰炸机群正在"企业"号航母飞行甲板上待命起飞

（说实话，写到这真的有一种中途岛"历史重演"的错觉）。

攻击行动是5时40分进行的，与中途岛海战时麦克拉斯基的行动极其相似，2架SBD"彻底穿透"了机动部队的空中防御体系，不仅位于高空巡逻的21架零式战斗机没有察觉，就连"翔鹤"号上的21号电探也没有发现。而两架SBD也稀里糊涂把倒霉的"瑞凤"当作"翔鹤"，以为自己逮到了一条大鱼，这一次美国人也来了一个见敌即战，虽然只有两架SBD、两枚500磅航弹，但是1枚航弹却直接命中了"瑞凤"后飞行甲板，当场炸出了直径15米的弹坑。这颗500磅的"小炸弹"（SBD的航弹一般为1000磅）虽然没有让"瑞凤"像"加贺"那样"一命呜呼"，也没有像"赤城"那样"伤筋动骨"，但是却让这艘轻型航母在损伤可控、动力不减的同时，丧失了舰载机起降能力，也与机动部队后续作战行动彻底无缘。从某种程度上讲，这次攻击行动不是一次"歼灭战"，而是一次"瘫痪战""失能战"，在削弱一航战15%战机（"瑞凤"载有战机23架）、加大了"双鹤"起降作业负担的同时，还造成了一系列"非战斗减员"（部分日机因甲板作业拥挤而不得不在海面迫降）。

如果从整个作战进程上来看，这次作战行动造成的影响要复杂得多。在SBD轰炸得手后，"恼羞成怒"的零式战斗机对其进行了"得不偿失"的追击，在弹药耗尽后不

图8-36　由于要接收原本应降落到"瑞凤"号上的零式战斗机，"翔鹤""瑞鹤"号的舰载机群出动计划受到了很大影响

得不降落补给。而巧合的是，此时早先担负拂晓侦察任务的 5 架侦察机，正返航归来，由于无法在"瑞凤"号进行"分流"，都挤到了"双鹤"的甲板上，而此时"瑞鹤"正在进行调试、挂载鱼雷作业。这一混乱、拥挤的现状，也最终迫使南云无奈地放弃了"双鹤"舰攻机、舰爆机同时出击的计划。同时，由于"瑞凤"受损后战机无法起飞，第二批次攻击行动中护航战斗机的数量也大幅减少。

（2）重创"翔鹤"

就在由"大黄蜂"号起飞的第一波攻击机群与日机相遇约 20 分钟后，美机发现了南云机动部队的前卫部队——由"利根""筑摩"号重巡组成的第 8 战队，此时，与中途岛海战时相似的一幕又出现了，在搜寻敌航母未果、战机燃油所剩不多，面对着"是去是回"的选择时，美攻击机群指挥官威德海尔姆作出了正确的选择，力排众议继续

图 8-37　美海军 SBD 轰炸机群

按照 300 的航向，在搜索了不到 40 千米之后，又相继发现了由"铃谷"号重巡、"长良"号轻巡组成的第 7 战队和由"比叡""雾岛"号战列舰组成的第 11 战队。虽然没有"逮到大鱼"，但是他却真切地感觉到已经离大鱼越来越近了。尽管在继续追逐的过程中，与 3 架零式战斗机不期而遇，并且付出了两毁两伤的代价，但是在整个机群右转规避后，与 4 个多月前麦克拉斯基一样，"偶然而又必然"地发现了由"双鹤"和"瑞凤"组成的南云机动部队主力。

这些在中途岛失之交臂的飞行员们顿时摩拳擦掌、跃跃欲试之时，担负机动部队空中警戒任务的 10 余架零式战斗机向位于高空的 SBD 和低空飞行的 TBF 猛扑了过来，他们显然是"豁出去了"，并摆出了

图 8-38　正在高速急转弯的"翔鹤"号航母，此时已经被炸弹命中起火

一副玉石俱焚的架势，因为谁也不愿意让中途岛的惨剧再度上演。在经过一番激烈的缠斗之后，在付出多架战机被击落击伤和指挥机负伤迫降的代价后，最终有10架SBD从两个方向上对"翔鹤"号进行了俯冲攻击。

应该说"翔鹤"的规避机动水平还是相当高的，在5个月前的珊瑚海海战中，曾成功规避了18枚鱼雷和25枚航弹的攻击，避免了遭受更大的损伤（其实损伤也不小，前后被3枚1000磅航弹命中，并退出了战斗序列）。但是，命再好这运气也总有用完的时候。这一次，美国人一反常态采取了与中途岛时大角度高速俯冲轰炸迥然不同的下

图8-39　1000磅航弹对"翔鹤"号舰体造成了严重的破坏

滑投弹战术（以20度小角度下降高度，随目标高速转向，然后从舰艏、舰艉方向切入，在200米距离上投弹），尽管"翔鹤"进行了猛烈的抗击，但是美国人的新战术显然是奏效了，先后有4枚1000磅航弹命中了"翔鹤"的中后部飞行甲板和高炮炮位，另有3枚近失弹对舰体和人员造成了严重杀伤。

"4+3"的杀伤效果是惊人的，除去燃起大火和大量人员伤亡外，舰体也出现了明显的尾倾（为阻止火势蔓延，向后部弹药库和航空燃油库注水所导致），但是不幸中的万幸却是动力系统未受大的影响，依然保持31节的航速进行机动。这时，3天前损管演习的效果显现了出来，那时设置的科目与美机造成的毁伤完全一致，在17条消防水龙带和冷却水泵（"翔鹤"号的设计优势体现了出来）的共同作用下，12时30分大火终于被扑灭，但是严重的舰体破坏和重大的人员伤亡，已经为"翔鹤"号在这次海战中的作战行动画上了一个休止符。

（3）围殴"筑摩"

与第一波攻击机群遇到的好运气相比，第二波、第三波的兄弟们显然就不那么走运了。第二波攻击机群在遭到日机半路偷袭后，就剩下了4架F4F-4、5架TBF和3架SBD，在按照原航向发现对手前卫部队的战列舰、巡洋舰后，却怎么也找不到主攻目标——航空母舰，在咬牙坚持搜索无果之后，调过头来把胸中怒火一股脑儿倾泻到敌人的重巡洋舰上。"铃谷"号重巡凭借着有效的机动，

成功规避了 5 架 TBF 的低空鱼雷攻击，但"筑摩"号重巡显然就没有那么走运了，眼看着第二波那 3 架 SBD 刚走，第三波美机就到了，先后遭到 9 架 SBD 的围殴，被 2 枚 1000 磅半穿甲弹直接命中，其中 1 枚直接命中舰桥，包括舰长在内的指挥层军官大部阵亡或身负重伤，顿时火光冲天、浓烟滚滚。但这还不算完，刚才"擦肩而过"的那 3 架 SBD 在转了一圈没发现航母后，又折返回来了，又有两枚"近失弹"对"筑摩"号的舰体造成了严重损伤，900 吨海水迅速涌入淹没了 2 座锅炉，舰体右倾 30 度。就在"筑摩"号忙着灭火、堵漏、救人"不亦乐乎"之时，又有一批 8 架 SBD 如期而至了，1 枚 500 磅的航弹击中了位于右舷的鱼雷发射管（好在之前为防止大火引爆，及时抛射了鱼雷），使遍体鳞伤的"筑摩"号雪上加霜（不管怎么说总算没沉，并以 18 节的航速，在 2 艘驱逐舰的护卫下回到特鲁克）。

与此同时，还有多架 TBF 和 SBD 对"利根"号重巡和部分驱逐舰进行了攻击，但都无一命中。

总的来说，美国人的这一轮共分为 3 波的攻击行动显得十分凌乱，尽管成功地重创了"翔鹤""筑摩"

图 8-40 遭到攻击的重巡洋舰"筑摩"号（舰艇中心的白色斑点是一枚 1000 磅航弹直接击中舰桥，造成了重大损伤和大量人员伤亡）

图 8-41 TBF 鱼雷机冒着日舰猛烈的防空炮火投射鱼雷时的场景

图 8-42 美海军这次"一分为三"的攻击行动十分凌乱，再加之"双鹤"应对得当，因此未能再现中途岛那样的奇迹

号，并使"瑞凤"号丧失了战机起降能力，但是除去第一波有组织地开展攻击行动之外，另外两波都属于在原航向搜索未果后，迫不得已掉头返回攻击航母前卫警戒舰艇，多少属于饥不择食和见谁打谁的无奈之举。在战场上，交战双方获得的机会是基本均等的，如果你的机会没把握住，那么敌人的机会则很快就要来了。

就在"大黄蜂"号航母遭受重创，营救工作紧锣密鼓展开之际，7时50分，"翔鹤"号的舰爆机队如约而至了，这一次他们发现的是第16特舰，此时的"企业"号航母正在1艘战列舰、2艘巡洋舰和5艘驱逐舰的护卫下向西南方向航行。早在20分钟之前，担负前卫警戒任务的"南达科他"号战列舰就已发现来袭日机，编队也按照防

图 8-43　正遭受日机攻击的"企业"号航母，在其与护航舰只的上空，布满了防空火炮弹药爆炸产生的烟雾

空队形迅速展开。虽然第16特舰这次是严阵以待，但是由于防空战斗机巡逻高度出现了问题（美机高度3600米，日机7000米），导致拦截效果大打折扣。尽管"企业"号航母进行了坚决抗击和规避，但最终还是被3枚航弹命中，对舰体造成了有限的破坏。而投入空袭的20架舰爆机中有10架被击落，其中包括指挥官关卫在内的半数飞行员未能返回母舰。

8时45分，从"瑞鹤"号起飞的17架舰攻机总算赶到了。在战斗机和编队防空火力的联合抗击之下，失去舰爆机配的97式舰攻机威力大打折扣，面对着严密的火网和敌航母灵活机动几乎无计可施。在付出10架被击落、半数飞行员阵亡的代价后，仅仅对2艘美海军驱逐舰造成了伤害，真可谓得不偿失。

不管代价是否沉重，对于顺位替补的一航战来说，这次总算是报了中途岛的一箭之仇。在"翔鹤"号的舰爆机群38名队员中，有一半人亲眼看见了6月4日"赤城""加贺"号航母遭 SBD 突袭的惨剧，

图 8-44　重创"企业"号总算让机动部队报了中途岛的"一箭之仇"

而当时的始作俑者麦克拉斯基、百斯特等人就是从"企业"号上起飞的。这一次，真可谓不是冤家不聚头！

4. 角田的补枪

（1）二航战一次突击

7 时 05 分，也就是"双鹤"的第一批攻击机群痛击"大黄蜂"之时，由角田觉治指挥的二航战第一波攻击机也开始由"隼鹰"号起飞，17 架舰爆机在 12 架零式战斗机的护卫下向第 16、第 17 特舰扑了过来。

经过一个半小时的飞行后，攻击机群指挥官山口正夫发现了浓烟滚滚的"大黄蜂"号，他没有选择对这艘奄奄一息的航母落井下石，而是根据所获得的有限信息（知道美国人至少有两艘航母，但另一艘在哪里、处于什么状态，"瑞鹤"号的攻击机没有告诉他），继续搜寻剩余的美军航母（也就是"企业"号）。在经过了 35 分钟的艰难搜索之后，终于在 3000 米的高度上发现了 37 千米外的第 16 特舰，以"企业"号为核心的环形阵呈现在了他的面前。

图 8-45 以"见敌必战"攻击精神著称的二航战指挥官角田觉治

9 时 20 分，舰爆机的飞行员们都收到了一个"TO—TO—TO—TO"的信号（"托"字连发，"全军突击"的意思），对于很多老兵来说这个信号再熟悉不过了（偷袭珍珠港时，渊田美津雄发出的就是这个信号）。

图 8-46 "大黄蜂"号被多枚鱼雷、炸弹连续命中后浓烟滚滚

就在舰爆机磨刀霍霍准备下手之时，意外的情况出现了，山口带着 1 中队钻出云层冲了过去，但是后面的 2 中队和负责掩护的零式战斗机却没有跟上，同时猛烈的防空炮火、更多的"野猫"，以及复杂的云层，都严重阻碍了这次攻击的顺利进行。于是，一次原本应该是秩序井然的分进合击演变为乱军之中的各自

为战。

此时，美国人的情况也好不到哪里去，刚刚经过鱼雷、炸弹摧残的"大黄蜂"号正在艰难地自我救赎，而遭受有限伤害的"企业"号的状况也并不乐观，不仅飞行甲板受损，而且CXAM-1型搜索雷达由于长时间超负荷运转也开始罢工，更为复杂的是刚刚击退敌机的空中巡逻队弹药和燃油即将告罄，急需降落补给；"大黄蜂"号的返航机群的30多架战机在第16特舰上空盘旋等待降落，他们的燃油也所剩无几。9时15分，紧赶慢赶之下，"企业"号的飞行甲板总算开始恢复运行，正当一架架弹痕累累的战机陆续着舰时，该死的日本人又来了！

图 8-47　一架来自"大黄蜂"号的战斗机降落在"企业"号的甲板上（2名船员在甲板上正在采取防卫姿态，周围是命中的炸弹造成的烟雾）

其实，早在8时35分，"南达科他"号战列舰的SC雷达就已发现方位285度，距离83千米处的日攻击机群，但"企业"号由于雷达故障，未发现也未收到这份重要的信息；9时10分"波特兰"号轻巡又向金凯德报告：正西方向46千米处，发现许多"鬼怪"（敌机），但后者却认为那是返航的己方战机（此前出现过误击事件）；9时19分，"企业"号的雷达终于得以修复，第一时间就发现了37千米外的日机，并做好了反击准备；9时19分，就在返航美机开始陆续着舰降落时，"南达科他"号突然向"企业"号舰艉方向开火，原来山口的舰爆机已经临空准备开始轰炸。就这样，在一片混乱中，双方开始了攻防作战行动。聚集在低空的乌云，在给"隼鹰"号的舰爆机队造成严重影响的同时，也极大地阻碍了舰载高炮射手的对空观瞄和目标识别。在混战中，第一波围攻"企业"号的8架日机仅命中近1枚失弹（破坏了舰体的水下部分，导致前升降机无法使用），并未对航母造成实质伤害；第二波4架舰爆机干脆就没找到航母，就近攻击了"南达科他"

图 8-48　正在携手抗击来袭日机的"大E"和"南胖"（"企业"号和"南达科他"号战列舰）

号战列舰，1 枚 500 磅航弹命中了战列舰的 1 号炮塔，除去杀伤部分舱面人员外，并未对战舰造成严重伤害。

另外 5 架舰爆机也未能实现对航母的攻击，而是攻击了负责防空警戒的"圣胡安"号轻巡，命中一枚航弹将其重创。攻击完毕后，幸存日机在撤收途中还遭到了返航归来美机的袭击，几架在防空火网面前死里逃生、弹痕累累的日机相继坠海。就这样，由"隼鹰"号起飞的 17 架舰爆机在攻击行动中一下子就损失了 11 架，19 名经验丰富的飞行员殒命海天。

图 8-49 被 1 枚航弹重创的"圣胡安"号巡洋舰

（2）二航战再次突击

按照近藤信竹的命令，8 时 30 分"隼鹰"号开始向一航战靠拢；9 时 40 分南云指示角田"相机行动，击灭敌两艘残存航母，敌位置为：南纬 8 度 32 分，东经 166 度 28 分"。与此同时，远在千里之外的山本司令官眼看着南云和角田一直向西走离敌人越来越远，担心丧失战机放跑敌人，于 11 时命令："圣克鲁斯群岛以北之敌机动部队已受重创，一部现向西南撤退；'支援部队'务必捕捉此敌予以歼灭。"其实山本司令官根本不用催，"立功心切"的角田早就安排舰载水上侦察机前出进行侦察（"铃谷""利根"号重巡派出），并做好二次出击的准备。

就在二航战的水上侦察机"大海捞针"的同时，第 16、第 17 特舰正在忙着拯救遭受重创的航母和回收天上等待归巢的战机。"北安普顿"号巡洋舰正在试图拖带已经失去动力但尚处于漂浮状态的"大黄蜂"号，第二条拖缆刚刚系上，默里和他的幕僚就乘救生艇换乘到"彭萨科拉"号；舰艇 1 号升降机

图 8-50 "大黄蜂"号航母冒出浓烟，"北安普敦"号重巡正在前方拖带，"罗素"号驱逐舰则从旁协助

无法使用的"企业"号，正在争分夺秒与时间赛跑，想方设法闪转腾挪，给空中73架战机腾出地方降落。不得不佩服"企业"号的"空间交互利用"能力，到10时35分，已成功回收了47架战机（其中包括24架SBD）。但是在空中的21架TBF（鱼雷机燃油相对较多，都在后面排着队）就没有那么好的运气了，其中8架由于燃油耗尽不得不在海面迫降（飞行员都被驱逐舰救起），部分飞机飞往位于努美阿（南太平洋岛国，美军的前进驻泊基地）的备降机场。最终，"企业"号在飞行甲板部分受损的情况，竭尽全力回收了大部分返航战机，从而避免了由于"大黄蜂"号战损造成大量舰载机非战斗损耗的后果，并通过充足的战机保有量（84架战机，其中F4F战斗机41架），具备了应付突发情况的能力（在后续抗击日机空袭中发挥了重要作用）。

　　11时07分，由15架战机组成的攻击机群（含舰攻机7架）从"隼鹰"号开始起飞，出发前指挥官来院良秋反复强调："战列舰、巡洋舰都是'小鱼'，最主要的目标是航母！航母！！"11时45分，负责拖带"大黄蜂"号的"北安普顿"号重巡洋舰的雷达就发现了位于310度、191千米外的敌攻击机群，起先以为日本人是去找"企业"号麻烦的，但是眼看着日本人的飞机冲着自己来的时候，"北安普顿"号立即斩断拖缆，与其余护航舰艇组织起严密的防空抗击火力。巡洋舰、驱逐舰是躲开了，但是"大黄蜂"号只能等着挨打，1枚91式改进型航空鱼雷击中了右舷，横倾达到了18度。在护航舰艇严密的防空火力抗击之下，其余

图8-51　遭到攻击的"北安普顿"号重巡（一架舰攻机正掠过其上空）

日机并未讨得什么便宜，除2架被击落外，剩余日机迅速脱离了战场（另有3架零式战斗机迫降、2架失踪）。

　　敌人走了，护航舰艇无一损失，但"大黄蜂"号算是彻底没救了。

5. 合力一击

　　就在"企业"号争分夺秒、想方设法回收战机的同时，"双鹤"号和"瑞凤"

号的日子也不好过，"翔鹤"号的飞行甲板算是彻底瘫痪了，"瑞凤"号虽然受伤不重、动力尚存，但回收和起飞战机是暂时指望不上了，从 9 时 40 分开始一直到 13 时前后，"瑞鹤"号才陆续回收了空中 53 架战机中的 35 架（其中 9 架舰攻机、11 架舰爆机），剩余 18 架战机（4架零式战斗机、7 架舰攻机、7 架

图 8-52 自始至终"瑞鹤"号的甲板作业效率实在令人"不敢恭维"

舰爆机）被迫在海面迫降（看来过去的五航战、现在的一航战甲板作业速度还是没有多大长进，珊瑚海海战时"瑞鹤"号就因为作业速度慢，为尽快腾出甲板，接收返航机群，而不得不将 12 架甲板上来不及收入机库的珍贵战机丢弃入海，造成了非战斗损耗）。

在这样的情况下，面对着缓慢的战机回收进度和弹痕累累的舰载机，急于发起第三次攻击的南云忠一基本上是有心无力，在否决掉"翔鹤"号舰长有马正文的昏聩建议后（有马要求带着遭受重创的"翔鹤"号前去深入敌阵吸引美机火力，为南云创造战机），好不容易拼凑出 6 架舰攻、2 架舰爆、5 架零式战斗机的第三波阵容，其中由于"瑞鹤"号鱼雷耗尽，舰攻机不得不挂载 800 千克的航弹以进行水平轰炸。11 时 15 分，一航战七拼八凑的攻击机群总算是踏上征途。

13 时 21 分，在预先派出侦察机的引导下，指挥官田中一郎发现了横倾十分明显的"大黄蜂"号，

图 8-53 挂载 800 千克航弹进行水平轰炸的九七式舰攻机

图 8-54 遭到日机轮番攻击的"大黄蜂"号（舰体横倾已十分明显）

这一次田中也没管敌航母是否已丧失战斗力，直接下令全军突击。先是 2 架舰爆机俯冲，后是 6 架舰攻机水平轰炸，最终在护航舰艇对空火力的抗击之下，只有 1 枚航弹命中奄奄一息的"大黄蜂"号（命中甲板末端后落到海中爆炸，破坏力十分有限）。

就在一航战七拼八凑的攻击机群杀奔第 17 特舰之时，在获悉击破 1 艘敌航母和战列舰后，角田决心发起第三波，也是最后一波攻击（再打下去也没飞机了）。由于上一波攻击机群损失惨重，此时"隼鹰"号搜肠刮肚地拼凑出 4 架舰爆和 6 架零式战斗机，出发前望着所剩无几的机群，舰长冈本一把鼻涕一把泪地进行了战前动员，鼓励飞行员不怕牺牲，一击中的。13 时 35 分，攻击机群升空，14 时 50 分发现第 17 特舰和死而不僵的"大黄蜂"号，带队长机飞行员加藤舜孝背对着太阳的余晖，将 1 枚 500 磅航弹砸到了"大黄蜂"号的甲板上，这也是二航战最后一击中唯一的斩获。

（三）终章：无果的追击

早在二航战的第一波攻击结束，也就是 9 时 30 分前后，面对着两艘受创不等的航母，尤其是根据战场情报判断出对手还有 1—2 艘完好无损的航母时，金凯德就毫不迟疑地决定提前撤出战斗。为此，他带着第 16 特舰和"企业"号先走，并要求默里准备好之后就跟上。看样子，美国人是要鸣金收兵了，但是近藤和南云却依旧不依不饶，琢磨着怎么追击才能使战果最大化。不仅命令角田觉治的二航战跟踪追击（后因"隼鹰"号回收战机未执行，其实也没飞机了），还让巡洋舰连续放出水上侦察机穷追不舍，并下令巡洋舰、驱逐舰前出做好夜战准备。

此时已换乘至"彭萨科拉"号的第 17 特舰指挥官默里，面对着的是一个进

图 8-55　"彭萨科拉"号重巡洋舰

退两难的局面，一边是熊熊燃烧，已经没救了的"大黄蜂"号，一边是在周围像苍蝇一样时隐时现的水上侦察机，同时雷达屏幕上也出现了日方舰艇回波信号（事后证实是误判）。最终，在组织护航舰艇反复进行换乘、搜救，确认已将"大黄蜂"号 2300 名舰员悉数营救完毕后，开始准备撤离战场。撤退可以，但是绝不能把漂浮

在海面上的航母留给敌人，护航驱逐舰前后共发射了至少 16 枚鱼雷和近 400 发炮弹，可是结实抗揍的"大黄蜂"号依然漂浮在海面上，丝毫没有要沉的意思。鉴于航母受创足够严重、敌人已不断迫近，且附近海域可能有敌潜艇活动的实际，第 17 特舰剩余舰艇迅速脱离了战场。

在获悉敌人跑了，航母留下了之后，已经做好夜战准备的水面战队继续前进，在夜幕之下对横倾 45 度、熊熊燃烧的"大黄蜂"号状况观察评估之后，某些人试图将其作为战利品拖带回去的"梦想"彻底破灭了（有传言说是联合舰队参谋长宇垣缠，但他本人在《战藻录》中否认了这一点），最终由驱逐舰用 4 枚威力强大的 93 式氧气鱼雷将这艘顽强的航母送入海底。在一解心头之恨后，前出搜索的水面战队也被近藤召回，准备打道回府。

图 8-56　已严重横倾，行将沉没的"大黄蜂号"

美国人的第 16、第 17 特舰虽然撤了，但是午夜时分 3 架装备有雷达的 PBY"卡特琳娜"式水上飞机却给"隼鹰"号来了一个热烈欢送，虽然航空鱼雷没有击中航母，但是对护航舰艇的杀伤也足够使日本人"印象深刻"。天明后，随着多架水上侦察机的搜索无果，以及山本司令官"联合舰队机密第 270455 番电"撤退命令的下

图 8-57　装备有雷达的 PBY"卡特琳娜"
式水上飞机

达，"瑞鹤""隼鹰"号和其余护航舰艇开始返航，并于 30 日前后抵达特鲁克。

至此，圣克鲁斯海战才算真正宣告结束。

五、结局和影响

是役，美海军损失舰队航空母舰和驱逐舰各 1 艘，1 艘舰队航空母舰受创，10 余艘大中型水面舰艇也是"伤痕累累"，南太平洋的美海军面临着十分艰难

图 8-58　圣克鲁斯群岛海战中沉没 的"大黄蜂"号航母　　图 8-59　圣克鲁斯群岛海战中沉 没的"波特"号驱逐舰（DD— 356）　　图 8-60　圣克鲁斯群岛海战中受 创的"企业"号航母两周后"重 返火线"

的局面，虽然两周后基本恢复战斗力的大"E"（"企业"号航母的昵称）就重返前线，对瓜岛争夺战给予了有力支援，但从 1942 年底到 1943 年中期，美海军在这一战区仅保有"企业"号一根独苗。而反观取得了毋庸置疑胜利的联合舰队，虽然在战果方面取得了显著的优势，并取得了战场制空制海权的支配性地位，将对手驱离了战场，但却未能化优势为胜势，通过陆海统筹对瓜岛的陆上争夺战施加积极的影响。同时，遭受重创的"翔鹤"号战场缺席时间太长，直到次年 7 月才与战机遭受严重损耗的"瑞鹤"号一同重返战场，仅存战斗机中队的"隼鹰"号也未能在 11 月直接关系到瓜岛陆上命运的第三次所罗门海战中发挥应有的作用，都直接决定了瓜岛争夺战最后的结局。

　　圣克鲁斯群岛海战还造成了一个很容易被忽视，却又影响极为深远的后果：联合舰队精英飞行员的致命缺失。在这场海战中，美海军虽然损失了 80 架舰载机，但阵亡飞行员总数却仅有 26 名，而日海军在损失 110 架舰载机的同时，"永久性地失去了" 145 名飞行精英（49% 舰攻机、39% 舰爆机和 20% 零式战斗机的飞行员阵亡，其中包括 23 名小队、中队和飞行队指挥官）。这一阵亡人数不仅超过了 8 月东所罗门群岛海战（损失飞行员 110 名），而且也超过了 6 月中途岛海战时飞行员的损失数量（损失飞行员 121 名），这 3 场海战打下来，再加上珊瑚海那一仗，战前储备的飞行精英基本上损失过半，意味着在战争头一年里联合舰队航空兵的人员素质优势将不复存在。更为悲哀的是，这才只是一个开头。

　　其实，圣克鲁斯海战更像是 1942 年整个太平洋战场的缩影，美海军在付出代价、承受战损的同时，控制了局势、稳定了军心，更为重要的是在"战略相持阶段"为实现整体力量的反超赢得了时间（从 1943 年 7 月"埃塞克斯"号舰队航母开始以每月 1 艘的速度入役，轻型航母和护航航母也如同"雨后春笋"般涌现）。如果没有在东所罗门和圣克鲁斯群岛海战中的拉锯和相持来确保战略稳定的话，那么这一转变将是难以想象的。此时，包括山本五十六在内的所有明眼人都看出来，留给联合舰队的时间不多了（事实上对于山本五十六本人来说也确实如此，6个月后他在布干维尔上空走到了生命的尽头）。

图 8-61　从 1943 年 7 月起开始以每月 1 艘"光速"入役的"埃塞克斯"级航空母舰，这型航母也决定了太平洋上美日舰队决战的命运走向

有时敌人看问题看得更清楚，在圣克鲁斯海战中取胜后却遭到解职的南云忠一所说的一段话可能更为简单明了："这场战役取得战术上的胜利，而在战略上却是失败的。考虑到敌人的工业能力拥有的巨大优越性，我们必须在每一场战役取得绝大多数的胜利，不幸的是这一次没有取得压倒性的胜利。"（出自原田惠一《日本驱逐舰长》一书）

圣克鲁斯海战："是日本的胜利，但这场胜利却让日本失去了赢得战争的最后希望。"（美国海军史学家埃里克·哈默尔）

附录：启示与思考

（一）经验科学——理想照进现实的客观参照

在圣克鲁斯海战中，联合舰队在势均力敌，己方略占优势的情况下取得了战术上的胜利，这已经是不争的事实。前文已经分析过，南云忠一和角田觉治虽然在航母数量（4：2），舰载机总数（202：163，主要方向上 157：163）上占有优势，但是论起雷达性能和舰艇普及率，

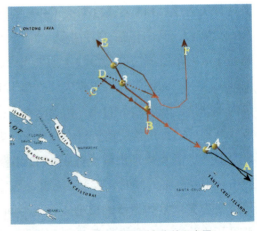

图 8-62　圣克鲁斯群岛海战示意图

以及防空火力强度、密度和快速反应能力的话，金凯德麾下第16、第17特舰则占有着极为明显的优势，同时美国人还得到了PBY"卡特琳娜"式水上飞机的支援，这些都在4个多月前的中途岛海战中体现得淋漓尽致。说到这儿，问题就来了。在具有这么多装备性能优势的情况下，是什么导致了美国人在第一轮空袭中就被敌人炸得这么惨？而且这还不是小林道雄和友永丈市那些"大神"，仅仅是让刚刚"改名"为一航战的"最菜的五航战"给炸的。有人将防空作战中战斗机指挥协同不力的"罪名"都推到了战前刚刚就任"企业"号航母防空指挥官的约翰·格里芬身上（有人说这是哈尔西挖金凯德"墙角"，将经验丰富的"企业"号防空指挥官唐调到南太平洋战区司令部的结果），但这位格里芬可不是寻常平庸之人，他是夏威夷太平洋舰队雷达中心的校长，防空作战指挥理论知识十分丰富，并且在两年前现场观摩了不列颠空战（当然，他的参战经验也仅限于此）。

那么是什么导致了这位理论知识与实践经验都十分丰富的重量级人物在战斗中犯下致命错误的呢？两个字：常识！而且是在残酷战争中通过生死考验、流血牺牲所获得的常识。正如"枪声一响，再好的作战计划也要作废一半"（陈赓所言）所说的那样，"枪声一响，平时对战争的常识和应对方法也会作废一半"。例如：节约燃油和氧气的想法并没有错，但是在情况瞬息万变的战场上，把战斗机都放到3000米一个高度上，等着雷达发现敌人后再爬升截击，将是很不明智的；由于对飞行员口中"左舷"的误解而导致对敌机来袭方向的误判，实际上也从另一个角度对战斗中的"常识"进行了诠释；对并不十分可靠雷达的过分依赖，也表明战场实战经验的作用有多么重要（在珊瑚海海战中，"约克城"号的CXAM雷达就曾在关键时刻"罢工熄火"，而格里芬却并不了解这一情况）。总结起来就一句话：现场战术指挥太重要了，以至于不能完全交给那些"理论知识极为丰富"的专家们。

从本质上讲军事科学是一门经验科学，再先进的理论、科技和方法都要在战争中接受实践的检验，而指导战争实践的正是这门经验科学。我们常说要辩证看待并处理好理论与实践的关系，但是说起来容易做起来难啊，在1942年那个航母作战理论正处于摸着石头过河的探索年代尚且如此，在今天这个作战理论摸索实践前景晦暗不明的混沌时代，这一矛盾将会更加突出。当结束思辨，理想照进现实之后，我们会惊奇地发现：不管战争形态如何进化演变，不论人工智能技术如何迭代发展，参谋人员需要的是逻辑与推理，而指挥员需要的则是经验与直觉这一铁律依然在战争长河中熠熠发光。

（二）科技转化力——决定胜负的幕后推手

克劳塞维茨在《战争论》中写道："斗争是双方精神力量和物质力量通过物质力量进行的一种较量。"我们都是唯物主义者，对克劳塞维茨的论断已经是毋庸置疑，那么战争中的物质指的又是什么呢？在不同的战争形态下，可能是钢铁和机械装备，是粮食和动力能源，是芯片和数据网络，是新材料和制造工艺，其存在与表现形象各异，作用发挥异彩纷呈。但是在"乱花渐欲迷人眼"的表象之下，无处不在、无时不有的科学技术无形之手发挥着决定性的支配作用。我们现在对"科学技术不但是第一生产力，也是第一战斗力"的论断已深信不疑，但是仅仅拥有科学技术就万事大吉，胜利就会唾手可得了吗？

图 8-63　弗里德里希·恩格斯

正如恩格斯所说的那样："枪自己是不会动的，需要由勇敢的心和强有力的手去使用它。"科学技术也是没有生命的，它在萌芽、发展、实用化之后，还需要在主观能动性的作用下，不断深化认识理解和向现实的转化，而转化的速度及方式将直接决定战争，尤其是现代战争的成败结局。

图 8-64　美舰装备的 SC-2 系列搜索雷达

雷达，在现代战争中具有跨时代的作用，它第一次通过"千里眼"使人们看到了肉眼和光学仪器之外所能看到的东西。很多军事爱好者把雷达、VT 信管和原子弹这 3 种武器，称为美军赢得太平洋战争的三大"利器"，其中雷达就居于利器之首。在 20 世纪 40 年代英、美、德、日等主要国家都已掌握了雷达技术，但率先完成舰载雷达实用化、普及化的只有英、美、德，而实现小型化、空中化的只有美国海军。在中途岛海战中，由于对空雷达犹如魔法水晶球一般的的预警作用，弗莱彻和斯普鲁恩斯总能提前20—30分钟发现来袭日机，并最大限度地集中空中力量做好迎击准备。而日本海军与之类似的"21

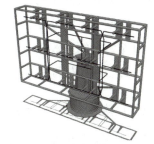

图 8-65　日海军舰艇装备的 21 号电探

号电探"却刚刚试验成功，并未装备大中型水面舰艇，小型化、空中化更是无从谈起，只能依靠吃鳗鱼喝鱼肝油的警戒哨——肉眼对空观察，在中途岛海战中从头至尾始终处于被动挨打的境地。

到圣克鲁斯海战时，望眼欲穿的"21号电探"总算是加装到了船上，但也仅仅是"翔鹤""隼鹰""金刚"号等寥寥数舰，就连"瑞鹤""瑞凤"号等核心战舰也未能全面列装，从而导致防空预警网络漏洞百出，要不是美国人空中攻击行动的组织混乱，像中途岛那样"团灭"的惨剧将极有可能再次上演。那么问题就来了，是什么导致联合舰队在中途岛吃了大亏之后，到圣克鲁斯依旧大部凭借望远镜和肉眼与敌人的雷达相对抗？

有人说日本人陷入了"猫眼神功"和"雷达无用论"的认识误区，但实际上早在中途岛海战时"21号电探"就已经装备在"秋月"号驱逐舰上（该舰未参战），可到4个

图 8-66　日海军装备 21 号电探的"秋月"号防空驱逐舰

多月后圣克鲁斯海战时除去几艘大型舰艇装备"21号电探"外，只有"秋月"和"照月"号两艘雷达防空驱逐舰参加了战斗。要知道当时日本不是没有研制、生产雷达的技术设备，实际上整个战争期间日本生产的磁控管（雷达的核心部件）质量水平世界首屈一指，他们真正缺乏的是在短时间内实现核心武器装备大规模生产制造和安装调试的能力。

透过残酷的战争实践我们会发现：战争比拼的不仅是数量、质量和时间，还

有科技理解力和科技转化力，尤其是科技转化力，它与资源、工艺等要素一同构成了战争物质力量的基础。在圣克鲁斯海战中日本海军的经验教训表明，犯错不要紧，甚至暂时的失败也不可怕，只要能有效汲取教训，并尽快将技术创新成果科学、合理、规模化地应用到战争当中去，就能够柳暗花明、赢得转机。

（三）孰胜孰负——局部与全局的辩证关系

胜负判定，指的是交战双方在作战行动结束后，通过对作战目标完成情况和人员、装备损失状况，以及附带产生的影响等指标的对比评估，来对作战结果综合考量的过程。在冷兵器时代和热兵器时代，作战目标的实现与否更多地体现在有生力量和主要技术兵器损失与缴获的交换比上，而进入机械化战争时代之后，作战目标也从看得见，摸得着变得愈加抽象，其完成情况也变得愈加模糊。例如，在 1941 年 8 月的基辅战役中，尽管合围并消灭了近 70 万苏联红军，缴获了大量火炮、坦克等技术装备，占领了乌克兰广袤的土地和粮食主产区，但纳粹德国军队却失去了进攻莫斯科方向的有利时机，进而被拖入漫长寒冷的冬季；在 1942 年 5 月的珊瑚海海战中，尽管机动部队击沉了排水量超过 4 万吨的"列克星敦"号舰队航母，给予弗莱彻麾下特混舰队以重大杀伤，并将其驱逐出了战场，但是日海军并未实现预先"夺占莫尔兹比港，分割美澳"的战役目的，还因该次作战中航母舰队遭受的严重损失，导致主要战略方向（中途岛海战）上的力量不足和功败垂成；在 1943 年库尔斯克战役中，尽管给苏军造成了 80 万官兵、6000 辆坦克、5200 门火炮和 1700 架飞机的巨大损失，但是纳粹德国军队却未能实现合围并歼灭苏军重兵集团（瓦图京、罗科索夫斯基和科涅夫麾下的三个方面军）、夺取东线战略主动权的战役目的。

如果站在更高的维度来看圣克鲁斯群岛海战的话，我们会发现在 1942 年围绕瓜岛陆上争夺而展开的一系列海空交战行动中，作战（战役）目的则体现得"更加微妙"：岛屿夺控是核心，制空、制海权争夺是保障，周边航行控制权是关键。尽管南云忠一和角田觉治在 26—27 日的交战中取得了击沉敌核心作战舰艇（"大黄蜂"号航母）、大量杀伤敌有生力量（80 架作战飞机被击毁，10 余艘作战舰艇遭受不同程度的损伤），将对手逐出战场，基本夺取岛屿周边控制权的出色战果，但是却未能从海上对瓜岛陆上作战产生积极、有效和持久的影响，同时也没有充分利用夺取瓜岛周边控制权这一有利条件，来实现岛上作战所需人员装备物资的持续补充，以至于在后续陆海空交战中连战连败、损兵折将，最终不得不撤出瓜岛，落得个伤亡惨重、胜利徒劳、人地皆失的悲惨下场。

图 8-67　瓜岛亨德森机场上停放的 F-4F 战斗机和 TBD 鱼雷机

在围绕瓜岛陆上争夺而进行的 6 场大规模互有胜负的海战中，圣克鲁斯群岛海战是其中规模最大、影响最为深远的一场，也从根本上决定了瓜岛周边的海空态势和战役走向。

当我们从局部与全局的角度来审视这场海战和瓜岛战略方向的全局时，甚至可以作一个大胆的设想：如果海战结束后，"企业"号未能在较短时间内重返战场的话，那么瓜岛战局会出现有利于日军的变化吗？圣克鲁斯群岛海战结束后，实际上瓜岛陆上争夺战的焦点始终停留在对"血岭"和亨德森机场的争夺上，同时"隼鹰"号那不到 20 架战斗机根本无法对"仙人掌"航空队和周边海域活动的美军舰船构成实质性威胁，而美军始终保持着通过海上人员、物资、装备的不间断输送，来向日军施压的整体态势。也就是说，美军在圣克鲁斯群岛海战实现预定作战目的之后，哪怕损失再大一些也不要紧，因为他们通过艰苦的战斗，已经为自己赢得了足够的空间和时间。也许美国海军史学家莫里森书中的一番话更能说明这一"局部与全局"的关系："我们知道日本人会比以前下更大的决心去夺回瓜岛。好吧，让他们放马过来。圣克鲁斯群岛海战已经为美国赢得了宝贵增兵和防备的时间！"

"雄鹰变火鸡" 的垂死挣扎

——马里亚纳海战

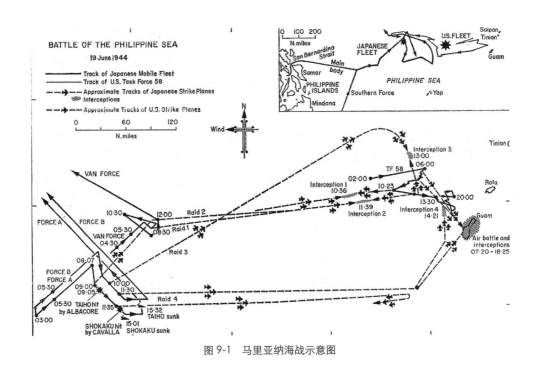

图 9-1　马里亚纳海战示意图

　　马里亚纳群岛，位于太平洋中部，是亚洲与美洲的海上交通要冲。关岛、塞班岛、提尼安岛等岛屿分布其间，并因"万仞深渊"的马里亚纳海沟而久负盛名。1944 年 6 月 19 日至 20 日，就在这片美军向西反攻的咽喉要冲之海，爆发了一场人类历史上最大规模的航母舰队决战，交战双方共投入 24 艘（15+9）航空母舰、11 艘战列舰（7+4），150 余艘巡洋舰、驱逐舰，舰载作战飞机 1392 架（894+498）。最终，美海军 4 艘主战舰艇被击伤，损失作战飞机 130 架（损失率 12.6%）、76 名飞行员阵亡；日本海军 3 艘航空母舰、2 艘油轮被击沉，6 艘航母、4 艘战列舰被重创，损失作战飞机 378 架（损失率 86%）、飞行员 445 名。经此一战，日本海军曾引以为傲的海军航空兵已经基本丧失机动作战能力，随着塞班岛、关岛和提尼安岛相继被攻克，日本"绝对国防圈"的关键环节被彻底砸开，所谓"太平洋防波堤"开始崩溃，日本国内迅速陷入一片恐慌，迫使东条英机内阁迅速倒台。最后的战略屏障——菲律宾，已彻底暴露在美军的铁拳之下，以关岛、塞班岛为主要基地的战略轰炸也即将展开。

一、战役背景

1944 年上半年，美军在太平洋战场的总体态势可以用这 4 个词来概括形容：势如破竹、跟踪追击、喜从天降、迫敌就范。

势如破竹：从 1944 年初，甚至早在瓜达卡纳尔岛争夺战结束后，在尼米兹和麦克阿瑟的指挥下，美国陆海军就干了一件事：反攻！从新几内亚到吉尔伯特，再到马绍尔的反攻势如破竹，将接替山本五十六出任联合舰队司令长官的古贺峰一打得节节败退，期间虽有像塔拉瓦这样的残酷争夺，但是美军的反攻从总体上讲是比较顺利的，在快速战列舰和巡洋舰的掩护下，以每月 1 艘"光速"般服役的"埃塞克斯"号舰队航母和如同"冰箱流水线"一般服役的护航航母，按照特混舰队的形式进行编组，与成百上千架舰载机一齐构成了极为恐怖的作战组合。

跟踪追击：2 月 17 口至 18 口，在斯普鲁恩斯的指挥下，第五舰队 9 艘航空母舰出动舰载机 1250 架次，对日本海军经营多年的被誉为"太平洋上直布罗陀"的特鲁克锚地进行了"地毯式"轰炸，击沉、重创中小型舰艇 20 艘，击毁

图 9-2　描绘血战塔拉瓦环礁的油画

作战飞机 250 架，击沉包括运输船、油船在内的辅助舰船 41 艘共计 21 万吨（这对于日本海军乃至整个国家来说极为宝贵），同时，港内所有的维修设施、通信设备、储油设施等均被摧毁，作为一个军事基地已从地图上彻底抹去。古贺峰一不得不将联合舰队指挥机关转移到帕劳，但是美国人的跟踪追击，使其惶惶不可终日。特鲁克空袭也被称为"海军 T 事件"或"海军丁事件"（"T"

图 9-3　特鲁克遭袭使日海军联合舰队损失惨重（图为日海军"天城山丸"号运输舰在特鲁克港内被鱼雷命中的瞬间）

字与汉字"丁"相似），影响极为恶劣，被日本人称为"第二次珍珠港事件"（比珍珠港事件惨多了），甚至造成了日本政局的大地震（陆海军首相均被撤换）。同时，专门就此组织了事故调查，可事故调查还没结束，又出大事了！这就是"海军乙事件"。

　　喜从天降：自从特鲁克遭到毁灭性打击后，古贺峰一不得不将联合舰队的主要驻泊地域搬到帕劳，但是美国人按照除恶务尽的思路，发扬连续作战精神，直接打上门来，将 6 艘中小型舰艇和包括 5 艘万吨级油轮在内的 18 艘运输船只悉数击沉，炸得古贺峰一几乎无家可归。吓破胆的联合舰队司令长官马不停蹄地乘坐"川西二式大艇"（水上飞机）逃往位于菲律宾棉兰老岛的达沃，后来在夜间坠落于宿务岛附近海面，除司令长官随山本长官去见"天照大神"外，参谋长福留繁和部分参谋人员被菲律宾游击队俘虏，随身携带的用于迎击美军反攻的"Z 计划"被缴获（战略性战役计划的泄露对于日本海军来说是灾难性的），史称"海军乙事件"（"海军甲

图 9-4　接替山本五十六出任联合舰队司令长官的古贺峰一

事件"是指 1943 年 4 月 18 日，因密码遭到破译，山本五十六座机由拉包尔前往所罗门群岛布干维尔岛途中被美军击落的事件）！

迫敌就范：接替古贺峰一出任联合舰队司令长官的丰田副武，为做好迎击美军的准备，在先前"Z计划"的基础上，发起了"阿号作战"（"阿美利加"的意思），旨在贝

图 9-5 古贺峰一坠机时乘坐的"川西二式大艇"（水上飞机）

里琉岛—塞班岛（提尼安岛）—雅浦岛一线，集中 350 架陆基飞机组成 3 个基地群，在小泽治三郎第一机动舰队 9 艘航母和 400 架舰载机的配合下，与从新几内亚—帕劳方向来袭的美舰队决战（这也是日本海军精心准备了二十多年的作战行动）。在发现美海军意图攻占比亚克岛修建机场建立前进基地时，决定发起"阿号作战"的第一步"浑作战"，计划 6 月 12 日由海军掩护陆军第二旅团增援比亚克岛。当发现美军出动超过 1500 架次舰载机和 7 艘战列舰，大举轰炸马里亚纳方向的关岛、塞班岛、提尼安岛，进攻意图极其明显时（"Z计划"已经泄露，美国人的意图能不明显吗？），"浑作战"被迫终止，开始准备直接与美海军进行舰队决战，这就是后来的马里亚纳海战（也称为第一次菲律宾海海战）。

二、双方企图

早在 1943 年 8 月的魁北克会议上，马里亚纳群岛就已经被确定为中太平洋反攻的目标。按计划，尼米兹麾下的第五舰队将攻占关岛、塞班岛、提尼安岛，切断日本本土向南的海上交通线，并后续从这里出发与麦克阿瑟西南太平洋战区的部队在吕宋岛—中国台湾—中国沿海的三角区域会合，向日本本

图 9-6 出席魁北克会议的美、英、加 3 国领导人合影

土发起最后一击。但随着太平洋战局的迅速发展，这一计划被大大提前了，在 1944 年 1 月底珍珠港举行的太平洋战区战略会议上，考虑到"塔拉瓦血战"的重大伤亡，以及集中兵力的原则，和周边岛屿（硫磺岛、关岛）日军陆基航空兵的威胁，起初并未将马里亚纳作为主攻方向，两个战区（实际上是陆海军两个军种）罕见地一致同意取道新几内亚—帕劳—棉兰老岛进攻菲律宾，第一次与日本人想到了一起（这在开战以来还是第一次）。

但是，无论尼米兹还是麦克阿瑟，他俩谁说的都不算，决定权在华盛顿。欧内斯特·金对此表示了强烈的反对，表示"把沿新几内亚到棉兰老岛再到吕宋岛作为主要的战略方向，而把清除中太平洋到菲律宾交通线的任务置之脑后，是十分荒谬的。而且，也不符合参谋长联席会议的决定"。尽管麦克阿瑟走上层路线进行公关，但最终还是胳膊拧不过大腿，在 3 月 11 日的参谋长联席会议上，再次确认了 6 月 15 日进攻马里亚纳群岛的作战任务。由此可见，进攻马里亚纳的决心和作战计划不是像后人所总结的那样：是为了使用 B-29 对日进行战略轰炸夺取基地（在珍珠港会议上，与会人员一致认为：使用 B-29 从马里亚纳基地起飞轰炸日本本土仅仅是一个"噱头"；对战略轰炸是否能使日本屈服表示怀疑），而是美军决策层对太平洋大反攻整体形势进行反复权衡、通盘考量的结果。

应该说，在 1944 年上半年，虽然美军的反攻行动声势浩大、进展神速，但还属于外围作战，并没有触及绝对国防圈，还没有对日本本土构成实质性威胁。而联合舰队虽然在特鲁克被揍得鼻青脸肿，在帕劳被炸得流离失所，但是一年来在古贺长官的隐忍之下，联合舰队的核心战力得以保存甚至略有增加（新型航母"大凤"号，新型舰载

图 9-7　日海军"大凤"号航空母舰（右侧伴航的是"矶风"号驱逐舰，远处是"若月"号，一架"彗星"式舰爆机正在着舰）

机"天山""彗星"号相继服役），拥有 9 艘航母、近 500 架舰载机的小泽第一机动舰队的实力至少在纸面上还是挺吓人的（人的因素则根本未考虑在内，保障力量的匮乏更是雪上加霜），似乎仍有放手一搏取得胜利的可能。

在这种盲目自信之下，帝国海军又开始做起了渐减邀击、舰队决战的春秋

大梦。"Z计划"就是虚幻臆想之下一厢情愿的现实产物，设想美太平洋舰队由新几内亚出发，经帕劳向菲律宾进攻时，争取在菲律宾沿海展开美日舰队决战。而"海军乙事件"后接任联合舰队司令长官的丰田副武根本没有考虑到"乙事件"中"Z计划"可能存在泄密的问题，继续在"Z计划"的基础上，又鼓捣出个将美舰队吸引至这一方向的"阿号作战"。与新几内亚相比，日本人更害怕美国人从马里亚纳打过来。为什么？因为关岛、塞班岛、提尼安岛等主要岛屿离菲律宾太远，难以得到有效支援（联合舰队已经没油了，根本够不上），只能让守备部队自生自灭（最后也是如此，

图9-8　接替古贺峰一出任联合舰队司令长官的丰田副武

包括斋藤义次、南云忠一在内全部"集体玉碎"）。而美军在新几内亚方向比亚克岛的进攻行动，从某种意义上误导了大本营的判断，"浑作战"就是丰田副武被美国人调虎离山的直接结果。等到6月12日发现美军在马里亚纳方向开始火力准备的时候，一切为时已晚。

由此可见，马里业纳海战的发生是出乎大本营意料之外的，对于丰田副武来说完全是"计划外"的仓促应战，而尼米兹完全是在预定的时间、预定的地点，同预定的对手，进行的一场预定的战役，通过声东击西、攻敌必救、迫敌就范，实现了战役突然性。

三、战役经过

（一）"征粮"开始

3月12日参谋长联席会议正式下达进攻马里亚纳群岛的作战指令，在尼米兹的亲自指导下，美海军头号两栖作战专家特纳负责作战计划的制订，该计划代号"征粮者战役"，作战目标在于夺取塞班岛、关岛和提尼安岛，控制住中太平

洋海上交通线，为进一步进攻日本提供支援。为了该战役的顺利实施，专门组建了由特纳担任司令的"联合远征军"（这也被认为是美海军陆战远征部队的前身），总兵力四个半加强师 127571 人，兵分两路："北部登陆突击编队"在特纳的亲自指挥下，目标直指塞班岛、提尼安岛；"南部登陆突击编队"由康诺利指挥，负责攻占关岛。斯普鲁恩斯的第五舰队全程担负登陆输送、火力支援和海上掩护任务。请注意，海战是掩护、是保障，而夺占 3 座岛屿才是核心目标！

图 9-9　被誉为美海军"头号两栖作战专家"的特纳

就在 6 月 6 日诺曼底登陆战役发起的同一天，装载着近 13 万人和大量技术装备的庞大登陆编队，在米切尔第 58 特混舰队的直接掩护下，从马绍尔群岛的马朱罗港起航，由 15 艘航母、900 余架舰载机、7 艘战列舰、7 艘巡洋舰、58 艘驱逐舰，700 余艘辅助舰船组成的超级舰队，向着塞班岛，向着关岛和提尼安岛，向着整个马里亚纳压了过来。颇有种"黑云压城城欲摧，甲光向日金鳞开"的意味。

图 9-10　集结在马朱罗环礁海域的第 58 特遣舰队

就在美国人大兵压境之际，联合舰队却在鼓足干劲、大浑特浑，加紧进行美军从南路进攻菲律宾的先期作战行动（其实也没"浑"出什么名堂，反而将 500 架陆基作战飞机给"浑"没了）。联合舰队在接近于病态的自我感觉良好之下，匪夷所思地将 6 月 11 日美军对 3 座岛屿的预先火力准备视为声东击西的牵制行动，直到次

图 9-11　1944 年 6 月 15 日，在美海军舰炮火力掩护下，陆战队员乘坐的 LVT 向塞班岛滩头发起冲击

日美军轰炸强度骤然提升到 1200 架次时才如梦方醒，被迫终止了"浑作战"（也"浑"不下去了）。就在丰田副武下达"阿号作战"决战令的当日，也就是 6 月 15 日的清晨，北部登陆编队的第 2、第 4 陆战师 7 万余人开始在塞班岛西南海岸登陆。而此时，小泽第一机动舰队的 9 艘航母正在赶往马里亚纳的途中，远水解不了近渴，只能看塞班岛上南云忠一自己的"造化"了。

交锋伊始，斯普鲁恩斯和特纳就抢得先手，不仅实现了战役突然性，而且还完成了特混舰队的兵力展开，严阵以待、以逸待劳，等君入瓮。

（二）"距离外攻击"

自从山本司令官不辞而别以来，联合舰队就已变得失魂落魄，甚至连个像样的接班人都挑不出来，而小泽治三郎已经是日本帝国海军中为数不多的，既善于发现问题、思考问题，又善于创造性解决问题的将才（最后接替丰田担任联合舰队的末代司令长官）。

尽管丰田副武在"阿号作战"计划中对美军可能的进攻方向作出了判断，角田觉治的一航舰也"浑"得如火如荼，但是小泽并不相信美国人会走新几内亚—帕劳—菲律宾这条路，但是又不敢赌马里亚纳，而是采取了一个折中的方案，在 5 月 19 日将第一机动舰队前移到棉兰老岛与加里曼丹岛之间的塔维塔维岛，以便兼顾南北两

图 9-12　日海军第一机动舰队指挥官小泽治三郎

个方向，也从某种程度上解决了联合舰队油料不足的问题。在发现美国人狂轰滥炸 3 座小岛，发起登陆作战征候十分明显时，已占据出发阵地的小泽得以迅速出击。但是问题又来了，按照最早的"Z 计划"，舰队决战将采取两条腿走路的办法，使用 450 架陆基飞机和近 500 架舰载机一齐迎战斯普鲁恩斯的第五舰队，虽然飞行员技术经验差了点，但好歹数量基本相当，甭管行不行，至少换个心安。但是，在大"浑"特"浑"的作战中，由于在广阔海域上采用撒胡椒面式的四面

出击，角田觉治 450 架陆基飞机被美国人消灭得一干二净，以至于还没等开始大打，"阿号作战"就成了一个"瘸子"。

飞机少怎么了？少了照样干！小泽当然明白这是跟美国人继续玩下去的唯一办法。为了实现手中舰载机作战效能最大化，也许是受杜立特轰炸东京和欧洲战场盟军轰炸罗马尼亚油田的启发，小泽采用了距离外攻击（也称穿梭轰炸）这一新战法，即发挥己方舰载机作战半径大（日机 380 海里）的优势，在对方活动半径（美机 280 海里）之外发起攻击，攻击结束后直接降落在塞班岛、关岛机场，待补充油料弹药后，再次起飞攻击，然后在航母上降落。表面上看，这个两全其美的战法既实现了先发制人，又提高了攻击效率，但是机关算尽的小泽却忽略了一个重要的问题，那就是人的因素。要知道在 700 千米外发起攻击，即使一切顺利，飞行员也要高强度地飞行两个小时，当开始攻击时，筋疲力竭的飞行员就已无法规避敌战斗机的截击和防空炮火的阻拦，更谈不上有效实施攻击了。

图 9-13 日海军一航舰指挥官角田觉治

图 9-14 盟军轰炸罗马尼亚普洛耶什蒂油田

如果飞行员人人都是坂井三郎那样的王牌（号称"击坠王"），这种距离外攻击还有成功的希望，但是对于那些刚学会起飞、着舰等基本技能的新手来说，也只能是无奈了。要知道开战之初储备的那 2000 多飞行精英们，已经在 1942—1943 年的南太平洋拉锯战中被消耗殆尽了。但即使这样，在小泽看来，通过穿梭轰炸实现先敌攻击，再现海航精英昔日荣光的美好前景似乎就在眼前了。

正当日本人处心积虑先发制人时，斯普鲁恩斯的第五舰队也没闲着。预先展开在海上的美军潜艇，对 13 日小泽舰队从塔维塔维岛出动、15 日过圣贝纳迪诺海峡、17 日夜间向塞班岛方向机动等重要行动基本掌握（说实话，仗打到这个

程度日本基本是没啥指望了）。但是，事
物都是有两方面的，在当时的技术条件下，
接二连三的情报也在某种程度上影响了斯
普鲁恩斯的决策，使他在头脑中形成了日
本人至少有两支舰队的错觉，不仅推迟了
原定于18日发起的关岛登陆作战行动，还
担心如果第58特混舰队出击，可能使塞班
岛登陆部队面临日舰"侧背攻击"的危险。
因此命令，在未掌握日舰编队的具体位置
前，米切尔的舰队不得离开塞班岛附近海
域。就这样，谨慎的斯普鲁恩斯给了小泽
一个先下手为强的机会。

图9-15　美海军第五舰队指挥官斯普鲁恩斯

　　应该说，这次在航空侦察方面，小泽还是长了记性的（吸取了中途岛战役航
空侦察力量不足的教训），派出了42架侦察机"大海捞针"。18日下午，日机
率先发现了位于塞班岛以西300海里处活动的3个美军航母战斗群，此时两军的
距离为380海里，符合小泽距离外攻击的战术要求，但此时他却异乎寻常地谨慎
了起来，认为如果此时起飞的话需要近3个小时才能抵达目标上空，届时已经接
近日落，鉴于飞行员们没有经过夜战训练的实际情况，不仅无法有效攻击，就连
能否飞回来都成问题，因此决定待次日拂
晓再发起攻击。

　　不管小泽分析得多么合情合理、客观
真实，但是这次他却错了。当日傍晚，第
58特混舰队回收了所有护航战斗机，此时
舰队头顶上空空如也。当日入夜后，米切
尔才收到由珍珠港无线电测向站发来的敌
情通报：日本舰队位于塞班岛西南偏西355
海里处。米切尔建议舰队星夜西进，待翌
日凌晨发起进攻。但是更加谨慎的斯普鲁
恩斯一来并不十分相信珍珠港的"技侦情
报"，二来担忧塞班岛登陆部队的安全，

图9-16　美海军第58特混舰队指挥官米切尔

采取的战术是："白天向西开进，夜间向东撤回……第 58 特混舰队必须留在能支援塞班岛的距离以内。"这一命令也让米切尔和他的飞行员们大失所望，认为坐失了先发制人的有利战机。这也成为战役结束后斯普鲁恩斯饱受诟病的根源。

就这样，两支舰队都在黑暗中默默等待着次日天光大亮，而人类历史上最大规模航母舰队决战的大幕也即将拉开。

（三）马里亚纳猎火鸡

火鸡对于美国人来说，就跟我们中国人过年吃饺子一样，是圣诞节、感恩节必不可少的大餐，而猎火鸡这个从 1620 年第一批清教徒来到美洲大陆时流传下来的美丽传说，在一代代美国人的心中已是根深蒂固。大家想一想，面对着漫山遍野的火鸡，枪响鸡落是一个何等壮观的景象。但就是这样一个口口相传的故事却在 300 多年后的太平洋上变为了现实。

6 月 19 日凌晨 3 时，在小泽的旗舰、最新型航母"大凤"号的桅杆上升起了"Z字旗"，这已经是这面旗第四次升起了，除了对马海战时东乡在旗舰"三笠"号上升起过之外，偷袭珍珠港和中途岛海战时南云的旗舰"赤城"号也升起过。这一次，小泽自己心里非常明白，如果打不赢真的没有退路了（"Z"是 26 个英文字母中的最后一个）。晨光初始，3 个侦察机群就腾空而起，开始拉网式搜索，几乎与此同时，米切尔的侦察机也出动了，但是这次与中途岛截然不同的是，率先发现对手的却是

图 9-17　日侦察机率先发现美海军航母编队

日本人（究其原因一是日本飞机多、侦察卖力，二是美国人没有了中途岛机场那样的地利，也没有 PBY "科特琳娜"那样的侦察利器）。7 时 34 分，日机报告："在塞班岛以西 160 海里、方位 264 度，发现美大型航母 5 艘、战列舰 4 艘，其余舰艇 10 余艘。"此时双方舰队间距 350—400 海里，正符合小泽"距离外攻击"的战术要求，更令他倍感兴奋的是美机侦察范围有限，阴差阳错地实现了单向透明，这在开战以来似乎还是头一回。

从 8 时 30 分开始，326 架舰载机陆续从 9 艘航母上起飞，共分为 4 个攻击波向塞班岛、关岛外海的第 58 特混舰队扑了过来。说实话，从 1942 年中途岛惨败算起，日本海军已经整整两年没有如此兴奋了。出击前，"大凤"号航母的几个飞行队长专门跑到小泽司令官面前表示：这次一定

图 9-18　日舰载机陆续升空向美海军第 58 特混舰队猛扑过来

要报中途岛的一箭之仇。就连远在日本本土的联合舰队司令部里，丰田、草鹿等一帮头头脑脑们的脸上都流露出难以抑制的喜悦，就连随军记者们都在琢磨着当天的号外头条该怎么写。但是，几个小时过去了，憧憬中雪片般传来的捷报却没有如期而至，前方、后方所有人的兴奋喜悦逐渐被焦虑不安所取代。直到当天下午，随着一些浑身弹痕累累战机的返航，大家才开始对最初的美好憧憬产生了怀疑。起初，小泽还以为大部分飞机攻击结束后都"穿梭"到了关岛机场，但随着战局的不断发展和情报的累积掌握，他越琢磨越觉得不对劲了。

真实的情况是：虽然受侦察机航程的限制，没有发现小泽的舰队，但是斯普鲁恩斯手中却拥有着日本人梦寐以求的"魔法利器"——雷达。美国人的对空警戒雷达早在中途岛就让日本人吃了大亏，如同"魔法水晶球"一样，总能使己方提前获得 15—20 分钟的预警时间，这一次依然如此，雷达哨舰（战列舰）在距离美航母 150 千米的距离上发现了小泽的攻击机群，这"四支利箭"遭到了 300 架紧急起飞的 F-6F"超级地狱猫"的迎头痛击，瞬间天空和大海被无数火焰、爆炸、鲜血和硝烟覆盖。说实话，如果将时钟的指针倒拨回两年前，同样的场景，同样是 600 架规模战机的交

图 9-19　来袭日机遭到了美舰载战斗机的迎头痛击

战，"地狱猫"估计得被零式战斗机打得满地找牙，得被"舰攻""舰爆"炸得万劫不复。

但是，两年过去了，山还是那座山，河已经不是那条河了，美国人的飞行

员已经被战争磨炼成经验丰富的老手，而当年的海航精英们已经在南太平洋"肉磨子"一般的消耗战中损失殆尽，这些新手是无法将"彗星""天山"和新型零式战斗机的效能发挥到极致的。最终仅有 20 架日机突防成功，6 架真正完成了攻击，仅仅将"胡蜂""邦克山"号航母击伤。就这样，在雷达、"超级地狱猫"和 VT 近炸引信（20 米

图 9-20　这张著名的历史照片真实记录了"马里亚纳猎火鸡"的情形

范围）的多重作用下，胜利的天平再次发生倾斜，只不过这次倾斜的方向与以往相比发生了根本性的变化，由新手们驾驶的日机成群结队地一架架接连坠海，像树叶一样飞速下落，以至于美军飞行员在无线电语音通信里惊呼："嗨！这真像古代捕杀火鸡啊！""马里亚纳猎火鸡"也因此得名。

　　最后，小泽 326 架舰载机只回来了 130 架，196 架没有回来，特别是舰攻机和舰爆机几乎损失殆尽。"四支利箭"中前两支被彻底折断，第三支被折了一半，第四支扑空后，见势不妙飞往关岛（在降落前后大部被美机击落或摧毁）。而米切尔的第 58 特混舰队在空战中仅仅损失战斗机 23 架（另有 6 架飞机因事故损毁），2 艘航母、2 艘护航舰艇受轻伤。可以说，小泽

图 9-21　一架日机被击中坠落，空中弥漫着高射炮弹爆炸形成的烟团

的第一机动舰队已犹如没牙的老虎，这也为在第二天的交战中无还手之力埋下了伏笔。

　　其实，我觉得用"猎火鸡"来形容 6 月 19 日马里亚纳的海洋和天空可能略显"粗俗"，可是这确实又是日本海军航空兵这朵曾经盛开"樱花"最后凋零的真实写照。此后，再无"海鹫"，以至于下半年到了莱特湾只能沦落到用航母来"空船

无机糊弄人",用战列舰来"有去无回砸明火"。

(四)"大凤""翔鹤"和"飞鹰"号的沉没

在第 58 特混舰队的严密防御体系面前,小泽的四支利箭顷刻间灰飞烟灭,就连望风而逃的漏网之鱼也被美机消灭在关岛机场,第一机动舰队和联合舰队头头脑脑们被啪啪打脸。但是,这次受刺激最大的还不是这些看热闹的,而是那些从鬼门关上走了一回的飞行员们。为什么?飞机在,家没了。正当"翔鹤"号航母放飞的舰载机返航准备着舰时,却不知道该落到哪里,因为这艘一路从珍珠港、印度洋、珊瑚海好不容易走过来的航母已面目全非。这到底是怎么一回事?不是没被敌人侦察机发现吗?也没有敌机临空轰炸啊?原来,就在 11 时 30 分,隐蔽在附近海域的美海军"棘鳍"号潜艇,在突破外围警戒后,对"翔鹤"号实施了鱼雷攻击,来了个 6 雷齐射,其中 3 枚鱼雷命中了这艘排水量为 33200 吨的庞然大物,燃起的大火迅速引燃弹药库发生了剧烈爆炸,"翔鹤"号在挣扎漂泊了 3 小时后沉入海底,全舰 1263 名舰员大部丧生。

与此同时,表面上看起来十分正常的"大凤"号航母却突然不正

图 9-22 击沉日海军"翔鹤"号航空母舰的"卡瓦拉"号潜艇(SS-244)

图 9-23 日海军"翔鹤"号航空母舰在马里亚纳走到了生命的尽头

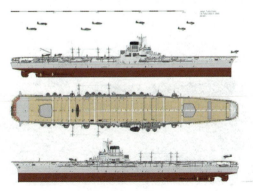

图 9-24 日海军最新型"大凤"号航空母舰具有极强的抗摧毁能力

常起来了，接连发生爆炸。这到底是怎么回事？"大凤"号可是日本海军最新型的航空母舰，排水量 37270 吨，飞行甲板厚度超过 75 毫米，水线附近装甲得到了特别加固，具有极强的抗摧毁能力，怎么说炸就炸呢？再说这可是小泽长官的旗舰啊！

这件诡异之事还得从早上 8 时前后美海军"大青花鱼"号潜艇发起的攻击说起，正当"四支利箭"即将射出，小泽司令官踌躇满志之时，在附近海区隐蔽待机（又是隐蔽待机，日本人的驱逐舰都在干什么？）的"大青花鱼"号潜艇突然发起了鱼雷攻击，但是这次攻击没有像"棘鳍"号那么隐蔽，被"大凤"号的对海瞭望哨发现了，这时航母正在逆风高速航行放飞战机，难以进行规避机动，尽管驾驶"彗星"刚刚离舰的飞行员小松咲雄"舍身撞雷"，但是"大凤"号依然被 1 枚鱼雷命中右舷。1 枚鱼雷对于这艘坚固的新型航母来说并不算多大事，损管作业之后依然保持了 32 节的高速，并未影响到舰载机的正常起飞，唯一的损伤就是造成了燃料储存罐体的轻微龟裂，出现了汽油的挥发渗漏。其实这并不严重，降速堵漏处理并不复杂，再怎么着都不会落得个舰毁人亡的下场。但是，凡事就怕不上心，不长记性。日本人在中途岛的一个最深刻教训就是损管不力，在接到鱼雷命中的报告后，"大凤"号的舰长菊池朝三仅仅是轻描淡写地下达了"小心操作，杜绝一切火源"的命令，然后一切照旧，该干啥干啥。看来昂贵的学费算是白交了。

图 9-25　击沉日海军"大凤"号航空母舰的"大青花鱼"号潜艇（SS-218）

图 9-26　"彗星"飞行员小松咲雄"舍身撞雷"情景图

与此同时，前升降机发生故障，卡死在距离飞行甲板一米处，如果此时前后升降机均降下，进行全舰通风的话，将有助于隐患的排除，但是，为保障舰载机的正常起飞，小泽和菊池下达的命令却是"将升降机与飞行甲板的空隙堵住填满"不仅分散了损管作业的精力，还严重阻碍了封闭式机库内空气的流通，到 12 时，随着舰内危险气体的浓度越来越大，小泽也意识到无法通风的危险性，于是他下令打碎舰上的全部玻璃窗，让舰体通风，但舰体的密封性被彻底破坏，易燃气体随即弥漫到内部各处，只要有一点火花，就能引发大爆炸。在无法用电的情况下（怕电火花引起爆炸），已一触即爆、

图 9-27　为保障舰载机正常起飞没有及时进行舱室通风，最终酿成大祸

无力回天。14 时 32 分，最终发生了灾难性的"闷炸"（封闭性机库使能量无法向外释放），直接引发了弹药库的殉爆（与中途岛时的"赤城"如出一辙），在不到两个小时的时间里迅速沉没，2150 名舰员中只有不到 500 人生还。

就这样，在 19 日的交战中，敌人基本没打到，但是包括小泽旗舰在内的两艘重型航母先没了。除去航母的损失之外，总共 498 架舰载机中完好无损的只剩下 1/4。在损失惨重的情况下，第二舰队司令栗田健男建议撤出战斗（栗田总干这种事，但是这次建议对了），可小泽不干，认为美国人的损失也很大（飞行员的虚报战果误导了他），决心在次日补充燃料后，与角田觉治一航舰 200 架陆基飞机（小泽不知道此时角田的飞机已经被美国人给炸没了），一起跟美国人干到底。

20 日天亮后，米切尔就出动数

图 9-28　日航母编队遭到了 200 余架美机的轮番攻击（图中为日海军"瑞鹤"号航空母舰及两艘驱逐舰）

十架侦察机进行侦查，在经历了多
次的阴差阳错之后，终于在14时
40分，"企业"号的飞行员内尔
森报告："在北纬14度30分，东
经134度30分附近海域发现敌航
母编队，最近处舰群距离己方275
海里（实际上小泽的航母主力据美
军航母的距离接近350海里）。"

图9-29 日海军"飞鹰"号航空母舰（远处航母为"隼鹰"号）

斯普鲁恩斯在几经犹豫、多次反复后，15时30分命令由216架战机组成的攻击
机群起飞（降落的故事后文再讲），于17时15分前后发现日舰，优先攻击了航
母和油船，虽然小泽把手头44架零式战斗机全部压了上去，但是一个回合下来，
27000吨的"飞鹰"号被击沉（也是1颗鱼雷要的命），2艘大型油船被毁，其
余3艘航母、2艘战列舰和多艘护航舰艇被击伤。

就这样，开战前还雄心勃勃的第一机动舰队，在付出损失3艘航母（战损比
33%）、378架舰载机（战损比86%）和445名飞行员的惨重代价打道回府了（这
还得感谢斯普鲁恩斯手下留情）。至此，可以认为日本海军作为核心作战力量的
航空兵已不复存在了。

（五）胜利后的"恐怖夜晚"

从整体上看，在马里亚纳海战
中，好运气并没有像中途岛那样过
分偏袒美国人。虽然斯普鲁恩斯的
第五舰队拥有着实力和作战经验上
的优势，但19日率先实现"战场
透明"的却是小泽，20日几乎关
闭攻击时间窗口的也是小泽。美国
人的侦察机在茫茫大海上几乎找了
一整天，终于在下午找到了敌人的
踪迹（这与中途岛形成了鲜明的对
比），但是在当时的技术条件下，

图9-30 美机终于觅得日舰队的踪迹，但攻击
时间窗口几乎关闭

无法实现今天这样发现即摧毁。14 时 40 分发现敌舰，18 时 08 分天黑（6 月 20 日塞班岛昏影终），即使不考虑天气条件，500 千米的航程攻击机群至少需要飞上一时三刻，再加上起飞准备、空中编组的时间，留给斯普鲁恩斯和米切尔的决策时间所剩无几。

说实话，这个决心确实不好下。如果出击的话，那么飞行员到达目标上空就得 17 时 30 分前后，攻击结束返航着舰时天色将彻底暗下来，以当时的导航助降条件看，这么干，对于那些几乎没有经过夜间着舰训练的飞行员来说，无异于自杀。但是我们必须考虑到斯普鲁恩斯心态的变化：在 18 日，他出于对完成核心任务的顾虑，没有采纳米切尔夜间前出、次日拂晓攻击的建议；19 日虽然击沉 2 艘敌舰队航母，但那都是潜艇的战绩，尽管击毁了 200 多架敌机，但那都是"被动防御"的结果；手握数量、质量上都具有压倒性优势的重兵，

图 9-31　画家笔下的斯普鲁恩斯（本照片传神般再现了这位海上斗士艰难决策时的表情）

却采取只守不攻的战术，这将是崇尚进攻精神的美国海军所无法接受的，如果再谨慎下去放跑敌人的话，回去怕是不好向尼米兹交差的。因此，一贯小心谨慎的斯普鲁恩斯例外地冒了一回险。

在作出决断之后，剩下的战斗经过就显得是那样的顺理成章了：15 时 30 分攻击机群起飞，17 时 30 分 216 架战机发起攻击，在付出 20 架飞机被击落的代价后，总算挽回颜面地击沉了"飞鹰"号航母和 2 艘大型油船。尽管飞行员们拼命快打快撤，但是时间不等人啊，等到机群返航至母舰上空时，已经接近 20 时，海天已经彻底被黑暗所笼罩。严格执行灯火管制的舰队无法为返航机群提供任何助降信号，一时间舰队上空充斥着左红右绿的航行灯和燃油耗尽时发动机"啪啦啪啦"的声音，海面上已经溅起战机迫降时掀起的浪花。这个时候，决策者就陷入了进退维谷的尴尬。如果继续按规章制度办事严格执行灯火管制的话，那么天上这 200 架飞机都得坠毁，上百名飞行员将命悬一线；如果解除灯火管制，尝试挽救返航战机和飞行员生命的话，一旦舰队周边出现日军潜艇的话，那么整个舰队

价值数十亿美元的战略资产就将置于极其危险的境地。一边是人命关天，另一边是舰队的安全，决策两难。所以说，只有在这种环境之下，我们才能更深刻地理解"决策者永远是孤独的"这句话。

在饱受踌躇和焦虑的折磨后，米切尔向他的参谋长阿来·伯克（"伯克"号驱逐舰以他命名）下达了简短而艰难的命令："开灯！"刹那间，包括航母在内的所有舰艇亮光齐开、灯火通明，桅灯亮了、甲板灯亮了，探照灯亮了，信号弹如焰火般

图 9-32 在是否解除"灯火管制"问题上无比焦虑的米切尔（"决策者永远是孤独的"）

划过天际。一架架飞机着舰、碰撞、起火、坠海，有的飞机甚至"降落"到驱逐舰上。最终超过 80 架飞机坠毁，49 名飞行员丧生，损失是刚刚结束那场空战的 4 倍（不管怎么说都值了！）。

对于美国人来说，这个灾难之夜真的是乐极生悲。

四、结局和影响

是役，美海军第 58 特混舰队一船未沉，仅 2 艘航母、2 艘护航舰艇被击伤，损失了 894 架飞机中的 130 架（损失率 12.6%，包括夜间"非战斗减员"损毁的那 80 架），牺牲飞行员 76 名，这点轻伤对于财大气粗的美国海军来讲，连擦破皮都算不上。而作为日本海军核心的小泽第一机动舰队却"被彻底打残"，3 艘大型航母没了，2 艘宝贵的大型油船也没了（从某种程度上讲大型油船比航母、战列舰都金贵，到 4 个月后的莱特湾海战时，整个联合舰队就剩下 8 艘油船了），还有 3 艘航母、2 艘战列舰、巡洋舰也是弹痕累累。机动舰队和航空兵陷入了整体性失能，这一失能也直接剥夺了联合舰队继续进行现代战争的能力，曾经引以为傲的"海鹫"如樱花般片片凋零，彻底宣告了成军 50 年联合舰队的灵魂死亡，不得不在 4 个月后的莱特湾海战中，行尸走肉一般地将自己送进了坟场。

此役后，斯普鲁恩斯的第五舰队挟胜利余威，顺利夺占了 3 座岛屿，在中太平洋建立了牢固的立足点，并以此为跳板，进一步实现了制空、制海权的向西延

伸，为后续在莱特湾实现对联合舰队的实体摧毁打下了坚实的基础。当透过马里亚纳海战，用更宏大的视角来审视这场已经进行了两年半战争的话，我们会发现，美国海军不仅通过强大的综合国力巩固了技术水平和装备数量上的优势，还通过两年多血与火的考验，锤炼锻造出了一支能打硬仗的队伍，确立了人员素质上的优势，实现了人与器的真正结合。从某种意义上讲，

图 9-33 航行中的美国航母编队，近处航母甲板上密密麻麻停满了舰载机（对于航母数量众多的美海军来说，这只是极为普通的一个场景）

这才是美国人在太平洋上实现攻守转换和化优势为胜势，并取得最后胜利的根本。而对于整个日本海军来说，因战争巨大消耗造成人才素质的低下与匮乏，已经超越了武器装备和资源的制约，成为一道难以逾越的鸿沟。在这些因素的多重作用下，进一步将战争机器和整个国家推向崩溃的边缘。

附录：启示与思考

（一）从"朝三暮四"到"专心致志"——战役目的的坚决性

战役，是指战役军团为达成战争的局部或全局性目的，在统一指挥下进行的作战（2011 年版《军语》）。战役从属于战略，引领着战术（战斗），三者共同构成了战争的层级框架。在战役中，各组成要素并不是自然无序的分散排列，而是一个个有着共同目的、指向"矢量"的有机组合，错落有致、蓄势待发、方向同一。回眸战史经典，我们会发现尽管战役的作战样式、空间维度、致胜奇谋异彩纷呈，但是每场战役的主要目的和各阶段核心任务都显得是那样的独一无二。

在马里亚纳海战中，斯普鲁恩斯第五舰队（下辖第 51、第 58 两个特混舰队）的主要目的只有一个，那就是"夺取塞班岛、关岛和提尼安岛，控制住中太平洋海上交通线，为进一步进攻日本提供支援"。特纳指挥第 51 特混舰队负责夺占 3 座岛屿，米切尔指挥第 58 特混舰队负责夺取并保持制海权，在战役重心已经

确定的情况下，攻占比亚克岛建立前进基地实施策应，对3座岛屿的预先海空火力准备，通过航母舰队决战夺取制海权等一系列作战行动都是为了实现这一主要目的而服务的，在整个战役框架内，任何次要任务都不能冲淡、偏离夺占岛屿这一核心。在18日黄昏，初步确认小泽第一机动舰队位置后，米切尔曾建议"星夜西进，拂晓攻击"，而斯普鲁恩斯却不为所动，坚持"白天向西开进，夜间向东撤回……第58特混舰队必须留在能支援塞班岛的距离以内"。在这里，米切尔关注的是通过舰队决战消灭敌人有生力量，而斯普鲁恩斯所坚守的底线则是坚决地攻下、占领和守住3座岛屿，尽管承受了来自内部的极大压力，但他不允许核心目标承担哪怕一丁点儿的风险。

在当时的技术条件下，即使是在白天，侦察机飞行员目力对海搜索犹如大海捞针，更何况夜间前去接敌，始终存在着与敌方擦肩而过的可能。更何况登陆作战行动一旦展开，就将呈现出物资人员装备高度集中，头顶枪林弹雨背水攻坚的脆弱之势，即使有少量敌方舰机突入登陆编队的侧翼，都将造成人员装备的重大损失和行动的混乱，很可能影响到整个战役的全局。这样

图9-34 登陆作战物资人员装备高度集中，头顶枪林弹雨背水攻坚

的情景，在瓜岛争夺战中曾不止一次地出现过，敌方战列舰巨炮的"死亡闪光"，至今仍使美海军心有余悸。因此，性格谨慎的斯普鲁恩斯并没有朝三暮四、为利所动，而是来了个专心致志、始终如一，第58特混舰队15艘航母如同不可逾越的屏障一样，全力确保了塞班岛登陆战役7万名登陆兵的安全，直到20日下午确定敌方舰队已遭重挫，并远离战场的情况下，才不情愿地对意图撤出阵地之敌进行追击。

反观联合舰队方面，按照"阿号作战"计划，为配合在新几内亚—帕劳—棉兰老岛一线与美海军舰队决战，在贝里琉岛—塞班岛—雅浦岛一线，组建了3个陆基攻击群（350架）。这些对于联合舰队来说"无比珍贵"的陆基作战飞机本应好钢用在刀刃上，跟小泽的舰载机一起来一个陆海合击，实现渐减邀击消灭来

袭舰队的战役目的，但是角田却在 6 月 2 日至 13 日的"浑作战"中，来了一个见敌必战，"大浑特浑"地将好不容易积蓄下来的航空力量像撒胡椒面儿一样消耗殆尽。等到小泽的第一机动舰队出击决战时（15 日），已无机可用，愣是将陆海两翼齐飞变为了瘸腿难支。

（二）从"以守为攻"到"以镒称铢"——"集中兵力原则"

回顾古今中外战史经典，我们会发现集中兵力原则始终在战争长河中熠熠发光，历久弥新，经久不衰。中国古代兵家十分强调通过集中力量来实现以众击寡，《孙子兵法》中"故胜兵若以镒称铢，败兵若以铢称镒……"的论述就是对这一原则的精辟概括。随着战争形态的演变和发展，机械化战争又赋予了"以镒称铢"鲜明的时代特征，随着武器装备技术含量、作战效能的提升，人的因素被空前凸显出来，迅速实现了由"数量规模"向"火力效能"的方向性转变。

随着海军航空兵，尤其是舰载航空兵的出现，海战场的作战空间由二维扩展到三维，广阔的天空给快速机动奔袭提供了更高的维度。在塔兰托、在珍珠港、在珊瑚海、在中途岛，"航母＋舰载机"的作战模式主宰了战场，完美诠释了什么叫攻守兼备和以镒称铢。在马里亚纳，战争终于将这种新型作战力量和新质作战能力的组合推上了人类海战史航母舰队决战的巅峰！

图 9-35　"航母＋舰载机"作战模式是对"以镒称铢"的完美诠释

总体力量对比居于劣势的小泽，试图凭借舰载机航程优势，采取距离外攻击的战法先发制人、先敌攻击，通过穿梭轰炸来提高出动效率，力求在关键的时间、关键的地点形成关键的优势，机关算尽的他似乎觅得了以镒称铢的制胜之

图 9-36　对"结构脆弱性"的忽视，使小泽的"以镒称铢"弄巧成拙

道。但是，战争制胜机理由数量到质量，由平台到效能的转变，赋予了"镒"以机械化的时代特征。他仅仅看到了航程优势的放大效应，而忽略了超长飞行时间带来人员承受能力的衰减效应；只看到了先发制人的攻击破坏性，而忽视了战机结构、飞行员素质方面的结构脆弱性；只看到了自身优势的几何叠加，而忽视了问题短板的一触即溃，以至于心比"镒"高，命比"铢"薄，轰轰烈烈的攻势，最终不得不以惨淡收场。

反观同样崇尚进攻精神的美国人，在19日未发现敌方舰队的情况下，并未自乱阵脚勉强出击，而是老老实实地展开防御，将雷达技术、战机性能、人员素质、防空火力等优势充分发挥出来，通过积极抗击来实现以守为攻，在大幅削弱对手攻击力量的同时，迅速实现了战场态势的扭转，在航空侦察未能完全体现作战规划的情况下，依然有效地控制了战场，并做好了反击的准备。这同样是一种以守为攻的"以镒称铢"。次日，在先期航空侦察未果的情况下，通过锲而不舍的持续搜索，终于觅得敌方舰队的踪迹，并不惜冒着夜间战机迫降损毁的风险，"果断"（其实一点也不果断，也没法果断）地发起攻击，虽然没有实现理想预期，但是在完全实现战役目的的情况下，取得3艘航母、2艘油轮，378架舰载机的战果也实属不易。

美海军在牢牢占据天空的同时，预先展开在敌方作战海区的潜艇兵力不也失时机地主动求战、乱中取胜。虽说其中不乏偶然性因素的帮衬，但第五舰队的兵力布势和战机把控仍然不失为取得胜利的关键一环。这种"剑走偏锋"的"不对称手段"，也是实现"以镒称铢"的重要抓手。

图 9-37 "大青花鱼"号潜艇突破外围反潜警戒击沉"大凤"号情景图

（三）从"鸣镝强弩"到"人机合一"——"人与武器"的关系

在冷兵器时代，战争天平的倾斜方向在很大程度上取决于兵员数量的多寡，即使是手持鸣镝强弩的神射手，也无法打破这一铁律。到了热兵器时代，武器效能虽然得到了跨越性的发展，但依然无法摆脱数量规模的束缚，像葛底斯堡那样的数以十万人计的近距离残酷交战，已成为不堪回首的梦魇。

但到了机械化战争时代，随着战列舰、航母、舰载机、坦克等一系列高价值技术兵器的出现，数量铁律被彻底撼动，人的因素得到了空前凸显。在法兰西战役和苏德战场的闪击战中，装备技术水平毫不逊色，甚至略占优势的法、苏两国军队，却被数量居于劣势，但人员技能和战术素养技高一筹的德军迅速击溃；在太平洋战争初期，装备技术水平与对手基本持平的美、英两国海军，却被人机合一的零式战斗机和"舰攻""舰爆"打得满地找牙。恩格斯那句似乎已经被遗忘了的至理名言，又开始在人们的耳边回响——"枪自己是不会动的，需要由勇敢的心和强有力的手去使用它"，也为机械化战争时代那些以小博大、"以镒称铢"的神来之笔提供了绝佳的注脚。

在马里亚纳海战中，面对日渐式微的冤家对头，经历了中途岛、东所罗门、圣克鲁斯海战考验的美海军航空兵早已不再是昨日吴下阿蒙，不仅继续保持碾压式的技术领跑，而且在昔日的短板弱项——人员操作技能和战术素养方面实现了逆转反超。一个个驾驭着"超级地狱猫"，久经战阵、刁钻凶狠的老鸟，给那些蹒跚学步的"稚嫩海鸥"们上了一堂生动的射击训练课，望着如樱花般飘零陨落的零式战斗机"彗星""天山"，作为空战旁观

图 9-38 飞行员亚历山大·弗拉丘在 6 月 19 日的空战中一口气击落了 6 架"彗星"舰爆机，降落后笑逐颜开，面对镜头竖起 6 根手指，他也成为当日美海军的王牌飞行员之一（在当日的战斗中，美海航不止一位飞行员取得了这样的佳绩）

者的美国水兵甚至联想起那个未经证实的传说，并让"马里亚纳猎火鸡"作为经典之战的代名词流传后世。

在空战中奉行的是精英致胜原则，在海战中依然如此。在中途岛，作为旗舰的"赤城"号航母，中弹一枚后就迅速起火爆炸沉没的重要原因就是损管不力，应该说这是一个"切肤之痛"，换谁都得长几年记性。可日本人却"记性不好忘性强"，对于经过装甲强化、排水量达到 37270 吨的"大凤"号航母来说，区区 1 枚鱼雷真的不算什么，只要思想重视、损管得力，航空燃油的气化挥发完全可

以控制，根本不会危及整艘航母的生命力，但是最不该犯错误的舰长菊池朝三却犯了不可饶恕的错误，他对火灾隐患的忽视酿成了大祸。可见日本海军已经沦落到有船无人的境地，已经没有像样的指挥官能够驾驭这些最宝贵的战略资产了。

图 9-39 "大凤"号航母的"意外沉没"也是日海军后继无人的缩影

"大凤"号的惨剧和这种有船无人的尴尬，正是日本海军屡战屡败、后继无人、穷途末路的缩影。

反观美国海军，不仅在空战技能和海战指挥水平方面占据着明显的优势，而且在面临首鼠两端、进退维谷境地时，也能够凭借着直觉作出正确的决断。20 日夜间，200 架返航战机临空，马上就要因燃油耗尽不得不海面迫降（实际上就是

图 9-40 杜立特轰炸东京时的"大黄蜂"号航母舰长米切尔（右），血与火的考验将他锤炼为优秀舰队指挥官

摔）。这时候，第 58 特混舰队司令米切尔简直是压力巨大，大家都在等着他作出决定（斯普鲁恩斯不是航母舰长和飞行员出身），在饱受内心折磨和辗转反侧之后，他决定冒着被日军潜艇发现并攻击的风险，"张灯结彩"给这些心急如焚的飞行员照亮回家的路。我们都知道，米切尔和斯普鲁恩斯都是非常谨慎小心的人，在中途岛的时候米切尔是"大黄蜂"号的舰长，在那场转折之战中表现得"中规中矩"（比较差劲），但是经过了两年间的一次次生死考验，他已经具备了优秀舰队指挥官所需的技能、气质与品格。最终，他的这个命令挽救了近 120 架飞机和 200 多名飞行员的生命，可谓一字千钧。

最后的终结
——莱特湾大海战评析

图 10-1　莱特湾大海战美军参战舰船

　　莱特湾，这个位于莱特岛东部和萨马岛南面，南接苏里高海峡的一个菲律宾东部的海湾，时至今日都不为大众所熟知。但是，在 1944 年 10 月 20 日至 26 日，在以这里为中心，南北 1500 海里、东西 1000 海里的辽阔海空域内，发生了一场迄今为止人类战争史上最大规模的海战。在短短的 6 昼夜时间里，美日双方共投入 21 艘航空母舰、21 艘战列舰、170 艘驱逐舰与近 2000 架作战飞机，总吨位超过 200 万吨（其中美海军 133 万吨，日海军 73 万吨），最终美海军损失 3 艘轻型航空母舰、3 艘驱逐舰，总吨位 37000 吨，损失作战飞机 162 架，伤亡 3000 余人；日海军损失 1 艘舰队航空母舰、3 艘轻型航空母舰、3 艘战列舰、6 艘重巡洋舰、4 艘轻巡洋舰、11 艘驱逐舰、7 艘潜艇，总吨位 306000 吨，损失作战飞机 288 架，伤亡 10000 余人。日本海军大臣米内光政曾这样评价莱特湾之战——这就是终结。是的！此时的日本海军已经彻底丧失了机动作战能力，剩下的只有那种有去无回的"神风""菊水"特攻了。

按照日本人的习惯，喜欢将围绕同一个作战目标的同一个作战计划中的作战行动称为同一场海战，例如中途岛海战、瓜岛争夺战、马里亚纳海战；而按照美国人化繁为简的习惯，将这场大海战分解为锡布延海战、苏里高海战、恩加诺海战和萨马岛海战，不管双方对莱特湾大海战的习惯称谓、阶段划分存在什么样的差异，这场庞大的海战都彻底决定了太平洋上美日双方的命运，同时也留下了一系列难以解开的历史谜团，让这场海战中美日双方的当事人"蛮牛"哈尔西和"避战派提督"栗田健男饱受诟病，并卷入了旷日持久的争议旋涡当中。

一、战役背景

在马里亚纳海战结束后，美海军第三舰队已抵近菲律宾中部沿海，正准备按原计划在棉兰老岛、帕劳群岛、雅浦岛方向发起登陆。但是此时，"蛮牛"哈尔西（第三舰队司令）敏锐地发现，日军在这一地区基本已经没有成规模的军事力量，就连可以攻击的运输船都几乎没有了。面对这种形势，美军高层作出了直接进军莱特岛，大大加快解放菲律宾进程的决策，并于 10月 20 日开始了旨在夺占莱特岛的登陆作战行动。

图 10-2 美海军第三舰队司令"蛮牛"哈尔西

日本海军联合舰队司令长官丰田副武非常清楚，如果菲律宾落入敌手，那么意味着南方资源地带和日本本土的彻底隔离，这时候栗田健男指挥第二舰队如果回到油库已经见底的柱岛锚地来的话，就将会变为一堆废铁，而继续待在荷属东印度附近的话，因为无法得到本土的弹药补充，还是一堆废铁。不管号称世界上最大战列舰的"大和""武藏"有多么威武，在沦为废铁之后，就已经没有什么可惜不可惜的了。

其实，丰田副武还有一句没说出来，但是大家都已心领神会的话，那就是：战争已经快结束了，日本已经失败了，就要亡国了。亡国之军还能有军舰吗？以前战败过的俄国没有、法国没有，德国也没有，即将战败的日本也不会有。一句话：国破军舰不能在！所以，一定要在还没有彻底玩儿完之前，为这些凝聚了伊东祐亨、东乡平八郎等几代军人心血和梦想的军舰，尤其是战列舰寻找一个适合下葬之地。至于如何去下葬？丰田想出了一个名词——特攻。

图 10-3　日海军联合舰队司令长官丰田副武

一提到特攻，大家首先想到的就是"神风特攻"战术和"菊水特攻"行动，前者是日本海军骨灰级航空战术专家、时任一航舰司令的大西泷治郎，为挽救日暮西山的日本海军而发明的一种以零式战斗机（携带250千克的炸药或航弹）和"樱花"特攻机为主编成敢死攻击部队，俯冲撞击敌航母的战术；后者是1945年4月7日，联合舰队的"大和"号战列舰（仅携带单程油料）、"矢矧"号巡洋舰和8艘驱逐舰组成海上特攻部队，企图于次日拂晓突入冲绳以西海域，歼灭美军登陆编队的自杀性攻击行动。不管怎么说，这些特攻也只是一种战术或战术级行动，而以庞大的舰队去干那种有去无回、砸明火的买卖，即使在今天说起来都会让人觉得

图 10-4　挂载"樱花"自杀炸弹的日本海军"一式陆攻机"

图 10-5　"菊水特攻"——"大和"号最后的出击（远处为"矢矧"号轻巡洋舰）

匪夷所思。可就在那时，联合舰队司令长官丰田副武却真实地下达了"捷一号"作战命令，并直接导致了莱特湾大海战的爆发。

图 10-6　莱特湾海战前停泊在柱岛锚地的"大和""武藏""长门"号战列舰，

莱特湾大海战，根本不像联合舰队发出的作战要领上所写到的那样：与陆军协同，在决战海面邀击来攻之敌，确立不败之战略态势。而是一次联合舰队的集体特攻行动。简单说，就是把联合舰队（或者说整个日本海军）到现在还残存的全部战列舰、巡洋舰和驱逐舰全部出动，在小泽治三郎那 4 艘已基本没有飞机的航空母舰伴动掩护下，到莱特湾对着正在登陆的美国海军运输船团一通狂轰，能打沉多少算多少，"拼一个够本，拼两个赚一个"。这不是正规海军的战法，换句话说，如果仗打到这样破罐子破摔的份儿上，估计离彻底灭亡也不远了。事实上，日本海军或者说整个"大日本帝国"确实已经到了行将覆灭的倒计时阶段。

二、决策部署

在 1944 年 8 月至 10 月间，美日双方面临的战场形势存在着根本性的不同，也因此作出了截然相反的计划部署。

从 9 月至 10 月，在"蛮牛"哈尔西的指挥下，美海军第三舰队出动舰载机近 6000 架次，对马尼拉湾周边，以及琉球、中国台湾的日军机场进行了全方位轰炸，击毁日军作战飞机 800 余架，在消灭了一切被发现的海上、空中、地面目标后，日军司令官寺冈谨平甚至在自己的日记里悲叹"九月是苦月"（在日语里"九"和"哭"读音完全相同）。最后，在对可能影响到莱特岛作战的敌海空力量进行大幅度削弱，

图 10-7　美海军舰载机的"地毯式"轰炸使日军苦不堪言

对敌方作战意志进行最大限度压制之后，实在是百无聊赖的"蛮牛"甚至想出了将受损的"堪培拉""休斯顿"号巡洋舰作为诱饵的招术，来诱使敌人上钩，期间出现了"第三舰队受损舰艇已经得到救援，正在高速朝敌人撤退"这样海战史上著名的电文。

在这样的形势之下，麦克阿瑟指挥的登陆部队，凭借着奥尔登多夫指挥的第七舰队火力支援分舰队战列舰的强力支援，于 10 月 20 日在几乎没有遭到大规模抵抗的情况下，顺利登陆莱特岛。为了保持"蛮牛"支援掩护莱特岛登陆作战的专注性，尼米兹还专门指示："没有太平洋舰队的命令，（第三）舰队主力不得擅自借道苏

图 10-8　1944 年 10 月 20 日麦克阿瑟登陆莱特岛

里高海峡和圣贝纳迪诺海峡（彻底断了'蛮牛'主动出击巡弋日军舰队的念想）。"同时，随着长时间的连续作战，"蛮牛"的第三舰队疲惫了，从 1944 年 1 月离开珍珠港开始，还没有上岸歇过一次脚。按照第 38 特混舰队指挥官米切尔的话说："这个世界上还没有哪一支部队像这样如此长时间地连续作战，中间没有休息和修整。""这种连续作战的精神是值得褒扬的，但是部队的反应速度已经在下降，其结果是面对袭击将不再那么完全在状态。"在这种情况下，哈尔西计划让部队轮流前往乌利西环礁进行物资补给、装备维修和人员休整，其中第 38.1 航母特混大队（指挥官麦凯恩，即 2018 年去世的美国共和党参议员麦凯恩的爷爷）先行于 10 月 22 日出发。

与从容不迫的美国海军相比，日本海军联合舰队的日子可谓是窘困至极（马里亚纳海战之后，航空母舰和舰载机损失惨重）。在加紧组织"捷一号"作战的主力——栗田健男的第二舰队训练的同时，抓紧时间调兵遣将。为了进一步"统一思想"，8 月 10 日在马尼拉召开了由军令部、联合舰队、第二舰队等单位参加的协调会，虽然丰田副武在前面的话中把联合舰队的思想表述得相当清楚，但是这次作战会议却开得"极为失败"，不仅没有把栗田健男（第二舰队）、志摩清英（第五舰队）、西村祥治（第二战队）、小泽治三郎（第三舰队暨机动部队）几家参战部队指挥官凑齐，而且后来对第二舰队的作战说明会议的参加人员级别太低，把第二舰队的参谋长小柳富次弄得云里雾里，在向栗田健男汇报后，这位

后来被称为避战派提督的指挥官双手抱头，瘫坐在椅子上半天之后，才低声说道："联合舰队这是帮第二舰队找坟场啊，但我可真想死得更加堂堂正正些。"

图10-9 有着"避战派提督"之称的日海军第二舰队司令栗田健男

按照"捷一号"作战计划，栗田健男指挥第二舰队（含5艘战列舰、12艘巡洋舰、15艘驱逐舰）与西村祥治的第二战队（2艘战列舰、1艘巡洋舰、4艘驱逐舰）组成"第一游击部队"从文莱出发，通过不同的航线从南北方向夹击莱特湾；志摩清英的第五舰队（3艘巡洋舰、4艘驱逐舰）为"第二游击部队"，从中国台湾的马公岛出发，待与西村祥治的第二战队会合后，从北面进攻莱特湾；小泽治三郎的第三舰队从濑户内海出发，从北面进行佯动作战，以吸引美军舰队驰援，掩护其他部队的作战行动。这一作战计划沿袭了日本海军的一贯作风：分散、复杂、混乱。其实，丰田副武也是没有办法，制空权不在手中，航母和舰载机严重不足，就连镇宅之宝"大和""武藏"都不惜血本押上了"赌桌"，就连"山城""扶桑"这样的"爷爷辈"的老古董也拿出来充数，最要命的是没油了，不得不出动了整个日本海军仅有的8艘油轮来实施中途燃油补给（没错，这么大的帝国海军就剩下8艘加油船了，其余的都被美国人送到了海底）。就是在这样拆了东墙补西墙的情况下，勉强拼凑出了联合舰队"最后的特攻"（也真够难为丰田副武的了）。

图10-10 日海军"大和"号战列舰

图10-11 日海军"山城"号战列舰

三、战役经过

说实话，战前美日双方悬殊的力量对比已经让这场前无古人（估计也会"后无来者"）的大海战失去了胜负的悬念，在双方战场对垒的主要当事人当中没有任何人会怀疑海战进程的"摧枯拉朽"和结局呈现出一边倒的"全军覆灭"。但是，"足智多谋"的小泽玩了一回"瞒天过海"的"阴谋诡计"，在第七舰队司令金凯德和"蛮牛"哈尔西的"双簧"配合下，演出了一幕"阴差阳错""一波三折""荡气回肠"的惊天大戏，不仅成全了"日暮西山"的联合舰队，还几乎将美日双方的全部主要参战将领统统卷进了"历史的旋涡"。

（一）死亡之旅

10月22日8时，在抱定必死决心之后，栗田健男率领着第二舰队从文莱出发，准备以18节的速度沿巴拉望水道北上。此时，舰队尚处于美军战机作战半径之外，最主要的威胁就是已经让日本人吃过大亏的美军潜艇。因此，全舰队无数双眼睛都死死盯着海面，同时不断进行"之"字形防潜机动。入夜后，舰队进入了狭窄的巴拉望水道，此时一旦出现敌潜艇，这些大型舰艇将无法进行规避鱼雷机动，成为一个个移动的靶标。

图 10-12　航行中的栗田健男第二舰队（右起："长门""武藏""大和"号战列舰）

倒霉的不是什么"一旦"，还就是事实！两艘担负战役侦察和区域游猎任务的美海军潜艇就在附近。"海鲫"号潜艇在发现敌舰后，持续跟踪，并于23日拂晓时分发报，详细报告了敌舰队的数量（至少11艘）、编成（战列舰、巡洋舰、驱逐舰）和运动要素（16—18节，航向东北）。

23日6时32分至56分，在巴拉望水道狭窄的海域，"海鲫"号和"鲦鱼"号潜艇对第二舰队密集的编队展开了攻击，从此揭开了莱特湾大海战的序幕。其中，"海

图 10-13　击沉"爱宕"号重巡的美海军"海鲫"号潜艇（SS-227）

鲫"号在两次齐射中发射了 10 枚鱼雷，击
沉了"爱宕"（栗田健男的旗舰）号，重
创了"高雄"号重巡洋舰（后在 2 艘驱逐
舰的护卫下返回文莱），而"鲦鱼"号齐
射 6 枚鱼雷，一举将重巡洋舰"摩耶"号
送入了海底。这次成功的偷袭，一下子就
让第二舰队减少了 3 艘重巡和 2 艘驱逐舰，
虽然这一损失没有让整个舰队"伤筋动骨"，
但是却让身患登革热的栗田"下水游了一

图 10-14　击沉"摩耶"号重巡的美
海军"鲦鱼"号潜艇（SS-247）

会儿泳"，并更换了旗舰（栗田健男改换"大和"号战列舰为旗舰），也为后来
的最终决策失误埋下了伏笔（主要是通信问题导致了栗田没有收到小泽那封"北
上诱敌成功"的电报）。

　　此时的菲律宾海和小小的莱特湾，俨
然已经成为整个太平洋上的焦点。在美海
军第三、第七两个庞大舰队的护卫下，麦
克阿瑟率领着 20 万人的登陆部队，正在大
举登陆莱特岛，并在滩头阵地上发表了有
名的讲话："菲律宾人民，我已经回来了！
仰仗着万能的上帝的慈悲，我们的军队又
一次站在菲律宾的土地上了。"而此时，
受到尼米兹"强力约束"的"蛮牛"哈尔

图 10-15　麦克阿瑟重返菲律宾（这也成为
他人生的高光时刻）

西有些"百无聊赖"，3 个拥有着 11 艘航母的特混大队（第 38.1 航母特混大队
正在赴乌利西环礁途中），正散布在从吕宋岛到莱特岛沿海，南北宽达 250 千米
的海面上游弋着。

　　在接到"海鲫"号的报告后，哈尔西据此判定了这就是早先报告出现在文莱
—新加坡海域的同一批舰船，目标很可能是前往马尼拉湾，伺机前往莱特岛执行
"东京快车"任务（打了就跑）。他立即取消了麦凯恩第 38.1 航母特混大队赴
乌利西环礁休整的命令，同时指示其余 3 个航母特混大队（第 38.2、第 38.3、第
38.4）在补充燃料后向菲律宾海靠近。24 日 8 时，"无畏"号航母（隶属于第
38.2 航母特混大队）上起飞的一架侦察机发现了"中路舰队"（美军根据栗田健

男第二舰队所处位置的称谓），在召唤友机后查明并报告：包括战列舰、重巡洋舰在内的不少于 27 艘舰只，正在通过民都洛岛南端，准备进入锡布延海。这一情报对于哈尔西来说，是具有戏剧性的。这次可是前不久已遭受重创的日军舰队主动找上门来，还要通过圣贝纳迪诺海峡前往莱特湾。他立即指示舍曼（第 38.3 航母特混大队指挥官）

图 10-16　哈尔西手中的"王炸"——11 艘航母（5 艘舰队航母，6 艘轻型航母、近 600 架舰载机）

和戴维森（第 38.4 航母特混大队指挥官）的部队向博根（第 38.2 航母特混大队指挥官）部队所在圣贝纳迪诺海峡外海靠拢。具体作战命令就一个字："打！"此时，哈尔西手中握有 11 艘航母（5 艘舰队航母，6 艘轻型航母）、近 600 架舰载机，他将用这些"王牌"给予栗田舰队以迎头痛击。

　　10 时刚过，栗田健男第二舰队的雷达和对空警戒哨同时报告：敌机来袭！10 时 26 分，包括"大和""武藏"18 英寸主炮（口径 460 毫米）在内的所有防空火力全开，构成了一片"庞大绚烂"的防空弹幕。火力不可谓不强，炮弹不可谓不多，但是最大的问题就是缺乏统一的火力控制，通俗地说，就是"各打各的"、空当太多，给美军飞机提供了不少可乘之机。第一轮空袭过后，"武藏"号射控系统被毁，"妙高"号重巡被重创。又经过了 4 轮空袭，"武藏"号超级战列舰中了 11 枚鱼雷、挨了 10 颗炸弹，已濒于沉没；"大和""长门"号战列舰，"利根"号重巡等舰艇中弹受损。在这样的"惨重"损失下，栗田健男的"脆弱神经"扛不住了，在向联合舰队司令部报告了"暂时退出敌机空袭圈"以后，下达了"一齐回头"的命令，向西脱离了战场。

图 10-17　锡布延海战中遭受美军攻击的超级战列舰"武藏"号，美机发射的一枚鱼雷命中该舰左舷前部，掀起冲天水柱，后方为其护航的"清霜"号驱逐舰

　　在向西航行了一个半小时以后，栗田健男"奇怪地"发现，美

军飞机不见了！于是，又掉转船头向东，以18节的速度直奔圣贝纳迪诺海峡而去。

（二）西村的覆灭

24日9时，第38.4航母特混大队的一架侦察机发现了苏禄海上向苏里高海峡方向航行的西村祥治的第二战队，以及志摩清英后续跟进的第五舰队，获悉这一情报后，"蛮牛"立即意识到"南路舰队"（美海军根据发现方位对西村舰队和志摩舰队的简称）的企图也是对莱特湾的美军部队实施夹击或包抄，只不过与"中路舰队"有所不同的是，选择了航经苏里高海峡前往莱特湾。此时，第38.4航母特混大队已根据哈尔西的命令向圣贝纳迪诺海峡外海靠拢，与"南路舰队"的距离已超出了舰载机的打击半径，哈尔西当机立断将其用于对"中路舰队"的打击，而将"南路舰队"留给了金凯德的第七舰队（隶属于麦克阿瑟指挥）。事实上，金凯德也已命令指挥第七舰队火力支援编队的奥尔登多夫做好夜战准备，给西村祥治和志摩清英预备了6艘老式战列舰（其中5艘是从珍珠港捞起来的）、4艘重巡、4艘轻巡、26艘驱逐舰和39艘鱼雷艇（够日本人喝一壶的了）。

图 10-18　日海军第二战队司令官
西村祥治

图 10-19　美海军第 7 舰队火力支援编队指
挥官奥尔登多夫

按照常理，既然西村与志摩两支舰队要合兵一处突入莱特湾"砸明火"，就需要在作战行动上互相协调配合，即使在强调无线电静默保持隐蔽的情况下，也得有一个起码的沟通吧。但是，这两位指挥官却如同陌路之人一般，各走各的、各干各的，如果可能的话甚至愿意"直至战死不相往来"。为什么呢？这一有悖战争常理的现象还得从日本海军内部畸形的人际关系说起。按照在文莱商定的战前预案，西村与志摩两支舰队要在会合之后一起展开攻击，但是问题来了：究竟谁指挥谁？按照海军大学的年级和晋升将官的时间来衡量，都是志摩清英在先，西村要受志摩的指挥。可是，西村对于志摩这个一直在海军中枢转来转去、缺乏海上作战经验的通信专家的指挥能力根本不信任，因此西村在航路上对志摩一声不吭，只顾闷头向前跑，而且跑得特别快，原本第二战队应该以 13 节的航速向苏里高海峡前进，

图 10-20　日海军第五舰队司令官志摩清英

但是西村因为不愿交出指挥权，为了躲开志摩，愣是跑出了 18 节的高速，直接撞到了美军的枪口上（如果西村舰队以 13 节航速的话，应该在美海军侦察机活动半径 60 海里外，同时周边海域也无美海军潜艇活动）。

就这样，西村与志摩这两支缺乏起码协调配合的舰队一前一后跑到了苏里高海峡，奥尔登多夫已经给南路舰队在海峡的入口预备了鱼雷艇、驱逐舰，在海峡的出口预备了战列舰、巡洋舰，这一幕不禁让人想起了 39 年前的"对马海战"，想起了秋山真之的"七段战法"，想起了疲于奔命的罗杰斯特文斯基，一切都是那样相似，只不过"倒霉的配角"变成了日本人自己，正应了那句"天道好轮回，苍天饶过谁"。

苏里高海峡南北长约 40 海里，最宽处 16 海里，以西村舰队的航速最少也要 2 个小时（主要是"扶桑""山城"号这两艘老式战列舰太慢），同时海峡内岛礁密布，更何况美海军严阵以待，这是一条名副其实的死亡通道。面对着漆黑的死亡通道，已无欲无求的西村（他唯一成人的儿子已于两年前在菲律宾阵亡）略微看了一下罗盘，就命令以单纵队的

图 10-21　日海军"扶桑"号战列舰

队形驶入了"漆黑的绝路"。

刚进入漆黑的海峡，第二战队就毫无悬念地遭遇了美海军舰艇，本来夜战是日本海军的拿手好戏，两年前三川军一在萨沃岛海战中那神话般战绩仍旧历历在目，但是两年多战火的考验，也将美海军的驱逐舰锻炼成了超出日本人估计的"老鸟"。在 1 分钟的时间里，美海军驱逐舰在 7000 米的距离上向第二战队发射了 27 枚鱼雷，发射完毕后立即施放烟幕，干净利索地脱离了战场。转瞬间，"扶桑"号战列舰被 4 枚鱼雷击中迅速沉没，沉没速度快到没有被西村祥治察觉，他在向栗田健男报告的电文中甚至还说"我驱逐舰受到鱼雷攻击，'山城'也被命中，不影响战斗航进"。但是美海军驱逐舰第二波攻击所发射的 20 枚鱼雷使他马上察觉到灾难的降临，1 艘驱逐舰被击沉，2 艘被重创，再加上刚刚沉没的"扶桑"号，转瞬间整个第二战队就剩下"山城""最上"和"时雨"号 3 艘舰船了。

25 日凌晨 4 时，西村好不容易带着"两大一小"向北走到了苏里高海峡的出口，刚一露头就遭到了6 艘战列舰、8 艘巡洋舰的一顿狂轰，在 30 分钟的时间里，美海军战列舰群向 3 艘日舰发射了 300 发炮弹，巡洋舰群则打出了 4300 发炮弹，与此同时驱逐舰还发射了几十枚鱼雷。在美舰恐怖的火力之下，"山城"号被迅速击沉，西村祥治以下 1400名官兵中仅有 10 人生还；"最上"

图 10-22 遭到美海军战列舰猛烈炮击的西村舰队（照片从"宾夕法尼亚"号战列舰拍摄）

号舰桥被直接命中，全体指挥军官悉数阵亡，舵机失灵，最后在炮术长的指挥下转人工操舵，艰难地向南撤退。半小时后，志摩舰队也赶到了苏里高海峡，望着熊熊燃烧的"最上"号，志摩清英还算冷静，没有像西村那样直奔黄泉，而是选择"理智的退却"，可是在转向掉头时，"那智"号重巡一头撞上了微速移动的"最上"号，将这艘两年前在中途岛因为撞船就该沉没的重巡彻底留在了苏里高海峡（1942年中途岛海战结束撤收时，"最上"号与"三隈"号相撞，在遭受重创后成功返航，而这次在劫难逃的"最上"号因受伤严重，最终被"曙"号驱逐舰用鱼雷击沉）。后来美国人对志摩清英的评价是："他把第五舰队带进了苏里高海峡，又把第五舰队带出了苏里高海峡，只不过进口出口是同一个。"

就这样，进攻莱特湾的第一支部队还没有穿过苏里高海峡就已经完蛋了。

（三）"让那些航空母舰成为记忆"

截至25日晨光初始时分，进攻莱特岛的"南路舰队"宣告了失败，西村舰队玩儿完了，志摩舰队掉头跑了，栗田健男的"中路舰队"遭到美海军舰载机的痛击，也掉头撤退了（暂时撤退）。按理说，仗打到这个程度，日海军的意图非常明显，都是直奔莱特岛美军登陆部队而去，其总体部署应该完整地"呈现"在美军的面前了，但是有一个极为重要的问题令从华盛顿到夏威夷到菲律宾的所有美军指挥决策机构都无比困惑：日本人的航空母舰去哪里了？

哈尔西和他的参谋们认为，按照"老对手"日本海军的作战理论和以往作战的经验，在大规模海上作战发起前，他们的航空兵是要打头阵的，在其岸基航空兵已被基本摧毁的情况下，只能出动航母发起攻击行动，但是无论潜艇还是航空侦察都没有发现文莱—新加坡海域有敌人航母的活动迹象，结果只有一个：敌人的航母以本土为基地，而且如果要来的话也是从北方南下。

事实也的确如此，按照"捷一号"作战计划，小泽治三郎第三舰队这支"外强中干"的"主力偏师"，将从日本本土出发，经丰后水道进入太平洋，在恩加诺角以东海域进行佯动作战，掩护栗田、西村、志摩舰队的作战行动。小泽的舰队下辖"瑞鹤"号舰队航母（参加偷袭珍珠港作战6艘航母中硕果仅存的漏网之鱼），"瑞凤""千岁""千代田"号轻型航母，"伊势""日向"号航空战舰等17艘舰艇，尽管只搭载了116架舰载机（编制数量174架），而且飞行员多是新手，但是至少在外观规模上还挺"吓唬人的"。最令哈尔西和尼米兹意想不到的是，这次日本人豁出去了，用最为宝贵的战略资源——航空母舰来当诱饵。

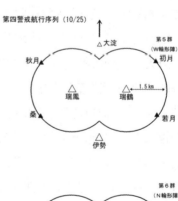
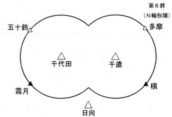

图 10-23　小泽治三郎第三舰队编队配置示意图

负责北方作战区域侦察的第 38.4 航母特混大队由于防御日军航空兵袭扰，未能及时派出侦察机，故直至 24 日下午仍未获得有关敌航母的任何情报，哈尔西和他的参谋人员都显得无比焦虑，因为他们深知"看不见的敌人最可怕"的道理。空中作战军官莫尔顿甚至忍不住用拳头在海图上敲击，口中不停地念叨着："该死的日本航空母舰到底在哪里？"最后在 17 时许，终于在吕宋岛最北端的恩加诺角以东 180 海里处，发现了从北向南驶来的小泽第三舰队，并基本判明其编成为：至少 3 艘航母、4—6 艘巡洋舰和 6 艘驱逐舰（实际上总数为 17 艘）。这一情报改变了哈尔西对先前战局的判断，小泽第三舰队 4 艘"威胁最大"的航空母舰立即成为"蛮牛"的首选目标。

在对"北中南" 3 个方向均发现日海军来袭舰队的战场形势进行综合研判后，哈尔西得出了初步的结论："南路舰队"已被击溃；"中路舰队"已在早先的空袭中损失惨重，也已向西撤退（实际上栗田又杀了个"回马枪"），即使其掉头东进，至少在 25 日 11 时前无法抵达莱特湾，这也就使金凯德派往苏里高海峡阻击"南路舰队"的奥尔登多夫火力支援编队有时间在击溃敌人后返回莱特湾以应对"中路舰队"的可能威胁。按照"蛮牛"的原话说，就是"金凯德有能力保护自己"。同时，如果此时命令舰载机立即起飞的话，那么攻击结束返航着舰时，天将完全暗下来，以当时的

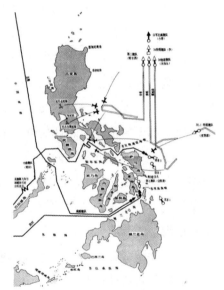

图 10-24　莱特湾大海战示意图（应该说"蛮牛"的判断基本是准确的）

技术条件和飞行员操纵技能来衡量，极有可能造成大量损失，这也是"以人为本"的美国海军所不能承受的。因此，"蛮牛"下达了这场海战中最重要，也是最具争议性的命令：放弃圣贝纳迪诺海峡，使用 3 个航母特混大队（含"新泽西""衣阿华""华盛顿""亚拉巴马"号等 4 艘快速战列舰）向北机动，待次日天亮时使用舰载机"让那些航空母舰成为记忆"。"蛮牛"的指令得到了第三舰队所有与会人员的一致赞同。事后多年，"蛮牛"曾回忆道："作出全力进攻北路舰队的决策是很勉为其难的""但是如果还是在同样的背景条件下，还是我当时所获

得的那些信息，我还是会作出同样的决策"。（不愧是美国海军中最具个性的"蛮牛"啊！）

为保持舰队行动的隐蔽性，在刚过 20 时天彻底黑下来的时候，"蛮牛"下令舰队北上，"戴维森和博根以 25 节速度北上；舍曼在他们过后就跟上；麦凯恩的部队作为第 38 特混舰队的预备队高速北上"。同时，向金凯德发报："战报显示敌人位于锡布延海的舰队已遭重创。正带着 3 个航母特混大队一起北上，预计拂晓袭击敌人的航母舰队。"（该电报的副本同时发给了欧内斯特·金和尼米兹。）午夜时分，为了不与"北路舰队"出现擦肩而过的意外，哈尔西命令舰队将速度由 25 节降至 16 节，并于 25 日凌晨起飞了 5 架装备有雷达的 F-4F "地狱猫"式战斗机前去侦察，在发现相距 100 海里的小泽舰队后，立即命令威利斯·李率 6 艘战列舰前去高速接敌（避免使己方航母卷

图 10-25 遭到空袭即将沉没的日海军"瑞凤"号航空母舰

图 10-26 遭重创的日海军"瑞鹤"号航空母舰（已出现明显的左倾）

入夜战）。在 25 日 7 时 10 分，侦察机重新发现小泽舰队，此时美日双方的兵力对比是——舰队航母 5：1，轻型航母 5：3，舰艇总数 64：17，"蛮牛"占有绝对的优势。8 时 50 分，在美机的轮番空袭之下，小泽的 4 艘航母已岌岌可危，"蛮牛"接到报告称，"惊天动地的爆炸声之后敌人 1 艘航空母舰沉没，重创 2 艘航空母舰和 1 艘巡洋舰。其他航空母舰还未够着"。此时，哈尔西最为期盼的是威利斯·李的 6 艘战列舰能尽快追上日军残余舰艇，来一场水面舰艇之间的"原教旨主义"炮战，要知道在"蛮牛"精彩的海军生涯里就差这一幕了。

就在"蛮牛"热血沸腾，静待前方传来捷报时，最为戏剧性的一幕出现了

——令人震惊的"求救电报"来了，金凯德称"我的情况很紧急。快速战列舰和空中支援或许可以使护航航母免遭摧毁，并阻止敌人进入莱特湾"。就在"蛮牛"还没缓过神来，正在嘟囔着"金凯德是怎么搞的"之时，又收到了"老校友"（尼米兹）发来的，也许是他一生中受刺激最深的一份电报："在哪里（重复）第34特遣舰队究竟在哪里（重复）全世界都想知道。"在看到这份电报后，"蛮牛"的情绪彻底失控，"一把抓下自己的帽子狠狠地摔在了甲板上，开始哭出了声来"（美海军第三舰队参谋长卡尼后来回忆道）。

图 10-27 美海军第 7 舰队司令金凯德

第34特遣舰队和这份极为刺激的电报这是怎么一回事呢？

原来，第34特遣舰队是作战发起前，哈尔西在预案中给一个作战编组（威利斯·李指挥的4艘战列舰）赋予的临时代号，而尼米兹仅仅是想询问一下："第34特遣舰队在哪里？"但是太平洋舰队司令部的参谋人员在口述报文内容的时候语气很重，以至于记录人员通过加上"RPT（重复）在哪里"以表达出参谋人员语气里所有的含义。而准备电文内容的一名少尉军官按照美军当时为防止泄密的惯例，加上了"火鸡下水"的报头和令人费解的"全世界想知道"报尾。最有意思的是，收到此份电报的所有舰船和通信站都正确判读了报文的内容，唯有"新泽西"号（哈尔西的旗舰）的报务员例外，没有将"多余的"报头报尾掐掉。这一极为偶然的巧合，不仅对"蛮牛"施加了无与伦比的刺激，也造就了人类海战史上一个著名的乌龙事件。

图 10-28 美海军第 3 舰队战列舰分队指挥官威利斯·李

在看到自己没有选择之后，"蛮牛"于11时命令威利斯·李指挥的第34特遣舰队（含6艘战列舰）由0度改为180度航向，来了个180度的大转弯。多年后，"蛮牛"是这样回忆那个"无比沮丧时刻"的："我将大好机会甩在了背后，并且是个从我还是海军学员时就梦想着的机会；对我来讲，这场战役中最大的一场战斗机会被放弃了，而且还被冠上了'蛮牛大奔袭之战'的称谓。"

这究竟是怎么一回事呢？金凯德那边到底出了什么惊天动地的大事？

（四）匪夷所思的撤退

此时，金凯德如同热锅上的蚂蚁一样，被栗田健男的中路舰队折腾得焦头烂额。"中路舰队"23艘舰艇（含包括"大和"号在内的4艘战列舰）已于25日凌晨突破圣贝纳迪诺海峡，3时前后以20节的速度沿萨马岛海岸南下，向莱特湾口航行，准备按照原计划突入海湾消灭美海军集结舰船。5时30分，为防御天亮后（当地日出时间为6时27分）就可能出现的美军空袭战机，栗田健男命令舰队组成环形对空防御阵型。就在这时，不可思议的一幕出现了：舰载雷达和瞭望手几乎同时发现了天际处的水平线上出现了桅杆，没错！是航空母舰的桅杆，还有正在起降的舰载机。距离大约32千米，已处于战列舰主炮的射程之内。这是一个令栗田健男和第二舰队，不！是整个日本海军沸腾的时刻，要知道，在人类现代海战史上这是第二次水面舰艇在自己的主炮射程之内看见敌方的航空母舰，上一次还是1940年6月8日德国海军"沙恩霍斯特"号战列巡洋舰击沉英国皇家海军"光荣"号航母的时候。此时，栗田司令官的命令就一个字："打！"

图10-29 正在炮击美护航航母编队的"大和"号战列舰

图10-30 数艘美海军驱逐舰正在"弹雨之下"勇敢地施放烟幕

包括"大和"号在内的4艘战列舰威力巨大的炮弹，立即"雨点般"地向当面6艘护航航母和7艘驱逐舰砸了过来。这些舰艇隶属于金凯德第七舰队的第77特混舰队第3航母护卫群，指挥官是斯普拉格少将。眼看着灭顶之灾就要降临，此时艺高人胆大的美国海军驱逐舰来了一次令斯普拉格，也令栗田健男目瞪口呆的英勇特攻。7艘在战列舰面前几乎可以忽略不计的驱逐舰，施放了烟幕有效地掩护了正在遭受毁灭性炮击的6艘护航航母，并勇敢地冲向战列舰实施密集的鱼雷攻击。当时，水面舰艇编队炮击的效果在很大程度上取决于阵型，正处于各自机动之中的23艘舰艇一时间无法完成阵型变换，面对着海面上密集的鱼雷航迹，别说巡洋舰、驱逐舰，就是战列舰这样的庞然大物也得绕着走，因此，无比激动的第二舰队出现了暂时的混乱，栗田也束手无策，只能等到阵型变换结束再说。

在当时的技术条件下，凭借光学瞄准仪，战列舰主炮30千米距离上的命中概率不会超过0.3%，在缺乏弹着点观测机的情况下（"大和"号2架水上飞机起飞5分钟就被击落），面对着驱逐舰施放的烟幕，威力巨大的460毫米主炮陷入英雄无用武之地的尴尬境地。7时25分，一场突如其来的热带暴风雨迅速地将斯普拉格那6艘正在遭受巨炮蹂躏的护航航母包裹了起来，驱逐舰发射的鱼雷迫使敌人战列舰

图10-31　遭到炮击后美护航航母甲板上的舰载机紧急起飞

和重巡洋舰改变了航向，从第2群护航航母上起飞的80架舰载机对冲在前面的重巡编队一顿痛击，转瞬间4艘重巡洋舰被重创或击沉。在一片弹雨之下，尽管做出了殊死的抗争，但是全军覆灭的危险始终笼罩在斯普拉格的头顶。9时29分，舰桥上突然有人喊了起来："见鬼，日本人撤退了！"

原来，就在9时10分，栗田健男下达了"以我0900时刻位置为中心集合"的命令。因为经过两个小时"乱战"之后，第二舰队已经分得太散了，毕竟他们作战目的是冲进莱特湾，如果再盯着美国人的航空母舰打，就会与主要作战目标莱特湾渐行渐远。就这样在经过两个小时之后，也就是在10时54分才整队完毕，

4艘战列舰、4艘巡洋舰、7艘驱逐舰（4艘重巡和4艘驱逐舰已被重创或击沉）继续杀向莱特湾。此时，距离莱特湾约45海里，也就是说2小时后，美军在莱特湾内的58艘5000吨以上运输船、151艘2000吨以上登陆舰，以及麦克阿瑟的旗舰"纳什维尔"号巡洋舰都将成为"瓮中之鳖"。

就在这时，马尼拉的西南方面舰队司令部发来了一封改变莱特湾战役整个进程的关键电报："在苏禄安岛5度113海里处发现敌正规航母舰队。"这份电报立即在第二舰队司令部里引起了一阵恐慌，因为这个位置就在第二舰队正北方55海里，美军舰载机如果立即起飞，可能用不了一个小时就会将炸弹和鱼雷倾泻在他们的头上，前一天"武

图10-32　遭美机空袭的"熊野"号重巡洋舰

藏"号沉没的恐怖场景可能就会重演。"大和"号舰桥上几乎所有人都举起望远镜，将目光向东北方向水平线上投去，确实看到了高耸的桅杆和正在起降的飞机，明显是一支航母编队，这一幕令所有人背心发凉。然而最为邪门的是，战后查明这个情报是误报！而且在所有人望过去的那个方向上并没有美国海军舰队的存在。

同时，莱特湾情况怎么样了？小泽的第三舰队怎么样了？是不是成功地诱敌北上了？对于这些信息，栗田健男都一无所知（实际上小泽治三郎确实发出过"诱敌成功"的电报，但是栗田并没有收到，具体原因后文再说）。如果在背后有一支美国航母舰队的情况下冲进莱特湾，不管在那里发生了什么，栗田健男和他的第二舰队都将成为"笼子里的老鼠"。不管是什么原因，反正此时的栗田就是一个"聋子""瞎子"兼"哑巴"。在种种因素的综合作用下，13时13分（这时间太不吉利了），栗田健男终于下达了新的命令："全体掉头，北上前往苏禄安岛5度113海里处与敌航母舰队决战"。这条"决战之路"甚是艰难，第二舰队先后遭到了4批100架次美机的空袭，跌跌撞撞到达目的地后"毫无悬念"地扑了个空，但此时舰艇所剩燃料已经不允许栗田再次南下，于是在18时整第二舰队反穿圣贝纳迪诺海峡向西返航，在付出1艘巡洋舰被炸沉、"大和""榛名"号被重创的代价后，于28日夜间抵达文莱。

四、结局和影响

是役，美国海军"普林斯顿"
号轻型航母，"冈比亚湾""圣路
易斯"号护航航母，"约翰斯顿""霍
尔""罗伯茨"号驱逐舰被击沉（总
吨位 37000 吨），只能算是"擦破
了点皮"。而日本海军包括"瑞鹤"
号舰队航母，"瑞凤""千岁""千
代田"号轻型航母，"武藏""扶
桑""山城"号战列舰，"爱宕""摩

图 10-33 发生剧烈爆炸的美护航航母"圣路易斯"号

耶""鸟海""最上""铃谷""筑摩"号重巡洋舰和"能代""阿武隈""鬼怒""多
摩"号轻巡洋舰，以及 11 艘驱逐舰在内的 28 艘主战舰艇和 7 艘潜艇被击沉（总
吨位 306000 吨），剩下的舰艇也基本是伤痕累累，没有大修根本无法继续作战。
日海军在这次海战中沉没的舰船占"珍珠港事件"以来损失总数的 1/4 以上。日
本海军除了在后来保卫本土方面还能发挥点次要作用外，再也没有什么大的作为
了。由于在此次战役末期大西泷治郎倡导的"神风特攻"获得了一些战果，日海
军从此开始将"神风特攻"战法投入大规模使用。

至此，昔日在太平洋上威风凛凛的帝
国海军联合舰队已彻底丧失海上机动作战
能力，甚至可以说建军 72 年的日本海军已
经从整体上不复存在了。战役结束后，日
本海相米内光政哀叹道："这就是终结！"

不管从准备、计划、实施和结局哪个
环节上讲，"捷一号"作战简直就是个扯淡：
栗田打得很不光彩，西村舰队在苏里高海
峡全军覆灭，志摩舰队见势不妙掉头就溜，
也就数小泽的舰队干得不错，不仅基本上
完成了预定作战任务，成功地将哈尔西"钓"
出来，还将带出来的 17 艘舰艇中的 10 艘

图 10-34 日本海军大臣米内光政

带了回去。可是从全局上来看，小泽治三郎却根本没有理解他在干什么，也没有让别人知道他在干什么。

图 10-35　日海军"瑞鹤"号航空母舰

对于"瑞鹤"号航母上所发生的通信故障，以及因此导致的栗田健男没有获得"诱敌北上成功"的电文的责任，应当也必须由小泽来负责。因为这次作战过于复杂（日本海军哪一次作战不复杂？），所以成功的关键就在于通信能否畅通，而小泽似乎并没有这样想，所以他根本就没有去注意那份他受到美军舰载机全力攻击的电报有没有发出去，以及栗田有没有接收到。这也是日本人常见行为习惯"我很努力，可是我并不知道我的努力有没有结果，但我还是很努力"的一种表现形式。在多方参与的努力中，结果不是一个数量和，而是一个矢量和。在"捷一号"作战这场缺乏配合协调，只顾各自"闷头走夜路"的复杂军事行动中，大家的努力结果只能是一场空，栗田健男只不过是帮包括丰田副武司令长官在内的一大帮人背起这个黑锅罢了。

而美国海军一方，也吃够了"各自为战的苦头"。通过对这场超大型战役指挥协同问题的深刻反思，直接催生了建立联合指挥机制的构想。在哈尔西与金凯德的手中，都握有足以应对各种可能出现危机的强大力量，但是二者之间始终缺乏统一的指挥与协同，军种之间的明争暗斗造成了作战指挥体制的条块分割和作战区域的画地为牢，独立实施时还好，大不了各玩各的，"老死不相往来"而已，可一旦出现作战区域、作战任务、作战时间、作战兵力的重合时，所有被胜利掩盖的隐患都将如同暗礁一般浮出海面，对作战行动的顺利实施和战略战役目的的达成构成重大隐患，可能造成，事实上也确实造成了极为消极的影响。作战文书的用语、指挥文电传输的时效和流程、战役指挥者彼此之间的误解和默契都是作战指挥体制和运行机制的注脚，偶然与必然的因素也只是使对经典战役的描述更加异彩纷呈而已，而战争的胜败喧嚣浮华之下蕴含着的严密逻辑流程如钢铁一般冰冷，用鲜血和铁一般冰冷的事实告诉我们，不管手中握有的力量有多么强大，都需要由冷静的头脑来支配，由火热的心来释放，二者必须兼而有之，缺一不可。事实上，马里亚纳海战和莱特湾海战中的斯普鲁恩斯与哈尔西两个人令人费解的指挥决策经过与结局就是对此最好的注解。

五、历史的旋涡

在莱特湾这场史无前例的大海战中，"蛮牛"取得了一生中最大的战果，也饱受了一生中最大的争议。对他的争议很多，但核心问题只有一个，就是关于为什么擅离职守，被小泽调虎离山，带走了包括"第34特遣舰队"在内的一切力量，不管不顾圣贝纳迪诺海峡方向的栗田健男的"中路舰队"，将金凯德（也包括麦克阿瑟）置于危险的境地。尽管"蛮牛"对此进行了坚决的辩白，但是仍将自己置身于一个意想不到且旷日持久的"争议旋涡"。

图 10-36 坐在舰桥上的"蛮牛"哈尔西（目光中充满了焦虑）

10月24日8时，正在通过民都洛岛南端，准备进入锡布延海的栗田"中路舰队"被美军侦察机发现，遭到了手握11艘航母（5艘舰队航母，6艘轻型航母）、600架舰载机的"蛮牛"的迎头痛击。从10时26分到15时30分，第二舰队共遭到5轮空袭，"武藏"号超级战列舰被击沉，"大和""长门""利根"号等舰艇都已中弹受损，栗田不得不下令西撤，暂时退出敌机空袭圈。在向西航行了一个半小时，也就是17时前后，奇怪地发现，美军飞机不见了！于是，栗田又下令调转船头向东，以18节的速度直奔圣贝纳迪诺海峡而去。美机之所以不见了，是由于第38.3航母特混大队的侦察机刚刚发现了恩加诺角以东，从北向南驶来的小泽第三舰队，其中一个最为关键的信息为："敌舰队至少包含3艘航母……"在那个时代，航空母舰是任何一支现代海军对敌威胁最大的目标和最有价值的战略资产，小泽治三郎那几艘威胁最大、最有价值的航空母舰立即成为"蛮牛"的首选目标，这完全符合身经百战的他对现代战争的认知。

在24日下午，"蛮牛"估计到已遭受5轮空袭、损失惨重且已经掉头西撤的"中路舰队"仍存在掉头向东、航经圣贝纳迪诺海峡的可能，但是即使其在当天日落前掉头东进，那么在25日11时前无论如何也无法抵达莱特湾。这样金凯德派往苏里高海峡迎战"南路舰队"的奥尔登多夫的火力支援编队（含6艘战列舰）就有时间在击溃当面之敌后，移师阻击出圣贝纳迪诺海峡，直奔莱特湾的"中路舰队"。尽管6艘老式战列舰速度慢了些，但是在守株待兔式的防御战中，他们14—16英寸的主炮是完全可以抗击已遭到美海军舰载机5轮空袭的"中路舰队"的。

图 10-37　隶属奥尔登多夫的火力支援编队的"西弗吉尼亚"号战列舰

　　但即使在这样乐观判断的情况下，为应对这种"可能性不大的威胁"，在作战发起前，哈尔西向米切尔（第38特混舰队指挥官）、威利斯·李（战列舰分队指挥官）和4个航母特混大队指挥官发去了一份电报。在电文中指出，要做好准备组建一个新的"第34特遣舰队"的设想（也可以理解成是一个预案），其兵力包括："新泽西""衣阿华""华盛顿""亚拉巴马"号等4艘快速战列舰，2艘重巡、3艘轻巡，还有2个驱逐舰分队。届时，上述兵力全部由第38.2和38.4航母特混大队中抽调，并由威利斯·李出任指挥官。从作战电文的表述中可以看出，这不是一份命令执行电报，而是一份对可能出现水面舰艇交战有所准备的战斗预案。为防止下属的误解，

图 10-38　美海军第 38 特混舰队指挥官米切尔

"蛮牛"随后通过无线电话向他们告知："如果敌人出击（由贝纳迪诺海峡），接我命令后成立第34特遣舰队（这条说明性的电文只有博根和戴维森这两支距离较近的航母特混大队收到，因为所需兵力均由他们那里抽调）。"

　　那么"把金凯德（第七舰队）置于危险境地"是怎么一回事呢？其实，金凯德的事还得从美国太平洋战区的作战区域划分和指挥体制讲起。为了更好地区分作战任务（实际上是为了照顾美国陆军和麦克阿瑟本人的"情绪"），便于在极为广阔的作战区域实施指挥，美军将整个太平洋战场划分为西南太平洋战区和太平洋战区。西南太平洋战区由麦克阿瑟指挥（陆军的地盘麦帅说的算），主要作战区域是澳大利亚和东南亚，而除去这些区域外的所有太平洋陆海空域的作战行动均由尼米兹负责（也就是海军的地盘），海军说的算的太平洋战区包括：北太

平洋战区（阿留申群岛和千岛群岛）、中太平洋战区（夏威夷、中途岛和马里亚纳群岛）、南太平洋战区（所罗门群岛、马绍尔群岛等）。根据陆军和海军协商结果，在战区结合区域会有合作，指挥权临时指定。莱特湾战役，就属于"在战区结合区域的合作"，金凯德指挥的第七舰队此时归麦克阿瑟指挥，虽然他的顶头海军上司是尼米兹，但是他的船尼米兹一艘也调不动。此时，尼米兹与麦克阿瑟之间相互只有协调权，也就是说凡事得商量着办，大权独揽的麦克阿瑟坚持要求全面置于他的指挥之下，甚至禁止第三、第七舰队之间有其他沟通渠道（其实金凯德一直在第三

图 10-39　由于金凯德的第七舰队归麦克阿瑟的西南太平洋战区指挥，单一军种的海上作战也因此"被人为复杂化了"

舰队的通信频率偷偷守听，这都是被麦克阿瑟给逼的）。在这种情况下，有时哈尔西与金凯德之间对彼此的作战行动毫无所知（现在看起来觉得挺荒谬的，但当时确实存在）。一句话，在超大规模莱特湾战役期间，在战区结合区域合作问题上，美国军队始终缺乏一个具有足够权威的联合指挥协调机构，这也是出现几乎"自摆乌龙"的体制根源。

　　同时，从发现栗田健男"中路舰队"一开始，金凯德就"潜意识"地认为抗击志摩、西村共同组成的"南路舰队"是自己可能承受的"最大极限"，而将抗击圣贝纳迪诺海峡方向威胁的所有希望都寄托在"蛮牛"身上。再加上因为指挥体制造成的隔阂、通信传输的时效（哈尔西与金凯德的所有通信都需要经过位于马鲁斯的通信站进行转发，由于是战时，报文的优先级无法得

图 10-40　美海军 7 艘"艺高人胆大"的驱逐舰，通过勇敢地施放烟幕和鱼雷攻击有效掩护整个护航航母编队

到保证），还有对"第34特遣舰队"是命令还是方案的误解，以及航空侦察延误（金凯德的"卡特琳娜"式水上侦察机没有发现，而舰载侦察机却又因为种种原因没有起飞）等种种原因，都使金凯德对战场形势的变化与发展出现了"似乎符合逻辑"，却又注定无法避免的误判。但是正如"蛮牛"期望的那样，"金凯德保护了自己"。第77特混舰队第3航母护卫群那7艘艺高人胆大的驱逐舰面对突如其来的强大栗田舰队，来了一次令所有现场目击者都瞠目结舌的特攻行动，在施放烟幕有效掩护6艘护航航母的同时，通过勇敢的鱼雷攻击有效地迟滞了敌人战列舰编队的前进步伐，也为在80架舰载机的支援掩护下扭转战场形势创造了至关重要的条件。事实证明，金凯德也确实有"自己保护自己"的能力。

克劳塞维茨在《战争论》中曾精辟地讲道："战争是双方精神和物质力量通过物质力量进行的一种较量。"如果一个前线指挥官缺乏足够的战斗意志和战则必胜的强烈信念，那么无论他手中握有多么强大的力量，都会出现自己将无法承受面临压力的错觉。也许真的应了那句老话——无论你采用什么样的方式，都无法叫醒一个装睡的人。

有些观点认为："根据在马里亚纳海战和中国台湾空战中日军飞行员的表现，可以判断小泽舰队的航母和舰载机已经不具备先前那样的进攻能力，很有可能是充当掩护栗田舰队的诱饵。"作为事后诸葛而言，确无大碍，但是持这些观点之人（第38特混舰队参谋长阿莱·伯克）所处的指挥位置和思维角度与"蛮牛"存在着根本性的差异，就哈尔西的指挥岗位和肩负责任而言，在掌握情报信息有限的情况下，他只能根据战场威胁和军事常识作出判断并付诸行动。

图 10-41　美海军第 38 特混舰队司令米切尔和他的参谋长阿莱·伯克

其实，我们还可以换一个角度来看莱特湾海战中"蛮牛"所饱受的质疑，下面是几个与莱特湾海战有关的场景回放，也许是"敌人有时比自己看得还清楚"的缘故，相信可能会更有助于对那段颇具争议的历史事件的理解。

场景一：1966年底，莱特湾大海战的日方主要当事人，时任第三舰队司令官的小泽治三郎在去世之前曾拉着来看望他的，莱特湾大海战日方第一当事人栗田健男的手说："给你添麻烦了。"其实就在栗田健男最终下令掉头北上的时候，他周围第二舰队司令部的任何人都没有提出异议，当第一战队司令官宇垣缠指着前方说了一句："长官，敌人在那边"，而栗田健男的回答则是"行了，北上吧"。

场景二：在指挥 23 艘战舰（包括"大和"号超级战列舰）突破圣贝纳迪诺海峡后，面对美海军第七舰队的 6 艘护航航母、7 艘驱逐舰时，栗田健男下达的第一个作战命令就是"驱逐舰退后，战列舰攻击"。这是一个明显违反当时海战常识的作战命令，尽管驱逐舰速度快、训练好、指挥素养高、装备的氧气鱼雷威力超强，但是最致命的问题就是——没油了！此时日海军的驱逐舰剩余油料已经不够冲进莱特湾再回去的了。在美海军驱逐舰施放烟幕后，日方战列舰无法进行弹着点观测，搭载的水上飞机根本飞不起来，再加上突如其来的热带风暴和美海军驱逐舰奋不顾身的鱼雷攻击，真的将栗田的战列舰给绊住了，同时 80 架美海军舰载机已经临空，栗田的重巡全部被重创，同时接到情报"在苏禄安岛 5 度 113 海里处发现敌正规航母舰队"。

场景三：在栗田健男下令转向前，第二舰队残存舰艇（4 艘战列舰、4 艘巡洋舰、7 艘驱逐舰）距莱特湾内还有 45 海里，按照最大航速计算还需要走两个多小时，但在第二舰队残存舰艇附近还有美海军第七舰队统一指挥的 3 个护航航母大队的 10 艘护航航母，总数超过 400 架的舰载机，足够在两个小时的时间里将栗田的残存舰艇送去见"天照大神"两三次还不止。

日本海军从军令部到联合舰队，已经没有任何人对战争的结局和他们一切徒劳的努力表示怀疑了。虽然事后很长时间"蛮牛"仍时时自责，但是这种自责其实大可不必，因为除了罗斯福总统对他大加赞扬之外，不管是尼米兹还是欧内斯特·金，甚至是海军的"死对头"麦克阿瑟，都没有对莱特湾的"蛮牛"说一句消极负面的话。

此时，对于已经在太平洋上艰难鏖战了 3 年的尼米兹和哈尔西来说，他们的前面还有马尼拉，还有硫磺岛，还有冲绳，再往前就是这场战争的终点——东京湾！